Florence

et la Toscane

Berceau de la Renaissance, terre de raffinement, l'élégante Toscane a vu naître les plus grands génies de la peinture, de l'architecture et des sciences. À partir du 16e s., sa capitale, Florence, couvée par les Médicis, assiéra sa suprématie sur une constellation de cités-États aussi brillantes que prospères – Sienne, Pise, Lucques, Arezzo... – devenues de splendides villes-musées. Vous découvrirez cet héritage exceptionnel en même temps qu'un art de vivre sophistiqué ; la Toscane a donné ses lettres de noblesse à l'huile d'olive et au vin italien et le seul mot "chianti" est porteur de mille promesses. *Salute* !

"Ce que vous voyez est unique au monde. Nulle part la nature n'est à ce point subtile, élégante et fine. Le dieu qui fit les collines de Florence était artiste. Oh ! Il était joaillier, graveur en médailles, sculpteur, fondeur en bronze et peintre ; c'était un Florentin."

Anatole France

SOMMAIRE

UN PARFUM D'ÉTERNITÉ

Logée dans le complexe conventuel, l'antique pharmacie de Santa Maria Novella est une institution florentine réputée, tant pour ses fragrances et ses élixirs que pour ses espaces éblouissants, richement ornementés.

Texte **Lola Saba** Photo **Yann Le Duc**

Une armoire du 17ᵉ s. dans l'ancienne herboristerie

Un bouquet de senteurs saisit le visiteur lorsqu'il entre dans la parfumerie Santa Maria Novella, l'une des plus célèbres adresses de Florence, au 16 via della Scala. Occupant une ancienne chapelle, c'était autrefois une officine d'apothicaire qui faisait partie du couvent dominicain de Santa Maria Novella. Les moines ont quitté les lieux, mais le complexe conventuel reste de toute beauté, adossé à l'église éponyme où l'écrivain Dante Alighieri venait se recueillir et réfléchir à sa *Divine comédie* (1303). Passé le seuil, le visiteur est ébloui par les volumes d'une salle à hautes voussures, ornée de superbes fresques. Signées Paolino Sarti, ces œuvres du 19e s. représentent les quatre continents et symbolisent la renommée de la parfumerie de par le monde.

Créée en 1612, active depuis plus de quatre cents ans, l'Officina Profumo-Farmaceutica di Santa Maria Novella passe pour la doyenne des pharmacies d'Europe. Bien avant même de l'ouvrir au public, les moines y élaboraient déjà, à la fin du 14e s., des formules complexes pour soigner leurs frères malades.

Aujourd'hui, le laboratoire alchimique est devenu un palais du parfum. Dans ces lieux aux dimensions impressionnantes, l'odorat du visiteur est sollicité à chaque pas. Ici, l'arôme des savons au lait de jasmin

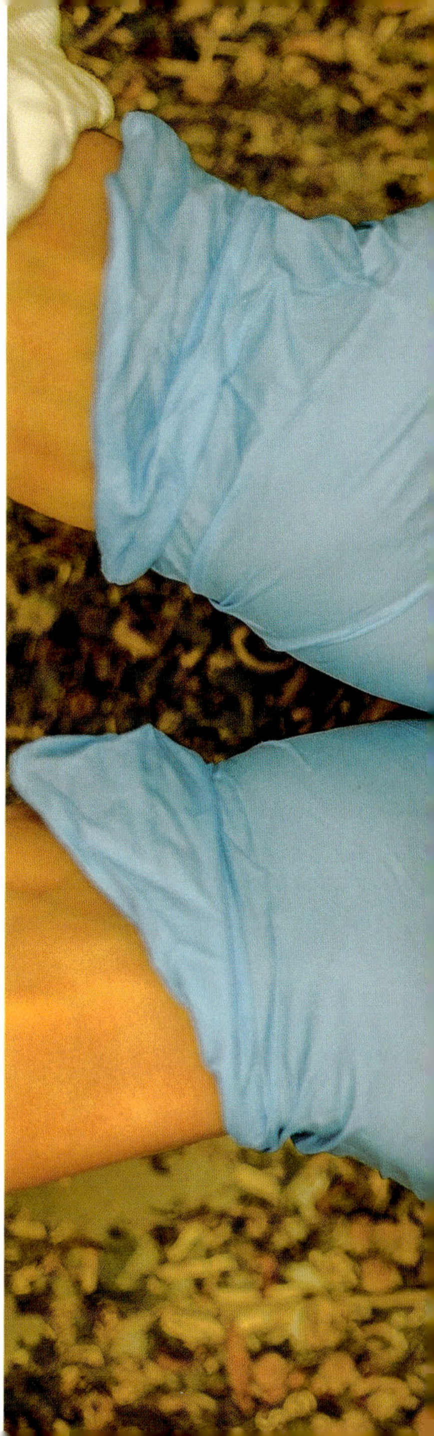

Complexité des assemblages et qualité des matières premières, l'Officina reste inégalée.

Le jardin (g.). L'atelier est désormais installé à 3km de la boutique.

Des outils désormais remisés font revivre ces temps mystérieux où les lieux étaient animés par des moines savants et expérimentateurs.

ou de rose. Là, le bouquet frais de l'Eau de Santa Maria Novella, qui reste l'une des créations historiques de la maison. Les moines savaient en effet élaborer des essences, en plus de préparer des baumes et des élixirs. Cette fragrance est parfois surnommée "Eau de la Reine", car

La plupart des opérations sont effectuées à la main, de la décoration des bougies à l'étiquetage.

elle a été spécialement conçue pour Catherine de Médicis, à l'occasion de son mariage avec Henri II, en 1533. Elle emporta dans ses bagages plusieurs de ces flacons qui fleurent bon les agrumes, surtout la bergamote. Cette eau royale reste aujourd'hui mémorable à plus d'un titre. Bien que sa formule ait évolué, elle donne une juste idée de ce que l'on respirait à la cour de France au 16e s. Elle témoigne aussi du goût de l'innovation technologique, associé aux exigences patrimoniales, que manifeste depuis toujours l'Officina di Santa Maria Novella. Cette senteur est en effet la première, dans l'histoire du parfum, à avoir été produite à base d'alcool, quand auparavant, la coutume était de mélanger les essences avec de l'huile ou du vinaigre.

L'Officina Profumo-Farmaceutica di Santa Maria Novella passe pour la doyenne des pharmacies d'Europe.

Dans les salles, qui se succèdent comme dans un palais féerique, les vendeurs et les vendeuses s'activent avec des manières cérémonieuses de maître d'hôtel. Ils officient derrière des comptoirs en bois qui n'ont pas changé depuis les origines. La liturgie des gestes et des encensements est parfaitement réglée. Dans ce décor nimbé d'une douce lumière blonde, on entre dans une autre temporalité. La première pièce ouvre sur une deuxième, baptisée Salle verte. Naguère, les lieux accueillaient les fourneaux servant à la distillation. Au 18e s., ils ont été transformés en salle de réception, ce qui leur vaut d'être parés des portraits de tous les directeurs de l'Officina depuis 1612. Aujourd'hui, on y acquiert les fameuses bougies de la maison avec leurs étiquettes dorées, les parfums d'ambiance et les pots-pourris composés de baies, de feuilles et de pétales de fleurs typiques des collines florentines.

Quelques pas encore et l'on aborde une nouvelle salle, qui frappe par la richesse de ses ornements. Créatures fantastiques, dragons, sphinx, griffons, masques, guirlandes

Tous les directeurs de l'Officina ont leur portrait dans la Salle verte.

Bouquet frais d'agrumes dominé par la bergamote de Calabre pour l'Eau de la Reine

de fruits et de roses, tous les motifs chers au répertoire stylistique du 18e s. foisonnent aux plafonds. Dans ce cadre baroque, on fait une étape gourmande devant les miels, thés, infusions et liqueurs. Les Italiens viennent de loin pour acquérir l'une d'entre elles, la liqueur d'Alkermes, qui se distingue par sa belle teinte rubis. Les origines de ce spiritueux remontent au 15e s., mais la recette actuelle a été formulée en 1743 par le frère Cosimo Bucelli, alors directeur de l'atelier. Son goût chaud et épicé en fait un alcool unique, utilisé comme ingrédient dans la préparation de nombreux desserts toscans.

Peu de commerces ont ce statut de joyau patrimonial. C'est pourtant le cas de cette parfumerie étonnante, qui ajoute à ses salles de vente des espaces purement muséaux. La sacristie, où l'eau distillée était autrefois conservée, se visite pour le plaisir des yeux. Les murs sont enjolivés de fresques de Mariotto di Nardo, réalisées entre 1385 et 1405. Au 19e s., ces chefs-d'œuvre avaient été recouverts de peintures. En 2012, pour les 400 ans de la grande maison, une ambitieuse campagne de restauration a été entreprise. Quatre figures originelles sont réapparues : un franciscain (saint Bernard de Quintavalle), un bénédictin (saint Benoît), un dominicain (saint Thomas) et un évêque (saint Nicolas). Dans la foulée de la sacristie, on accède encore à une ultime salle d'exposition, qui revient sur les savoir-faire ancestraux de l'Officina. Là où se tenaient jadis les laboratoires de production, sont présentés des outils désormais remisés qui font revivre ces temps mystérieux

Cette fragrance est parfois surnommée "Eau de la Reine", car elle a été spécialement conçue pour Catherine de Médicis, à l'occasion de son mariage avec Henri II, en 1533.

où les lieux étaient animés par des moines savants et expérimentateurs. Les alambics, les récipients en verre, les pots en céramique, les thermomètres, les tasses à mesurer et les mortiers voisinent avec les précieux livres contenant les recettes secrètes.

La perpétuation des traditions fonde la nature particulière de l'Officina. Cette ambition mémorielle se retrouve dans le jardin que l'entreprise séculaire entretient sur les collines de Florence, face à la Villa Medicea della Petraia. Dans ce clos verdoyant, sont cultivées les plantes et les fleurs qui entrent dans la composition des produits maison : la lavande, le romarin, l'iris et surtout la balsamite, aux effluves de menthe, qui donne à l'Eau d'Herbes de Santa Maria Novella sa fraîcheur et ses propriétés calmantes. Le jardin est privé, mais se visite sur rendez-vous (visiteofficina@smnovella.com). Sur les pas du jardinier en chef, Daniele Ermini, on suit, le temps d'un après-midi, le chemin du paradis...

ALBICOCCHE
€4,00
VIGNOLA
amor

Préparer son voyage

Au Mercato Centrale, Florence

EN UN CLIN D'ŒIL

La Toscane vue d'un satellite ou par le petit bout de la lorgnette : des chiffres et des données pour cerner l'identité de la région italienne.

10

C'est le nombre de cavaliers se retrouvant à Sienne deux fois par an lors du Palio, pour faire trois tours de la piazza del Campo. Chaque duo représente l'un des 17 *contrade* de la ville (tous ne peuvent donc y participer). Seuls neuf chevaux se tiennent sur la ligne de départ, le dixième est contraint de partir après les autres.

3 750 000 HABITANTS

La Toscane (22 990 km^2) compte 3,75 millions d'habitants, dont 10% vivent à Florence, qui s'étend sur 102 km^2, soit à peu près comme Paris intra-muros.

1564

Galilée est né à Pise en 1564 et mort à Florence en 1642. C'est dans sa ville natale qu'il aurait découvert ses théories sur la chute des corps et le mouvement des pendules.

PONT COUVERT

En 1593, le Ponte Vecchio a cessé d'accueillir boucheries et tanneries à la suite de l'injonction de Ferdinand Ier de Médicis, qui n'en supportait pas l'odeur. Depuis, il abrite des boutiques d'orfèvres et des joailliers. Notons que c'est l'unique pont de la ville épargné par les bombardements nazis de 1944.

MODE

À Florence, sont nées de prestigieuses maisons comme Gucci, Ferragamo et Pucci, qui y ont aussi ouvert leur musée.

1883

C'est l'année où le Florentin Carlo Collodi, rédige *Les Aventures de Pinocchio*, la célèbre marionnette en bois.

4°

C'est l'inclinaison de la tour de Pise, haute de 58,36 m

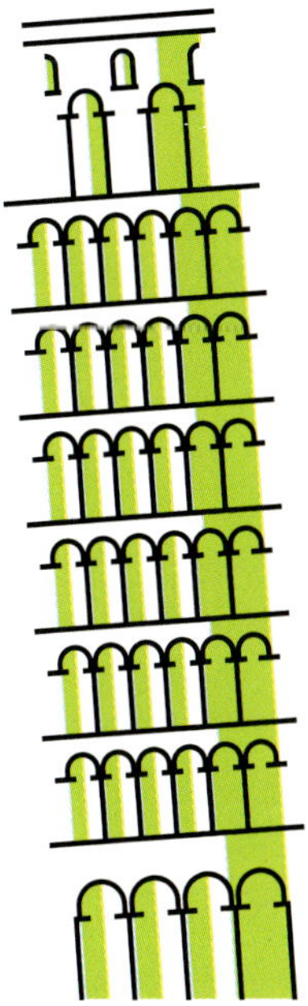

AU SOMMET !

La coupole du Duomo de Florence atteint quelque 85 m de hauteur. Son diamètre maximum est de 45,4 m, soit la longueur de deux terrains de tennis !

ARMOIRIES

Cinq boules rouges et une boule bleue fleurdelisée : on retrouve partout à Florence le blason des Médicis. Ces boules seraient des besants (pièces de monnaies), référence à l'origine de la fortune des Médicis, qui étaient banquiers. Les fleurs de lys rappellent leurs liens avec la Couronne française.

VIN

35 millions de bouteilles de Chianti Classico sont produites chaque année.

4,34M

Voire 5,14m socle compris : c'est la hauteur du *David*, la célébrissime sculpture de Michel-Ange, originaire de Florence.

★ LES INCONTOURNABLES

★ **LE DUOMO, FLORENCE** (p.60) Le génial Brunelleschi a consacré 16 ans de sa vie au chantier du Duomo. Sa coupole de tuiles rouges aux arêtes blanches, véritable prouesse technique et esthétique, est devenue le symbole même de Florence.

★ **GALERIE DES OFFICES, FLORENCE** (p.66) Si Florence est un livre d'histoire de l'art, ouvrez-en le principal chapitre. Ces longues salles surplombant l'Arno abritent les plus grands chefs-d'œuvre de Giotto, Botticelli, Michel-Ange, Raphaël...

★ **SAN GIMIGNANO** (p.156) En plein Chianti, cette ville médiévale s'avère inoubliable avec ses tours en pierre, sa collégiale et ses grands peintres. Et sa silhouette vous fera peut-être penser à celle de... New York.

★ **PIAZZA DELLA SIGNORIA, FLORENCE** (p.65) Aujourd'hui comme à la Renaissance, une place grandiose. Le Palazzo Vecchio à l'élégant beffroi, tout à la gloire des Médicis, fait face à un musée de sculptures à ciel ouvert. Que de beauté !

★ **LE PONTE VECCHIO ET L'OLTRARNO, FLORENCE** (p.67) Découvrez d'abord, de la rive droite de l'Arno, la magie de ces maisons colorées suspendues au-dessus des eaux. Puis traversez le pont pour découvrir l'Oltrarno, populaire et vivant (p.92).

★ **PIAZZA DELL'ANFITEATRO, LUCQUES** (p.122) Derrière ses beaux remparts, Lucques abrite des trésors artistiques insoupçonnés et une place toute fermée. À vous d'en trouver l'entrée ! Au bout de la quête, tout un art de vivre.

★ **GALERIE DE L'ACADÉMIE, FLORENCE** (p.80) L'enfant de la cité, Michel-Ange, possède son temple. Vous vous y rendrez pour ses *Esclaves* mais surtout pour son fameux *David*, symbole du Beau absolu.

★ **TOUR PENCHÉE, PISE** (p.114) Emblème de Pise et peut-être de toute l'Italie, cette tour penchée n'est pas seulement intrigante, elle est aussi sublime ! Mais n'oubliez pas de rendre visite au reste de la ville, fort charmant.

★ **SANTA MARIA NOVELLA, FLORENCE** (p.72) Comme chaque famille des 14e et 15e s. qui comptait a fait décorer une chapelle dans cette basilique, vous y admirerez des chefs-d'œuvre, dignes d'être accrochés aux Offices !

★ **PIAZZA DEL CAMPO, SIENNE** (p.172) La belle ville aux tons ocre est fameuse pour sa course échevelée, le Palio, sa place en forme de coquille, ses grands peintres, son dôme, la gentillesse de ses habitants et ses douceurs sucrées !

★ **FRESQUES DE PIERO DELLA FRANCESCA, AREZZO** (p.186) Dans cette ville à la drôle de place inclinée se nichent parmi les plus belles fresques de Toscane. Pour tout connaître de la *Légende de la Vraie Croix*.

★ **SANTA CROCE, FLORENCE** (p.86) Vous serez émerveillé par la place grandiose où l'éclatante façade de la basilique n'est qu'une introduction aux merveilles dont foisonne l'intérieur.

SELON VOS ENVIES

Personnalisez votre séjour en multipliant vos expériences selon vos goûts et vos envies.

Pour des vues magnifiques

Voici les spots parfaits pour découvrir Florence et les villes de Toscane de haut !

→ Duomo (Florence) **P.60**
→ Campanile (Florence) **P.61**
→ Basilica di San Miniato al Monte (Florence) **P.96**
→ Piazzale Michelangelo (Florence) **P.97**
→ Fiesole **P.101**
→ Torre Pendente (Pise) **P.114**
→ Torre del Palazzo Guinigi (Lucques) **P.126**
→ Castello di Ama (Gaiole in Chianti) **P.148**
→ Castellina in Chianti **P.148**
→ Colle di Val d'Elsa **P.152**
→ San Gimignano **P.156**
→ Torre del Mangia (Sienne) **P.172**

Le meilleur de la Renaissance

À Florence, Arezzo et Pienza principalement, vous trouverez de sublimes exemples d'architecture et d'art de la Renaissance.

→ Duomo (Florence) **P.60**
→ Palazzo Strozzi (Florence) **P.63**
→ Galleria degli Uffizi (Florence) **P.66**
→ Museo Galileo (Florence) **P.68**
→ Museo Nazionale del Bargello (Florence) **P.68**
→ Basilica di Santa Maria Novella (Florence) **P.72**
→ Basilica di San Lorenzo (Florence) **P.78**
→ Palazzo Medici Riccardi (Florence) **P.79**
→ Piazza della Santissima Annunziata (Florence) **P.81**
→ Basilica di Santo Spirito (Florence) **P.94**
→ Cappella Brancacci (Florence) **P.95**
→ Villa di Poggio a Caiano (Poggio a Caiano) **P.101**
→ Pienza **P.182**
→ Montepulciano **P.182**
→ Fresques de Piero della Francesca (Arezzo) **P.186**
→ Piazza Grande (Arezzo) **P.186**

Palazzi, cortili (palais, cours)

Florence est une ville de palais. Certains se visitent comme des musées, beaucoup sont encore habités, abritent des activités publiques ou des boutiques.

→ Museo Davanzati (Florence) **P.62**
→ Palazzo Strozzi (Florence) **P.63**
→ Museo Salvatore Ferragamo (Florence) **P.65**
→ Palazzo Vecchio (Florence) **P.66**
→ Palazzo Medici Riccardi (Florence) **P.79**
→ Museo Horne (Florence) **P.88**
→ Palazzo Pitti (Florence) **P.92**
→ Villa della Petraia (Florence) **P.101**
→ Villa di Poggio a Caiano (Poggio a Caiano) **P.101**
→ Palazzo Comunale (San Gimignano) **P.158**
→ Palazzo Pubblico – Museo Civico (Sienne) **P.172**

Fêtes historiques

Les Toscans sont très attachés à leur passé et vivent avec passion les fêtes traditionnelles (p.215) qui remontent pour certaines au Moyen Âge.

→ Calcio Storico Fiorentino (Florence) **P.86**
→ Carnevale di Viareggio **P.131**
→ Ferie delle Messi (San Gimignano) **P.160**
→ Palio di Siena (Sienne) **P.176**

Carnevale di Viareggio

En amoureux

La Toscane est sans doute l'un des lieux les plus romantiques au monde, où les balades main dans la main vous laisseront des souvenirs impérissables...

→ Promenade sur les berges de l'Arno (Florence) **P.67**
→ Giardino di Boboli (Florence) **P.93**
→ Balade sur la colline de San Miniato (Florence) **P.96**
→ Settignano (Florence) **P.100**
→ Remparts (Lucques) **P.126**
→ Ristoro di Lamole (Greve in Chianti) **P.147**
→ Villa Il Poggiale (San Casciano in Val di Pesa) **P.232**

En famille

Une région idéale pour des vacances en famille (une fois que les enfants ont un peu grandi), permettant d'alterner moments de détente au bord de la piscine et visites de lieux historiques.

→ Coupole du Duomo **P.61**
→ Museo Galileo (Florence) **P.68**
→ Un tour de calèche (Florence) **P.68**
→ Vivoli (Florence) **P.89**
→ Torre Pendente (Pise) **P.114**
→ Monteriggioni (Environs de Colle di Val d'Elsa) **P.153**
→ Festa del Grillo (Florence) **P.216**

Dans le Val d'Orcia, au sud de Sienne

Terrasses avec vue

Pour des vues sublimes sur les toits des villes ou sur les vignes du Chianti en sirotant un verre ou en savourant un plat traditionnel.

→ Caffetteria delle Oblate (Florence) **P.69**
→ Sesto on Arno (Florence) **P.77**
→ La Castellana (Greve in Chianti) **P.146**
→ Ristoro di Lamole (Greve in Chianti) **P.147**
→ Cantinetta di Rignana (Greve in Chianti) **P.147**
→ Podere le Vigne (Radda in Chianti) **P.151**
→ Le Vecchie Mura (San Gimignano) **P.161**
→ Ristorante Pizzeria di Nonno Mede (Sienne) **P.184**
→ Osteria del Bigelli (Sienne) **P.184**
→ Albergo la Scaletta (Florence) **P.226**
→ Bellavista (San Gimignano) **P.233**

Bars à vins

En Toscane, on dit *vinaio*, *fiaschetteria* ou *enoteca* pour désigner les bars à vins : des lieux traditionnels où tout le monde se rend pour boire un verre ou manger sur le pouce.

→ Cantinetta dei Verrazzano (Florence) **P.69**
→ All'Antico Vinaio (Florence) **P.70**
→ Fiaschetteria Nuvoli (Florence) **P.70**
→ La Mescita (Florence) **P.83**

→ Antico Noé (Florence) P.89
→ Enoteca Fuori Porta (Florence) P.98
→ Enoteca La Fortezza di Montalcino (Montalcino) P.182
→ Osteria Vinaio da Trombicche (Sienne) P.183

Cuisine toscane

Les Toscans sont attachés à leurs traditions, surtout en cuisine !

→ Trattoria Guelfa (Florence) P.75
→ 13 Gobbi (Florence) P.76
→ Nerbone (Florence) P.83
→ Trattoria Cibrèo (Florence) P.90
→ La Casalinga (Florence) P.98
→ All'Antico Ristoro di Cambi (Florence) P.98
→ Trattoria Al Tranvai (Florence) P.98
→ Trattoria Sant'Omobono (Pise) P.121
→ Osteria dei Cavalieri (Pise) P.121
→ La Bottega (Radda in Chianti) P.151
→ Bel Mi' Colle (Colle di Val d'Elsa) P.155
→ Officina della Cucina Popolare (Colle di Val d'Elsa) P.155
→ Il Saraceno (Arezzo) P.191

Gelati et *sorbetti*

Impossible d'imaginer des vacances en Italie sans *gelato* ! Les meilleures glaces sont forcément celles fabriquées de façon artisanale, dont les saveurs varient au fil des saisons.

→ La Sorbettiera (Florence) P.59
→ I Gelati del Bondi (Florence) P.83
→ Vivoli (Florence) P.89
→ La Bottega del Gelato (Pise) P.120
→ Gelateria Santini (Lucques) P.128
→ Gelateria di "Piazza" (San Gimignano) P.160

Pizza fine ou napolitaine

Si la pizza est indissociable de l'idée que nous nous faisons de l'Italie, il existe plusieurs écoles. Elle est presque toujours cuite au feu de bois (sinon, changez de restaurant), mais la napolitaine sera plutôt épaisse et moelleuse, la florentine fine et croquante.

→ Il Pizzaiuolo (Florence) P.89
→ Osteria Caffè Italiano (Florence) P.89
→ La Chiesina (Viareggio) P.133
→ Ristorante Pizzeria di Nonno Mede (Sienne) P.184
→ Mivà (Arezzo) P.191

Domaines viticoles

Parce qu'on apprécie toujours plus un vin lorsqu'on a découvert ses vignes, ses caves, et les hommes et les femmes qui l'ont fait.

→ Castello Vicchiomaggio - Cantinetta San Jacopo (Greve in Chianti) **P.145**
→ Castello di Verrazzano (Greve in Chianti) **P.145**
→ Fattoria Casaloste (Greve in Chianti) **P.145**
→ Castello di Ama (Gaiole in Chianti) **P.148**
→ Castello d'Albola (Radda in Chianti) **P.149**
→ Castello di Brolio (Gaiole in Chianti) **P.149**
→ Castello di Meleto (Gaiole in Chianti) **P.150**
→ Castello di Fonterutoli (Castellina in Chianti) **P.150**
→ Azienda Agricola Querceto di Castellina (Castellina in Chianti) **P.150**
→ Fattoria dei Barbi (Montalcino) **P.183**

Balades, promenades et randonnées

Que ce soit à pied ou à vélo, pour une promenade du dimanche, une balade en bord de mer ou une longue randonnée, tous les paysages s'offrent à vous !

→ Balade sur la colline de San Miniato (Florence) **P.96**
→ Settignano (Florence) **P.100**
→ Fiesole **P.101**
→ Tour des remparts (Lucques) **P.126**
→ Lungomare di Viareggio **P.132**
→ Via Francigena (Monteriggioni) **P.141**
→ Balade de Greve à Montefioralle **P.144**
→ L'Eroica (Sienne) **P.183**

Shopping gourmand

Fromages, charcuterie, miel, huile d'olive, gâteaux secs... il n'y a pas que des pâtes à rapporter d'Italie !

→ Procacci (Florence) **P.69**
→ Mercato Centrale (Florence) **P.82**
→ Mercato Sant'Ambrogio (Florence) **P.88**
→ Pasticceria Caffè Ristorante Federico Salza (Pise) **P.120**
→ Taddeucci (Lucques) **P.128**
→ La Grotta (Lucques) **P.129**
→ La Cacioteca (Lucques) **P.129**
→ L'Erta di Quintole (Impruneta) **P.146**
→ Fattoria La Querce (Impruneta) **P.146**
→ Macelleria Falorni (Greve in Chianti) **P.147**
→ Macelleria Cecchini (Greve in Chianti) **P.147**
→ Castello di Fonterutoli (Castellina in Chianti) **P.150**

Au marché San Lorenzo à Florence

Shopping mode

Florence est une des grandes villes de la mode et chaque ville d'Italie compte de belles boutiques.

Artisanat vivant

Terre cuite, cristallerie, travail du cuir... les artisans sont très actifs !

LES ITINÉRAIRES

Trois itinéraires pour vous laisser guider selon vos inclinations et le temps dont vous disposez.

Sur la rive droite de l'Arno, le cœur de Florence

Trois jours à Florence

Cette cité Renaissance, véritable musée à ciel ouvert, s'apprécie aussi au fil de ses ruelles tranquilles qui fourmillent de bonnes adresses. C'est là que vous rencontrerez les Florentins qui aiment à se retrouver autour d'un bon petit plat ou d'un verre de chianti dans les nombreux cafés et bars à vins de la ville.

JOUR 1

Matin

Rendez-vous piazza della Signoria, cœur politique de Florence depuis le 13e s., avant de vous familiariser avec les quartiers populaires du marché San Lorenzo et de l'église Santa Croce.

9h30 Piazza della Signoria (p.65) Admirez l'élégante silhouette du Palazzo Vecchio qui domine la place. Et ne manquez pas le *Persée* de Cellini parmi les innombrables sculptures abritées sous la Loggia dei Lanzi.

10h Duomo (p.60) En remontant la commerçante via dei Calzaiuoli, vous déboucherez sur la cathédrale (Duomo), dont la majestueuse coupole dessinée par le génial Filippo Brunelleschi (1377-1446) symbolise Florence depuis 1436.

Pour une vue panoramique, montez, au choix, au sommet du campanile ou dans la dite coupole.
12h30 Mercato Centrale (p.82) Histoire de vous mettre en appétit, flânez au milieu des fruits et légumes, des fromages et des charcuteries du marché central, puis prenez votre tour dans la file pour déjeuner chez **Nerbone** (p.83) sur de grandes tables communes.

Après-midi

14h Quartier San Lorenzo (p.78) La basilique conserve des œuvres de Lippi et de Donatello. Accolées à l'église, les chapelles médicéennes (p.78) renferment les tombeaux des Médicis sculptés par Michel-Ange. Et, toute proche, la bibliothèque Laurentienne se visite pour son escalier grandiose conçu également par le maître toscan. Son accès, possible lors des expositions, se fait par le cloître dei Canonici, à gauche de la basilique (www.bmlonline.it).
16h Vivoli (p.89) Prenez vers l'est, et, en direction de Santa Croce, faites une pause gourmande chez Vivoli, réputé le meilleur glacier de Florence !
16h30 Santa Croce (p.86) Sur une des plus charmantes places de la ville, une église célèbre pour ses fresques de Giotto et pour ses tombeaux où reposent Michel-Ange et Machiavel. Assis sur les marches de l'église au côté des groupes de jeunes, ou sur l'un des bancs de la place, admirez les divers palais agrémentés de fresques, de loggias et de terrasses...

Soirée

Apéritif Caffè Sant'Ambrogio (p.91) Les jeunes Florentins débarquent sur une placette populaire, à l'écart des circuits les plus balisés, pour sacrifier au rite de l'*aperitivo*. Les lieux sont vite noirs de monde !
Dîner Le meilleur restaurant du quartier Sant'Ambrogio est sans aucun doute le **Cibrèino** (p.90), mais il faut s'armer de patience avant qu'une table ne se libère. Qui a des envies de pizza se dirigera vers **Il Pizzaiuolo** (p.89).
23h Les fêtards pourront se mêler à l'ambiance animée des nombreux bars aux abords de **Santa Croce**, notamment via Verdi et via de' Benci, ou traverser le pont pour rejoindre le **Montecarla**, à l'atmosphère totalement inattendue et festive, via de' Bardi, 2/r (plan 3, C2), qui ouvre tous les soirs de 22h à 6h du matin.

JOUR 2

Matin

Plongez dans le musée des Offices puis traversez le fleuve par le Ponte Vecchio à la découverte de l'Oltrarno et des collines de la ville.

9h **Galleria degli Uffizi** (p.66) Nous vous conseillons de réserver vos billets à l'avance, afin d'éviter une fastidieuse attente. Il serait dommage de ne pas être au mieux de sa forme et de son humeur pour admirer les chefs-d'œuvre de Cimabue, Giotto, Uccello, Botticelli, Raphaël, Vinci, Rembrandt...

11h **Ponte Vecchio** (p.67) On aura aperçu l'autre symbole de la ville du haut de la galerie des Offices, mais il faut l'emprunter pour ressentir ce qu'est l'atmosphère d'un pont habité.

11h30 **Piazza Santo Spirito** (p.94) Après avoir visité l'église dessinée par Brunelleschi (elle ferme à 12h30), traînez un peu sur cette délicieuse place arborée, où tous les samedis se tient un petit marché.

Déjeuner **La Casalinga** (p.98) Une cuisine *della mamma* à des prix des plus honnêtes. Atmosphère très italienne, joyeuse et animée.

Après-midi

15h **Cappella Brancacci** (p.95) Une chapelle entièrement décorée de fresques peintes par Masaccio et Masolino, dont l'inégalée *Adam et Ève chassés du Paradis*.

16h **Giardino di Boboli** (p.93) Promenade rafraîchissante dans les allées ombragées de ce jardin à l'italienne. Quittez-le par la porte de Forte di Belvedere pour déambuler sur la colline de San Miniato (p.96), jusqu'au piazzale Michelangelo.

18h30 **Piazzale Michelangelo** (p.97) Du haut de cette esplanade, vous bénéficierez d'un panorama à couper le souffle sur la ville : Arno, petits immeubles aux toits de tuiles rouges et imposantes silhouettes du Duomo et du Palazzo Vecchio. Redescendez par l'escalier vers la Porta San Niccolò.

Gelato

Soirée

Dîner **Fuori Porta** (p.98) La terrasse de ce bar à vins dominant une petite rue pentue et les murailles de la ville s'avère idéale pour grignoter quelques *crostini* en sirotant un verre.

22h **Zoe Bar** À deux pas, via dei Renai, 13/r (plan 3, C2), un des lieux de rendez-vous de la jeunesse à l'agréable terrasse, ouvert jusqu'à 2h du matin.

JOUR 3

Matin

Il reste tant à voir ! Michel-Ange à l'Accademia, Fra Angelico à San Marco, Gozzoli au Palazzo Medici, Ghirlandaio à Santa Maria Novella...

9h Galleria dell'Accademia (p.80) Comme pour les Offices, mieux vaut avoir réservé à l'avance pour venir admirer le *David* et les quatre *Esclaves* sculptés par Michel-Ange.

10h30 Museo di San Marco (p.80) Après le bain de foule devant les chefs-d'œuvre tout en puissance de Michel-Ange, voici le calme d'un couvent, et les fresques aux accents spirituels de Fra Angelico.

Déjeuner La Ménagère (p.84) Pour une plongée dans la Florence du 21e s., rendez-vous dans cet espace très design et attablez-vous dans l'espace restauration ou optez pour les tapas du coin bistrot.

Après-midi

14h Robiglio (p.83) Un *espresso* au comptoir pour une pause à l'italienne.

14h30 Palazzo Medici-Riccardi (p.79) Le palais des Médicis, parfait exemple du style Renaissance, abrite la fresque de Gozzoli *Le Cortège des Mages*, où sont représentés les différents membres de la famille de Laurent le Magnifique.

15h30 Basilica di Santa Maria Novella (p.72) Une des plus belles églises de Florence, à la façade gothique et Renaissance, qui conserve des fresques de Masaccio, de Lippi et de Ghirlandaio.

16h30 Officina Profumo-Farmaceutica di Santa Maria Novella (p.77) Le moment de faire le plein d'onguents et de tisanes curatives dans cette parfumerie fondée en 1612.

17h Balade Promenez-vous une dernière fois le long de l'Arno et dans les ruelles du centre : via Porta Rossa, borgo Santi Apostoli, via Dante Alighieri...

Soirée

Apéritif Da Nuvoli (p.70) Les affamés descendront à la cave aux murs en pierre pour un vrai repas ; les autres resteront debout au comptoir, un verre de chianti à la main et des *crostini* maison dans l'autre, avec les habitués.

Dîner Il Latini (p.76) Vous vous y restaurerez sous des jambons accrochés aux poutres... De quoi vous constituer d'impérissables souvenirs.

22h Personne ne sait préparer une glace comme un Italien ! Après le repas, une promenade vous mènera pour l'*ultimo gelato* chez **Perchè no !** (p.69)

UN JOUR DE PLUS ?

Pour voir la quintessence de la campagne toscane, montez dans le bus n°7 jusqu'à **Fiesole** (p.101). Si vous préférez les villas médicéennes, rejoignez la gare Santa Maria Novella d'où les bus n°2 et n°28 conduisent à la Villa di Castello, puis à la villa della Petraia (p.101). Passez alors l'après-midi à déambuler dans des jardins, à contempler le panorama sur la vallée de l'Arno et à admirer de sublimes fresques Renaissance.

La piazza del Campo, le centre de Sienne

Trois jours à Sienne et alentour

Merveille du gothique toscan, la cathédrale de Sienne domine une ville divisée en quartiers médiévaux, qui chaque année s'affrontent en de joutes féroces sur l'immense piazza del Campo. Tout autour de la ville se déploient des collines, célèbres pour leurs paysages de carte postale et leurs vignobles.

JOUR 1

Matin

9h30 Nannini (p.183) Petit déjeuner dans ce café de la via Banchi di Sopra, l'artère principale de la vieille ville. C'est ici que les notables de Sienne viennent prendre leur *espresso* matinal.

10h Museo dell'Opera Metropolitana (p.178) Juste en face du Duomo, ce musée abrite quelques merveilles signées Duccio et Pisano, les maîtres incontestés du gothique toscan. Le Facciatone (façade inachevée) permet de jouir d'un panorama vertigineux.

11h30 Duomo (p.177) La cathédrale occupe le point culminant de la ville. N'y manquez pas la chaire en marbre de Nicola Pisano et, dans le chœur, les précieuses stalles en bois des 14e et 15e s.

Déjeuner Pizzeria di Nonno Mede (p.184) Pour l'atteindre, traversez la *contrada* de l'oie. Située de l'autre côté du vallon, la terrasse de Nonno Mede livre une vue magnifique sur le Duomo.

Après-midi

15h Palazzo Pubblico (p.172) Après les sommets de l'art religieux, place au chef-d'œuvre de l'art civil : le palais renferme certaines des plus belles fresques de la Renaissance toscane, dont celles de Lorenzetti. Ceux qui n'ont pas peur des escaliers se lanceront à l'assaut de la Torre del Mangia (p.172).

17h Via Banchi di Sopra (p.173) Empruntez l'axe principal de la *passeggiata* et emboîtez le pas aux Siennois.

17h30 Consorzio Agrario Siena (p.185) Au bout de la via Banchi di Sopra, cette boutique pourrait passer pour un musée de la charcuterie et des fromages toscans, tant ces produits sont bien présentés – bonne nouvelle, elle ne ferme pas avant 20h.

19h Osteria del Bigelli (p.184) Sirotez un cocktail en regardant les ombres s'allonger sur la piazza del Campo, sublime place en forme de cadran solaire.

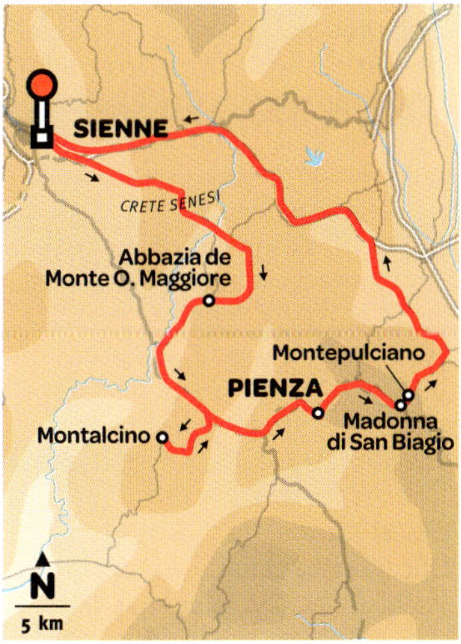

Soirée

Dîner Osteria Nonna Gina (p.184) Offrez-vous un dîner chaleureux dans ce bistrot familial.

22h Tea Room (p.183) L'adresse jazz de Sienne, idéale pour boire un dernier verre en musique.

JOUR 2

Matin

9h Départ de Sienne Direction plein sud par la SR2. Les mamelons parfaits des Crete Senesi (p.181) se déploient à l'infini.

9h45 Abbazia de Monte Oliveto Maggiore (p.181) Sortez à Chiusure pour vous rendre à cette abbaye, haut lieu de la spiritualité toscane, qui vous fera bénéficier de vues plongeantes sur les collines de la région.

12h30 Montalcino (p.182) Retournez sur la SR2 et suivez les panneaux pour Montalcino. Garez-vous au pied de la forteresse.
Déjeuner Osteria di Porta Al Cassero (p.185) Vous apprécierez ses petits plats du jour et son brunello servi au verre.

Après-midi

14h30 Enoteca La Fortezza di Montalcino (p.182) Avant de remonter en voiture, visitez la cave à vins de la forteresse, occupant le rez-de-chaussée du donjon : elle possède la plus belle collection de brunello de toute la ville.
16h Pienza (p.182) La cité vous attend 25km à l'est. Profitez de la route pour admirer les paysages du Val d'Orcia. Après vous être garé au pied des remparts, dirigez-vous vers la piazza Pio II et visitez le Duomo et le Palazzo Piccolomini, les deux joyaux de cette "ville idéale".
19h Sette di Vino Cette osteria, au 1 de la piazza di Spagna, propose de succulentes spécialités maison dans une ambiance familiale. Aux beaux jours, prenez l'apéritif en terrasse.

JOUR 3

La piazza Pio II à Pienza

Matin

9h Départ de Pienza Montepulciano se trouve à moins de 15km de là.
9h30 Montepulciano (p.182) Garez-vous au pied de la forteresse. Sur le corso, le prestigieux **Caffè Poliziano** vaut une halte pour sa délicieuse sélection de pâtisseries maison et son cadre Art déco.
10h15 Duomo et **Pinacoteca** Remontez vers la piazza Grande pour visiter ces deux lieux.
Déjeuner Osteria Acquacheta (p.185) Pour déguster de bonnes pâtes faites sur place.

Après-midi

15h Madonna di San Biagio En quittant Montepulciano, empruntez, à partir du bas de la colline, le viale Rimembranza, une belle allée bordée de cyprès, et arrêtez-vous devant cette élégante et sereine église blonde, chef-d'œuvre de la Renaissance.
16h30 Retour à Sienne En environ 1h de route, remontez vers Sienne.
Apéritif dînatoire Osteria Vinaio da Trombicche (p.183) Fêtez votre retour en allant prendre un verre de chianti. Servi au *gottino* (petit verre lourd et compact), il accompagnera votre assiette de fromages et de charcuteries toscanes.

La cave des Antinori à Bargino

Trois jours dans le Chianti

Pour absorber d'un coup toutes les beautés de la Toscane, rien ne vaut une virée dans le Chianti. Vous découvrirez des paysages étourdissants, des traditions millénaires autour du vin, de l'huile d'olive et de la *cucina povera* et de petits villages ocre, souvent fortifiés sur des éminences.

JOUR 1

Matin

Au départ de Florence, visitez **Impruneta** (p.145), cité connue pour sa tradition de la terre cuite. Énorme pot ou petite décoration : les fabricants comme **Poggi Ugo** (www.poggiugo.it) rivalisent d'imagination. À côté, la **ferme de La Querce** (p.146) produit chaque année en novembre une huile nouvelle délicieuse au parfum piquant et à la couleur verte surprenante, ainsi qu'un excellent vin rouge, La Torretta. Puis rendez-vous à **Bargino** (à 15km au sud) où les **Antinori**, vignerons depuis 26 générations, possèdent une cave ultra moderne creusée à même la colline (www.antinori.it). Attablez-vous à leur trattoria Rinuccio 1180.

Après-midi et soirée

L'après-midi, une visite guidée des caves s'impose (réservez à l'avance). Ne manquez pas la très belle boutique et l'espace d'exposition qui présente des

Les fameuses vignes du Chianti

pièces historiques (cruche à vin du 16e s.) autant que de l'art contemporain avec le Antinori Art Project. Reprenez ensuite la route, la Chiantigiana, vers **Montefioralle** puis **Greve in Chianti** (p.144), un des plus anciens villages de la région. Là, flânez sous les arcades de la place principale. Arrêt à l'**Antica Macelleria Falorni** (p.147) pour acheter de la charcuterie (qui peut être empaquetée sous vide), des herbes de cuisine, du *pecorino*. Asseyez-vous ensuite au Bistrò attenant pour prendre l'apéritif ou dîner d'un tartare de bœuf au lard et au romarin.

JOUR 2

Matin

Le lendemain, direction le bourg fortifié de **Badia a Passignano**, à 8km de Greve. La balade entre les vignes est magnifique, tout comme le bourg. À midi, roulez vers Panzano pour une expérience unique à l'**Officina della Bistecca** (p.143), façon banquet convivial (prévoir 2h !). Ceux qui préfèrent une version accélérée dégusteront un burger aux oignons caramélisés dans la salle attenante à la boucherie de Dario Cecchini (p.142).

Après-midi et soirée

L'après-midi, découvrez les différents villages des environs, dont l'adorable **Volpaia** (p.148), les petits châteaux proches de **Gaiole in Chianti** comme Spaltenna, Vertine ou Barbischio, la très belle église de **San Donato in Poggio**. Arrêtez-vous quand bon vous semble pour savourer cette tranche de *dolce vita*. Fin de journée à **Castellina in Chianti** (p.148). Dès l'entrée

du village, l'atelier de céramique de **Lucia Volentieri** (www.luciavolentieri.com) vous retiendra avec ses adorables vases et ses reproductions de maisons toscanes en forme de cubes que vous pouvez additionner pour former un paysage. Faites-vous plaisir en dînant au **Palazzo Squarcialupi** (www.squarcialupi-relaxinchianti.com) : leurs plats à la truffe de Toscane sont à tomber.

JOUR 3

Matin

Rendez-vous avec les équipes du domaine vinicole de **Querceto di Castellina** (p.150) pour, au choix, une dégustation ou un cours de cuisine rustique toscane avec Laura, la chef, du marché à la dégustation.

Après-midi et soirée

Après le déjeuner, descendez vers Sienne, arrêtez-vous au bourg médiéval de **Fonterutoli** et à la cave du même nom (p.150). Dans un cadre de vieilles pierres, le temps semble suspendu et la vue sur Sienne est imprenable. Pour le dîner, la **Taverna di San Giuseppe** (www.tavernasangiuseppe.it), au cœur de Sienne, au 132 de la via Giovanni Duprè (plan 10, B2), propose une décoration traditionnelle chaleureuse et une cave riche de plus de 600 étiquettes.

UN JOUR DE PLUS ?

Visitez **Arezzo** (p.186), pour les fresques de Piero della Francesca et sa brocante chic, ou bien descendez vers Montalcino et Montepulciano (p.182), deux destinations prestigieuses.

Florence, c'est le berceau de la Renaissance, l'écrin où admirer la *Naissance de Vénus* de Botticelli, le *David* de Michel-Ange, la coupole de Brunelleschi, trois symboles du Beau absolu. La cité des Médicis offre la quintessence d'une ville italienne : de sublimes lumières, des places synonymes de *dolce vita*, des restaurants entretenant la tradition, et des boutiques où luxe et créativité se marient sans cesse.

Florence

***Portrait d'homme avec médaille de Cosme l'Ancien*, Botticelli, galerie des Offices**

Plan 1
SAINT JAMES
PALAZZO VENTURI GINORI
GIARDINO DEGLI ORTI ORICELLARI
STAZIONE DI SANTA MARIA NOVELLA
Piazza della Stazione
VALFONDA STAZIONE SMN
ALAMANNI STAZIONE SMN
Largo Fratelli Alinari
SANTA MARIA NOVELLA
UNITA'
Piazza dell' Unità Italiana
BASILICA DI SANTA MARIA NOVELLA
OFFICINA PROFUMO-FARMACEUTICA DI SANTA MARIA NOVELLA
Piazza Santa Maria Novella
MUSEO NOVECENTO
Piazza San Paolino
MUSEO NAZIONALE ALINARI DELLA FOTOGRAFIA MNAF
OGNISSANTI
Piazza Ognissanti
Piazza degli Ottaviani
Piazza San Pancrazio
MUSEO MARINO MARINI
PALAZZO STROZZI
Piazza Carlo Goldoni
Piazza dei Rucellai
PALAZZO CORSINI
BASILICA DI SANTA TRINITA
MUSEO SALVATORE FERRAGAMO
Piazza del Limbo
Piazza Antinori
Piazza del Tiratoio
Piazza di Cestello
CHIESA DI SAN FREDIANO IN CESTELLO
ARNO
SAN FREDIANO
Piazza Sauro Nazario
Piazza degli Scarlatti
Piazza del Carmine
Piazza Piattellina
CAPPELLA BRANCACCI
Piazza de Frescobaldi
OLTRANO
BASILICA DI SANTO SPIRITO
Via della Scala
Via Luigi Alamanni
Via Fiume
Via Nazionale
Via Faenza
Via Sant'Antonino
V. del Melarancio
Via Bernardo Rucellai
Via degli Orti Oricellari
Via Sta.Cat. da Siena
Via il Prato
Via Palazzuolo
Via dell'Albero
Via di Santa Lucia
Borgo Ognissanti
Via dei Canacci
Via Benedetta
Via degli Avelli
Via Panzani
Via del Giglio
Via dei Banchi
Via delle Belle Donne
Via del Trebbio
Via dei Rondinelli
V. d. Agli
V. d. Antinori
Via Maso Finiguerra
Via del Porcellana
Via Melegnano
Via Montebello
Lungarno Amerigo Vespucci
Ponte Amerigo Vespucci
Via del Moro
Via del Sole
Via dei Corsi
Via dei Tornabuoni
Via della Spada
Via dei Fossi
Via dei Federighi
Via della Vigna Nuova
Via dell'Inferno
Via del Purgatorio
Via del Parione
Via del Parioncino
Lungarno Corsini
Via Porta
V. d. Terme
Lungarno Soderini
Via del Tiratoio
Via del Piaggione
Ponte alla Carraia
Via del Leone
Borgo San Frediano
Lungarno Guicciardini
Via dei Geppi
Ponte Sta Trinita
V. dei Tornabuoni
Borgo Stella
Via di Santo Spirito
V. dell'Adigione
Via del Serragli
Via Sta Monaca
Via Maffia
V. dei Coverelli
Via dello Sprone
Borgo San Jacopo
Via dei Sapiti
A
B
1
2
3
4
0
100 m
50
54
56
5
30
31
12
35
17
34
57
10
42
32
7
13
40
51
55
Plan 3

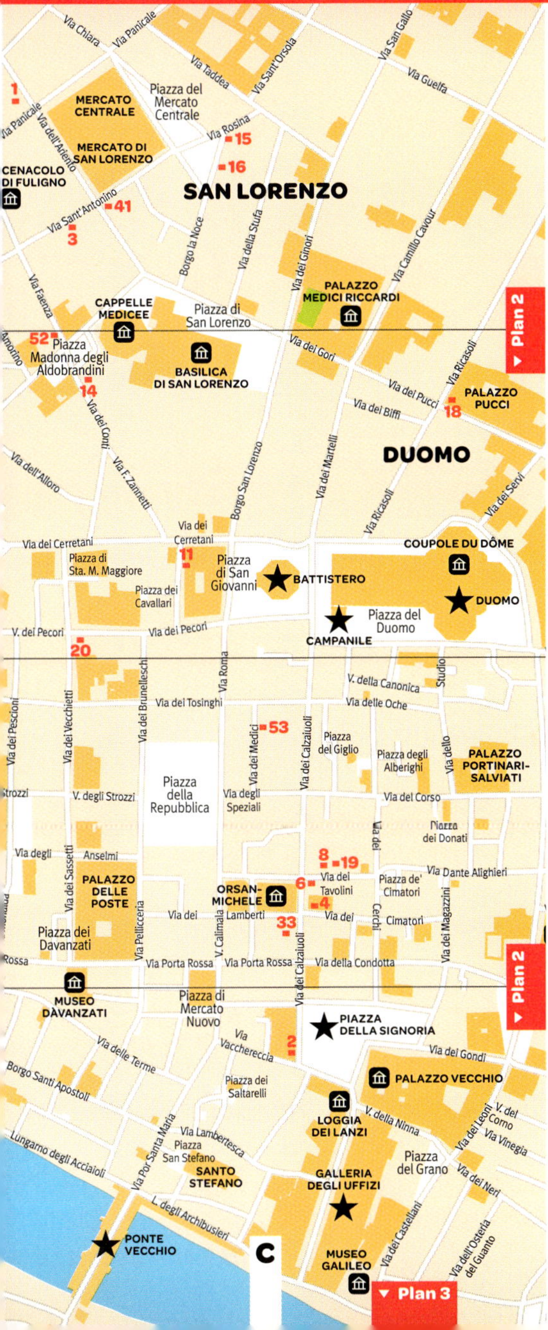
Via Chiara
Via Panicale
Via Taddea
Via Sant'Orsola
Via San Gallo
Via Guelfa
MERCATO CENTRALE
Piazza del Mercato Centrale
Via Rosina
15
16
1
Via Panicale
Via dell'Ariento
MERCATO DI SAN LORENZO
CENACOLO DI FULIGNO
SAN LORENZO
Via Sant'Antonino
41
3
Borgo la Noce
Via della Stufa
Via dei Ginori
Via Camillo Cavour
Via Faenza
CAPPELLE MEDICEE
Piazza di San Lorenzo
PALAZZO MEDICI RICCARDI
Plan 2
52
Piazza Madonna degli Aldobrandini
BASILICA DI SAN LORENZO
Via dei Gori
Via Ricasoli
14
Via dei Conti
Via dei Pucci
Via dei Biffi
18
PALAZZO PUCCI
Via dell'Alloro
Via F. Zannetti
Borgo San Lorenzo
Via dei Martelli
DUOMO
Via Ricasoli
Via dei Servi
Via dei Cerretani
Via dei Cerretani
11
Piazza di Sta. M. Maggiore
Piazza dei Cavallari
Piazza di San Giovanni
BATTISTERO
COUPOLE DU DÔME
DUOMO
Piazza del Duomo
CAMPANILE
V. dei Pecori
Via dei Pecori
20
V. della Canonica
Via delle Oche
Studio
Via dei Tosinghi
Via Roma
Via dei Brunelleschi
Via dei Pescioni
Via dei Vecchietti
53
Via dei Medici
Via dei Calzaiuoli
Piazza del Giglio
Piazza degli Alberighi
Via dello
PALAZZO PORTINARI-SALVIATI
Strozzi
V. degli Strozzi
Piazza della Repubblica
Via degli Speziali
Via del Corso
Via dei
Piazza dei Donati
Via degli
Anselmi
8
19
Via dei Tavolini
Via Dante Alighieri
Via dei Sassetti
PALAZZO DELLE POSTE
ORSANMICHELE
6
4
Piazza de' Cimatori
Via dei
Lamberti
Via dei
Cimatori
Cerchi
33
Piazza dei Davanzati
Via Pellicceria
V. Calimala
Rossa
Via Porta Rossa
Via Porta Rossa
Via della Condotta
Via dei Magazzini
MUSEO DAVANZATI
Piazza di Mercato Nuovo
Via dei Calzaiuoli
Plan 2
PIAZZA DELLA SIGNORIA
Via delle Terme
Via Vacchereccia
2
Via dei Gondi
Borgo Santi Apostoli
Piazza dei Saltarelli
PALAZZO VECCHIO
LOGGIA DEI LANZI
V. della Ninna
V. del Corno
Via dei Leoni
Via Vinegia
Lungarno degli Acciaioli
Via Lambertesca
Piazza San Stefano
Via Por Santa Maria
SANTO STEFANO
GALLERIA DEGLI UFFIZI
Piazza del Grano
Via dei Neri
L. degli Archibusieri
PONTE VECCHIO
C
MUSEO GALILEO
Via dei Castellani
Via dell'Osteria del Guanto
Plan 3

Plan 2
1
2
3
4
A
B
Plan 1
Plan 1
Plan 3
SAN MARCO
DUOMO
SANTA CROCE
MUSEO DI SAN MARCO
Piazza San Marco
GIARDINO DI PALAZZO CAPPONI
CENACOLO DI SANT'APOLLONIA
PALAZZO FAENZI
BASILICA DELLA SANTISSIMA ANNUNZIATA
MUSEO ARCHEOLOGICO NAZIONALE
GALLERIA DELL'ACCADEMIA
Piazza delle Belle Arti
PIAZZA DELLA SANTISSIMA ANNUNZIATA
OPIFICIO DELLE PIETRE DURE
SPEDALE DEGLI INNOCENTI
PALAZZO GERINI
PALAZZO MEDICI RICCARDI
Piazza di San Lorenzo
BASILICA DI SAN LORENZO
ROTONDA DI BRUNELLESCHI
PALAZZO NICCOLINI
PALAZZO PUCCI
Piazza Filippo Brunelleschi
SANTA MARIA MADDALENA DEI PAZZI
OSPEDALE DI SANTA MARIA NUOVA
GIARDINO DI PALAZZO CACCINI
Piazza di San Giovanni
COUPOLE DU DÔME
MUSEO DELL'OPERA DEL DUOMO
Piazza di Santa Maria Nuova
TEATRO DELLA PERGOLA
BATTISTERO
Piazza del Duomo
DUOMO
CAMPANILE
BIBLIOTECA DELLA OBLATE
Piazza del Giglio
Piazza degli Alberighi
PALAZZO PORTINARI-SALVIATI
PALAZZO NONFINITO
Piazza dei Pazzi
PALAZZO ALBIZI
Piazza Gaetano Salvemini
Piazza dei Donati
PALAZZO PAZZI
Piazza San Pier Maggiore
ORSAN-MICHELE
Piazza de' Cimatori
MUSEO NAZIONALE DEL BARGELLO
TEATRO VERDI
CASA BUONARROTI
PIAZZA DELLA SIGNORIA
Piazza San Firenze
SANTI SIMONE
PALAZZO VECCHIO
Piazza dei Saltarelli
LOGGIA DEI LANZI
Piazza Santa Croce
SANTO STEFANO
GALLERIA DEGLI UFFIZI
Piazza del Grano
Piazza San Remigio
SAN REMIGIO
BASILICA DI SANTA CROCE
MUSEO GALILEO
Via San Zanobi
Via Santa Reparata
Via San Gallo
Via degli Arazzieri
Via Giorgio La Pira
Via Guelfa
Via Orsola
Via Sant'Orsola
Via Cesare Battisti
Via Gino Capponi
Via Giuseppe Giusti
Via Ricasoli
Via Rosina
Via Taddea
Via della Stufa
Via Camillo Cavour
Via della Colonna
Via Laura
Via degli Alfani
V. dei Fibbiai
Via dei Ginori
Via dei Servi
Via dei Gori
Via dei Pucci
Via dei Biffi
Via del Castellaccio
Via della Pergola
Borgo San Lorenzo
Via dei Martelli
Via Maurizio Bufalini
Via Nova de' Caccini
Borgo Pinti
Via dei Pilastri
Via Folco Portinari
Via Sant'Egidio
Via dell'Oriuolo
Via Roma
V. della Canonica
Via dei Tosinghi
Via delle Oche
Studio
Via Fiesolana
Via di Mezzo
Via dei Calzaiuoli
Via dello
Via del Proconsolo
Via del Corso
Borgo degli Albizi
Via dei Pepi
Via Pietrapiana
Via S. P. Maggiore
Via Martiri del popolo
Via dei Giraldi
Seggiole
Via delle Badesse
Via dei Tavolini
Via dei Cerchi
Via Dante Alighieri
Via dei Pandolfini
Via dell'Ulivo
Lamberti
Via dei Cimatori
Via dei Magazzini
Via Ghibellina
Via delle
Via M. Palmieri
Via dell'Agnolo
Via M. Buonarroti
Via Porta Rossa
Via della Condotta
V. della Vigna Vecchia
Via d. Stinche
Via Giuseppe Verdi
Via della Rosa
Via Borgo Allegri
V. dell'Acqua
V. delle Burella
V. dei Lavatoi
Via del Fico
Via Vacchereccia
Via dei Gondi
Via dell'Anguillara
Via Torta
Via Giovanni da Verrazzano
Borgo de' Greci
Via Filippina
Via dei Bentaccordi
Via delle Pinzochere
Via San Cristofano
V. della Ninna
V. del Corno
Via dei Leoni
Via Vinegia
V. d. Parlagio
V. d. Magalotti
Piazza dei Peruzzi
Lgo. Bargellini
Via dei Neri
V. dei Rustici
Via del C. Rivolto
Via delle Brache
Via dei Benci
Via San Giuseppe
L. degli Archibusieri
Via dei Castellani
V. dell'Osteria del Guanto
Via della Mosca
Via dei Vagellai
Borgo Santa Croce
Via A. Magliabechi
1
2
3
5
6
7
10
11
13
14
15
16
17
19
20
21
22
23
25
26
31
32
40
41
42
43
44
45
47
48
49
50

Pauses (n°1 à 7)

1 All'Antico Vinaio - *p.69* A4
2 Antico Noé - *p.89* B3
3 Brac - *p.70* A4
4 Caffè Cibrèo - *p.88* C3
5 Caffetteria delle Oblate - *p.69* B3
6 Pasticceria Robiglio - *p.83* B1
7 Vivoli - *p.89* B4

Restaurants (n°10 à 19)

10 Il Francescano - *p.89* B4
11 Il Pennello - *p.70* A3
12 Il Pizzaiuolo - *p.89* C3
19 Il Vegetariano - *p.84* A1
13 La Ménagère - *p.84* A1
14 La Mescita - *p.83* B2
15 Lo Skipper - *p.85* A1
16 Osteria Caffè Italiano - *p.89* . B4
17 Pentola dell'Oro - *p.90* B3
18 Trattoria Cibrèo - *p.90* C3

Shopping (n°20 à 26)

20 AquaFlor - *p.90* B4
21 Bartolini - *p.85* A2
22 Boutique Nadine - *p.90* B4
23 De Herbore - *p.71* A3
24 Enoteca de' Macci - *p.91* C3
25 I Consigli di Anna - *p.85* A2
26 Scuola del Cuoio - *p.91* B4

Sorties (n°30 à 32)

30 Caffè Sant'Ambrogio - *p.91* .. C3
31 Jazz Club - *p.91* B2
32 Kitsch Deux - *p.85* A1

Hébergements (n°40 à 50)

40 Antica Dimora Johlea - *p.227*. A1
41 Hotel Bavaria - *p.226* A3
42 Hotel Dalí - *p.227* B3
43 Hotel Monna Lisa - *p.227* B3
44 Hotel Sampaoli - *p.225* A1
45 Istituto Oblate dell'Assunzione - *p.227* B3
47 Le Tre Stanze - *p.227* A3
48 Locanda Orchidea - *p.226* ... B3
49 Loggia fiorentina - *p.227* A1
50 Loggiato dei Serviti - *p.228* B1

Pauses (n°1 à 3)
1 La Sorbettiera - *p.59* A2
2 Trippai Ambulanti - *p.97* A1
3 Volume - *p.97* A2

Restaurants (n°10 à 15)
10 All'Antico Ristoro di Cambi - *p.98* A1
11 Carduccio - *p.98* B2
12 Del Fagioli - *p.90* C2
13 Enoteca Fuori Porta - *p.98* .. C3
14 La Casalinga - *p.98* B2
15 Trattoria Al Tranvai - *p.98* A2

Shopping (n°20 et 21)
20 Laudato - *p.99* A1
21 Stefano Bemer - *p.99* C2-D2

Sorties (n°30 à 32)
32 Il Rifrullo - *p.99* C3
30 La Cité - *p.99* A1
31 Mad Souls&Spirits - *p.99* A1

Hébergements (n°40 à 47)
40 Albergo la Scaletta - *p.226* ... B2
41 Casa Santo Nome di Gesù - *p.226* A1
42 Hotel Annalena - *p.227* A3
43 Istituto Gould - *p.225* A2
44 Ostello Santa Monaca - *p.225* A1
45 Ostello Tasso - *p.225* A2
46 Palazzo Guadagni - *p.228* A2
47 Palazzo San Niccolò - *p.228* . C2

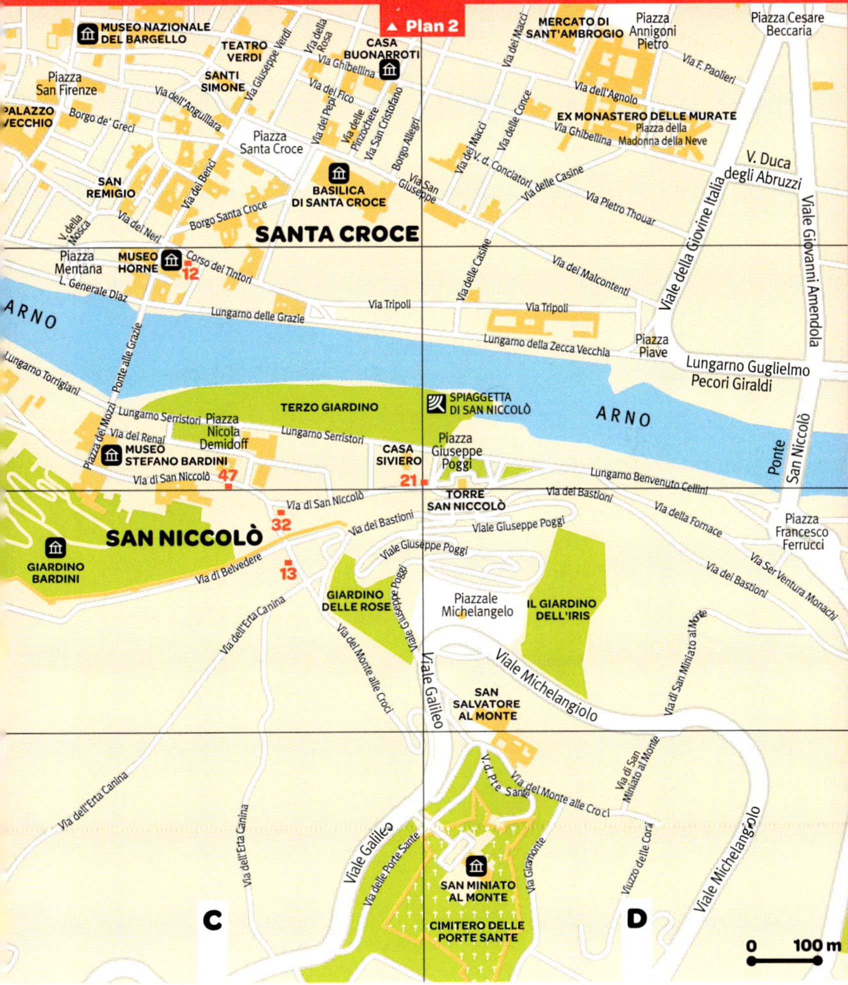
Plan 2
MUSEO NAZIONALE DEL BARGELLO
TEATRO VERDI
CASA BUONARROTI
MERCATO DI SANT'AMBROGIO
Piazza Annigoni Pietro
Piazza Cesare Beccaria
Piazza San Firenze
SANTI SIMONE
PALAZZO VECCHIO
EX MONASTERO DELLE MURATE
Piazza della Madonna della Neve
Piazza Santa Croce
SAN REMIGIO
BASILICA DI SANTA CROCE
V. Duca degli Abruzzi
SANTA CROCE
Piazza Mentana
MUSEO HORNE
12
ARNO
Via Tripoli
Lungarno delle Grazie
Lungarno della Zecca Vecchia
Piazza Piave
Lungarno Guglielmo Pecori Giraldi
Viale della Giovine Italia
Viale Giovanni Amendola
TERZO GIARDINO
SPIAGGETTA DI SAN NICCOLÒ
Piazza Nicola Demidoff
MUSEO STEFANO BARDINI
CASA SIVIERO
Piazza Giuseppe Poggi
47
21
TORRE SAN NICCOLÒ
Ponte San Niccolò
Piazza Francesco Ferrucci
SAN NICCOLÒ
32
13
GIARDINO BARDINI
GIARDINO DELLE ROSE
Piazzale Michelangelo
IL GIARDINO DELL'IRIS
Viale Michelangiolo
Viale Galileo
SAN SALVATORE AL MONTE
SAN MINIATO AL MONTE
CIMITERO DELLE PORTE SANTE
C
D
0 100 m

★ LES INCONTOURNABLES

★ **LE PONTE VECCHIO** (p.67), trait d'union entre le centre historique et l'Oltrarno.

★ **LA PIAZZA DELLA SIGNORIA** (p.65) pour la silhouette du Palazzo Vecchio.

★ **LES BASILIQUES SANTA MARIA NOVELLA** (p.72) **ET SANTA CROCE** (p.86) pour leurs cycles de fresques.

★ **LE DÔME, LE CAMPANILE ET LE BAPTISTÈRE** (p.60), un ensemble unique, point de départ pour une découverte de Florence à pied... ou vue d'en haut.

★ **LA GALERIE DES OFFICES** (p.66) **ET LA GALERIE DE L'ACADÉMIE** (p.56) pour un extraordinaire panorama de la peinture et de la sculpture italienne.

NOS CONSEILS

Des suggestions pratiques et des petites astuces pour découvrir Florence sans fausse note.

Réservez vos musées

Pour éviter l'attente – parfois interminable –, réservez par Internet, quelques jours avant de partir, votre entrée à la galerie des Offices (p.66) et à la galerie de l'Académie (p.80). Une fois sur place, la queue ira très vite, pour peu que vous respectiez votre créneau.

www.uffizi.it www.galleriaaccademiafirenze.beniculturali.it

Préférez les petites rues

En saison, les principales rues piétonnes entre le Duomo (p.60), la piazza della Signoria (p.65), le Ponte Vecchio (p.67) et le Palazzo Pitti (p.92) sont submergées par les visiteurs. Cherchez les itinéraires alternatifs par les petites rues, quitte à vous perdre un peu : vous découvrirez de vrais trésors !

Faites le marché le matin

Allez à San Lorenzo (p.82) pour ses belles halles et la mise en scène de ses étals, ou à Sant'Ambrogio (p.88) pour l'ambiance plus provinciale. Et pourquoi ne pas y déjeuner ? Les deux marchés proposent des gargotes où se restaurer. Attention, ils sont fermés le dimanche.

Entrez gratuitement au musée

Tous les grands musées de Florence, ainsi que la basilique Santa Maria Novella (p.72) et la Cappella Brancacci (p.95) sont gratuits le 1er dimanche du mois. La Firenze Card (72€, valable 72h) donne accès à 72 lieux de visite (exceptés le Duomo et son complexe) et aux transports en commun.

www.firenzecard.it

Goûtez à la cuisine de rue

La *street food* existe depuis toujours en Toscane ! Laissez-vous tenter par la spécialité locale, le sandwich au *lampredotto* ou tripe (p.89) vendu dans des camionnettes sur certaines places de la ville, ou choisissez une *schiacciata* (aussi appelée *focaccia*, sorte de fougasse) fourrée au jambon cru, aux légumes grillés, à la mozzarella, etc., chez un *vinaio* (ancêtre des œnothèques).

Regardez la ville de haut

Montez au sommet du Duomo (p.60), sur le piazzale Michelangelo (p.96), à San Miniato (p.96) ou à Fiesole (p.101). La vue sur cette mer ondulante de toits ocre, ponctuée par la silhouette de la cathédrale et la flèche du Palazzo Vecchio restera gravée dans votre mémoire.

Profitez de l'Arno

Que ce soit pour relier deux lieux de visite ou juste pour le plaisir, longez les quais de l'Arno en toute saison pour apprécier les beaux palais,

***Tondo Doni*, Michel-Ange, galerie des Offices**

le dégradé de couleurs de la berge d'en face, le Ponte Vecchio de loin, et passez d'une rive à l'autre sans but... En été, descendez à fleur d'eau pour boire un verre à la "petite plage" (p.96) !

Faites le plein de mode et d'artisanat

Réputée pour son artisanat, Florence a aussi vu naître plusieurs stylistes de renom. Prévoyez un peu de temps entre deux chefs-d'œuvre pour faire du lèche-vitrines. Si vous aimez le luxe, direction la via Tornabuoni (p.71) et la piazza della Signoria (p.65) ; pour les petits créateurs et les artisans, rendez-vous dans les quartiers de Santa Croce (p.86) ou de Santo Spirito (p.94).

Mettez-vous au vert

Florence est une ville très minérale, dense, mais la campagne est à portée de main. Plusieurs options : une promenade dans les collines (p.97), au jardin de Boboli (p.93), ou, le long de l'Arno, dans l'immense parc des Cascine (hors plan 1 par A2).

Dînez en prenant l'apéro

La mode de l'*aperitivo* est très répandue à Florence. Entre 19h et 21h environ, pour le prix d'une boisson, vous avez accès à un immense buffet (salades de pâtes, crostini, charcuterie, olives...) qui peut faire office de dîner léger. Certains bars rivalisent d'inventivité et de générosité !

✖ Prenez garde aux ZTL !

Si vous venez en voiture ou que vous en louez une sur place, respectez la ZTL (zone à trafic limité). Personne hormis les résidents ne peut pénétrer dans le centre historique (sauf la nuit ou avec une autorisation de votre hôtel). Attention, l'amende de 102€ arrive directement à domicile.

mobilita.comune.fi.it

RENDEZ-VOUS AVEC...

Alice Cheron vit à Florence depuis 2010. Auteure voyageuse, spécialiste de l'Italie, elle explore la ville sans relâche et a fondé la plate-forme AlidiFirenze.fr, consacrée à l'art de vivre à l'italienne. Dans un atelier d'artiste ou un jardin enchanteur, elle organise aussi des demandes en mariage inoubliables. Elle partage avec nous ses coups de cœur.

Ma matinée florentine

Mercato Sant'Ambrogio

Il n'y a pas plus typique que ce marché. J'y trouve tous les fruits et légumes de saison, et notamment des cèpes frais, parfaits en risotto. Le cabas rempli, un petit café s'impose au Cibrèo (p.88) situé à quelques mètres. J'y commande un *macchiato*, un café "taché" de lait.

SANT'AMBROGIO (plan 2, C3)
Piazza Ghiberti ⏲ Lun.-sam. 7h-14h

Ma pause Oltrarno

La Sorbettiera

San Frediano (p.94) est l'un de mes quartiers favoris. On y trouve encore des artisans exceptionnels. Pour me remettre de mes émotions après une visite chez l'un d'eux, je file chez mon glacier préféré, La Sorbettiera. Là, je commande le parfum chocolat appelé *catrame*, intense et très crémeux. Attention, il y a la queue hiver comme été !

OLTRARNO (plan 3, A2 n°1) Piazza Torquato Tasso, 11 ☎ 055 51 20 336 ⏲ Tlj. 10h-20h (21h l'été)

L'ACTUALITÉ D'ALICE

Consultez www.alidifirenze.fr et youtube.com/alidifirenze et ne manquez pas son irrésistible web-série *Dolce Follia* où elle dévoile son quotidien florentin.

ADRESSES

- **A** Mercato Sant'Ambrogio
- **B** Regina Bistecca
- **C** La Sorbettiera
- **D** Richard Ginori
- **E** Palazzo Guadagni
- **F** Piazzale Michelangelo

Mon plat préféré

Regina Bistecca

Installée dans une ancienne bibliothèque, Regina Bistecca m'enchante, car cette adresse change drastiquement des trattorias classiques où l'on sert la *bistecca*. Dans un décor ultra léché, je déguste religieusement mon filet de bœuf sauce au poivre avec de croustillantes frites maison. Tiramisu ou gâteaux secs aux amandes appelés *cantucci* : le chariot des desserts ne déçoit jamais. En sortant,

Macchiato ou cappuccino ?

MA BALADE

Si les merveilles culturelles du centre-ville constituent l'essence de Florence, les collines et les cyprès en font aussi partie intégrante. Rendez-vous Oltarno, piazzale Michelangelo, empruntez le viale Galileo, puis grimpez via del Pian dei Giullari. La route qui serpente offre une vue de rêve sur la ville comme sur les petits bourgs alentour. Les prémices du Chianti !

perspective unique, le Duomo jaillit au fond de la ruelle !

CENTRE HISTORIQUE (plan 1, C2 n°18) Via Ricasoli, 14/r 055 269 37 72 Mar.-dim. 12h-15h et 19h-23h

Ma boutique arts de la table

Richard Ginori

Rendez-vous tout en haut de la via Tornabuoni, l'artère du luxe à Florence. Cette manufacture de porcelaine a vu le jour en 1735. Je m'y rends dès que je dois faire un cadeau : bougie, vide-poches peint à la main, tasse à café, tout est sublime – j'y ai même déposé ma liste de mariage ! Les boîtes des cadeaux sont si belles que l'on peut les garder pour ranger des objets

CENTRE HISTORIQUE (plan 1, C2 n°34) Via dei Rondinelli, 17/r 055 21 00 41 Lun.-sam. 10h-19h, dim. 12h-18h

Ma terrasse avec vue

Palazzo Guadagni

Ma terrasse préférée pour boire un Spritz se situe dans l'hôtel Palazzo Guadagni. Au dernier étage de ce palais Renaissance, abritée par une toile blanche qui flotte doucement au vent, je sirote mon cocktail en admirant la vue sur la ville et, au-delà, sur les collines. À Florence, la campagne n'est jamais loin.

OLTRARNO (plan 3, A2) Piazza Santo Spirito, 9 055 26 58 376 www.palazzoguadagni.com

SI FLORENCE ÉTAIT...

Un son. Ce serait le concert des cloches. Impossible de le manquer, car chaque église, même la plus petite, n'hésite pas à faire entendre sa voix !

CENTRE HISTORIQUE

L'éblouissante coupole de Brunelleschi, l'aérien campanile de Giotto et le gracieux baptistère de Ghiberti : cet ensemble unique vous fera tourner la tête ! De là, les rues piétonnes convergent vers la piazza della Signoria, le centre du pouvoir civil, séparé, rare exception en Italie, du religieux. Ici, le Palazzo Vecchio et la galerie des Offices témoignent de la puissance de Florence au fil des siècles et de son rayonnement artistique sans égal.

À VOIR

La riche cité-État de Florence devient au 16e s. la capitale du grand-duché de Toscane. Cette suprématie est l'œuvre d'une famille, les Médicis. Partout dans la ville, l'influence de ces princes mécènes est sensible, eux qui portèrent à son comble la création à la Renaissance.

ACCÈS ET INFOS

- Les lignes des minibus C1 et C2 desservent le Dôme et les abords de la piazza della Signoria
- Uffici Informazioni Turistiche Firenze (plan 2, A2) Via Camillo Cavour, 1/r 055 29 08 32 www.firenzeturismo.it Lun.-ven. 9h-13h
- Bigallo Infopoint (plan 1, C2) Piazza di San Giovanni, 1 055 288 496 Lun.-sam. 9h-19h, dim. et j. fér. 9h-14h

AUTOUR DU DUOMO

Commencez votre visite par le cœur du pouvoir religieux, la cathédrale et ses alentours, le droit campanile et la ronde coupole de Brunelleschi. Grimpez à leur sommet pour prendre la mesure de la ville et de sa campagne. Nous vous conseillons le Duomo pour la magie de la montée, le campanile pour sa relative accessibilité.

SENSATIONS FORTES

Ne reculez pas devant le défi et montez au sommet de la coupole ! À la première étape, admirez de près les voûtes ornées de scènes du Jugement dernier de Vasari et jouissez d'une vue plongeante sur la nef. Les 463 marches de l'escalier qui court à l'intérieur même de la double coque du Duomo, vous mènent à l'air libre, pour un panorama inoubliable.

Au summum de la virtuosité

Duomo ★ (plan 1, C2)

Le symbole de Florence avec le Ponte Vecchio ! De loin, la coupole de la cathédrale (*Duomo* en italien), signée Brunelleschi, semble coiffer la ville dans son ensemble. De près, l'harmonie de ses courbes, soulignée par huit nervures blanches force l'admiration. Quel tour de force architectural ! Brunelleschi intervient en 1420, alors que la construction de la cathédrale Santa Maria del Fiore, inachevée, a démarré au 13e s. L'architecte a pour mission de couronner le vide de 42m de diamètre laissé par ses prédécesseurs. Pour relever le défi,

À NE PAS MANQUER

- Duomo
- Campanile
- Battistero
- Museo Davanzati
- Piazza della Signoria
- Loggia dei Lanzi
- Palazzo Vecchio
- Galleria degli Uffizi
- Ponte Vecchio

La cathédrale Santa Maria del Fiore

il s'inspire du Panthéon de Rome et de modèles de maçonneries orientales. En gravissant les marches de la coupole, on imagine l'ampleur de ce chantier, exécuté sans échafaudage. La cathédrale est achevée en 1436, mais il lui manque encore sa façade, qui n'est réalisée qu'à la fin du 19e s. ! L'intérieur est plutôt dépouillé, à l'exception d'un beau pavement en marbre du 16e s.

Piazza del Duomo 055 23 02 885 www.ilgrandemuseodelduomo.it Lun.-mer. et ven.-sam. 10h-17h, jeu. 10h-16h30, dim. 13h30-16h45 € Entrée libre dans la cathédrale Coupole du Dôme Lun.-ven. 8h30-19h, sam. 8h30-17h, dim. 13h-16h Réservation obligatoire € Billet unique (coupole, campanile, baptistère et musée) 18€

Une vue incomparable

Campanile ★ (plan 1, C2)

Pas plus que dans la coupole, il n'y a d'ascenseur pour s'élever au sommet de ce campanile de 84,70m... Et pourtant, les 414 marches à gravir ne doivent pas vous décourager. La vue à 360° en vaut la chandelle. De l'extérieur, admirez le soubassement dessiné par Giotto en 1334, poursuivi par Andrea Pisano pour le deuxième niveau et par Francesco Talenti pour le sommet. Les quatre étages de marbre blanc, rose et vert, de plus en plus ajourés, sont comme aspirés dans les airs par l'encorbellement final.

Piazza del Duomo 055 23 02 885 www.ilgrandemuseodelduomo.it Tlj. 8h15-19h Fermé 1er jan., Pâques, 8 sept., 25 déc. € Billet unique (coupole, campanile, baptistère et musée) 18€

Les portes du Paradis

Battistero ★ (plan 1, C2)

La renommée du baptistère (*battistero* en italien) tient avant tout à l'incroyable récit sculpté sur ses magnifiques portes en bronze. La plus ancienne, au sud, exécutée par Andrea Pisano vers 1330, illustre la vie de saint Jean Baptiste.

Les portes nord et est (la fameuse "porte du Paradis"), qui représentent des scènes de la vie du Christ et de l'Ancien Testament, sont l'œuvre de Lorenzo Ghiberti (15e s.). Appréciez son style très narratif, inspiré de l'Antiquité, faisant varier les poses des personnages, et surgir l'humanité par le mouvement. À l'intérieur, notez les mosaïques d'influence byzantine des 13e-14e s. et le pavement en marbre.

Piazza di San Giovanni ☎ 055 23 02 885 www.ilgrandemuseodelduomo.it ⌚ Lun.-ven. 8h15-10h15 et 11h15-19h30, sam. 8h15-10h30 et 12h30-14h45, dim. 8h15-13h30 € Billet unique (coupole, campanile, baptistère et musée) 18€

Trésors en sûreté

Museo dell'Opera del Duomo (plan 2, A2-A3)

Indispensable pour approcher les œuvres originales de la piazza del Duomo, mises ici en valeur. À ne pas manquer, la célèbre *Pietà* inachevée de Michel-Ange, qui la destinait à son propre tombeau, une poignante *Madeleine pénitente* en bois (1455) de Donatello, et la statue, également de Donatello, du prophète Habacuc. Les pièces maîtresses du musée demeurent les originaux des panneaux de la porte est du baptistère, dite "du Paradis" (p.61).

Piazza del Duomo, 9 ☎ 055 23 02 885 www.ilgrandemuseodelduomo.it ⌚ Tlj. 9h-19h30 Fermé 1er mar. du mois (sauf en août) € Billet unique (coupole, campanile, baptistère et musée) 18€

Du grain à l'hostie

Orsanmichele (plan 1, C3)

Quel destin que celui de cette ancienne halle au grain devenue, au 14e s., église gothique ! Les superbes statues exposées au premier étage, dans le musée (les niches extérieures n'abritent plus que des copies), sont celles des saints patrons des corporations de métiers, les fameux *arti* qui gouvernaient la ville (de la laine, des médecins, des notaires, des bouchers...). Dirigez-vous ensuite vers le remarquable tabernacle gothique (1359), écrin d'une émouvante *Vierge à l'Enfant*.

Via dei Calzaiuoli Via Arte della Lana ☎ 055 28 49 44 (musée) www.bargellomusei.beniculturali.it ⌚ Tlj. 10h-16h50 Musée Via Arte della Lana Lun. 10h-16h50, sam. 10h-12h30

"Maison témoin"

Museo Davanzati 👍 (plan 1, C3-C4)

Une immersion dans la vie quotidienne des marchands florentins du 14e s. ! Une famille aisée vivait donc dans un décor de fresques (comme vous le verrez dans la salle des *pappagalli*, "tapissée" de perroquets peints), entourée de coffres sculptés faisant office de rangements, de coffres-forts à multiples serrures utiles lors des déplacements, le tout organisé autour de pièces d'apparat, de chambres à coucher et de lieux d'aisances, sur plusieurs étages. Le commerce s'exerçait au rez-de-chaussée, et la cuisine se trouvait au dernier étage.

Via Porta Rossa, 13 ☎ 055 23 88 610 www.bargellomusei.beniculturali.it ⌚ Lun.-ven. 8h15-13h50, sam.-dim. 13h15-18h50 Pour les 2e et 3e étages, visites sur rés. Fermé 1er, 3e, 5e lun., 2e, 4e dim. du mois € 6€

COULEUR LOCALE
L'élégance italienne n'est plus à démontrer. La via Tornabuoni (plan 1, B3), surnommée "le salon de Florence", aligne les boutiques de grandes maisons florentines, comme Gucci, Cavalli, Ferragamo ou Emilio Pucci, un autre enfant de la ville, qui a marqué la mode avec ses imprimés pop.

Expositions à suivre

Palazzo Strozzi (plan 1, B3)

C'est, avec le palais Pitti (p.92), le plus grand palais de Florence. Ce parfait exemple de la Renaissance florentine a été construit pour le riche banquier Filippo Strozzi à la fin du 15e s. Autour de la cour intérieure à portiques, notez l'impressionnante corniche de pierre sculptée qui couronne l'édifice. Les derniers descendants de la famille quittent le palais en 1937. Y sont aujourd'hui organisées des expositions d'art, parmi les plus meilleures de la ville, du classique au contemporain.

Piazza degli Strozzi ☎ 055 26 45 155 www.palazzostrozzi.org 🕒 Ven.-mer. 10h-20h, jeu. 10h-23h € 12€

Le Palazzo Strozzi

Chapelle de Ghirlandaio

Basilica di Santa Trinita (plan 1, B3)

Quel bonheur de découvrir cette église à l'atmosphère recueillie, une des plus belles de Florence. La façade baroque (1593-1594), due à Buontalenti, habille une construction de Nicolas Pisano. À droite du maître-autel, découvrez la chapelle Sassetti, ornée de fresques (1483-1486) de Ghirlandaio illustrant des scènes de la vie de saint François d'Assise. Reconnaîtrez-vous les portraits de ses contemporains, Laurent le Magnifique ou Jean de Médicis, futur pape Léon X, ou encore l'artiste lui-même ? On distingue Florence en arrière-plan (la piazza Santa Trinita et la piazza della Signoria).

Piazza Santa Trinita ☎ 055 21 69 12 🕒 Lun.-sam. 8h-12h et 16h-18h, dim. 8h30-10h30 et 16h-18h

LES MÉDICIS

Qui étaient ces Médicis dont le nom nous est si familier ? Si cette famille a donné à la France ses reines Catherine et Marie, et à Rome deux papes, son pouvoir prend ses racines dans la République de Florence et s'étend sur la Toscane du 15e s. au 18e s. Arrivés dans la cité au 12e s. en tant que marchands-drapiers, les Médicis doivent à Giovanni di Bicci (1360-1429), devenu banquier, leur ascension. Cosme l'Ancien (1389-1464) accroît la fortune familiale et prend le pouvoir de facto, même si Florence reste officiellement une république. Son petit-fils Laurent le Magnifique (1449-1492), immense mécène, soutient ardemment les arts et les artistes (comme Botticelli ou Michel-Ange) et la philosophie humaniste. Florence connaît alors son âge d'or. L'histoire de la dynastie est faite d'amour et de haine, les Florentins se rebellant contre elle et chassant ses membres à plusieurs reprises (au temps de Cosme, lors de la conjuration des Pazzi sous Laurent). En 1569, Cosme Ier (1519-1574) est fait grand-duc de Toscane et implante dans le paysage de nombreuses villas. Le nom s'est éteint avec Anne-Marie-Louise en 1743, qui lègue le colossal patrimoine de la famille à la ville de Florence.

Laurent le Magnifique entouré d'artistes, fresque du Palazzo Pitti

Chaussure à son pied

Museo Salvatore Ferragamo (plan 1, B4)

Inattendu et génial ! Au sous-sol de l'imposant palais Spini-Feroni, sous la boutique Ferragamo, le musée du célèbre chausseur présente ses étonnants prototypes, des modèles uniques de mules, de sandales en raphia, de souliers à talons compensés et autres merveilles portées par les grandes stars italiennes ou hollywoodiennes (Marilyn Monroe, Marlène Dietrich, Greta Garbo, Katharine Hepburn, Anna Magnani, Madonna, etc.). Également des expositions thématiques à partir des collections personnelles de Ferragamo. À la fin du parcours, le puits de Béatrice, où celle-ci rencontra Dante...

Piazza Santa Trinita, 5/r Via Tornabuoni, 2 055 35 62 846 www.ferragamo.com
Tlj. 10h-19h30 6€

AUTOUR DE LA PIAZZA DELLA SIGNORIA

Sur la place de la Seigneurie se dressent le Palazzo Vecchio, actuelle mairie, la Loggia dei Lanzi, véritable musée de sculptures en plein air, et la célébrissime galerie des Offices. Les ruelles alentour concentrent parmi les plus beaux magasins de Florence. Quel spectacle que ce ballet de calèches, de *shopping addicts* et de photographes amateurs venus du monde entier !

Élégance médicéenne

Piazza della Signoria ★ (plan 1, C4)

Solennelle et aérienne, la place de la Seigneurie s'affirme comme le foyer de la vie politique de la cité. En face du Palazzo Vecchio et de la Loggia dei Lanzi sont érigés de prestigieux édifices, comme le Palazzo della Mercanzia (tribunal de commerce bâti en 1359) et le Palazzo Uguccioni (1550-1559). Vous y verrez aussi la blanche fontaine de Neptune (1560-1575) du sculpteur Ammannati et une copie du *David* de Michel-Ange. Aujourd'hui, les boutiques de luxe ont envahi les palais (Gucci a investi celui de la Mercanzia, avec un musée dédié à l'histoire de la marque florentine), et les gourmands s'offrent une pause chocolat chaud sur la terrasse du café Rivoire (p.69) ! Cette place est aussi le berceau de la ville : des traces d'habitations néolithiques y ont été retrouvées, ainsi que celles d'un théâtre romain sous le Palazzo Vecchio.

Musée en plein air

Loggia dei Lanzi (plan 1, C4)

Vous verrez, protégés des intempéries par des arcades, quelques chefs-d'œuvre de la sculpture. Les grands-ducs médicéens ont ainsi voulu que l'on puisse admirer de la place le sensuel *Enlèvement des Sabines* (1583) de Giambologna, taillé dans un marbre d'un seul bloc suivant un complexe mouvement en spirale, ou encore le virtuose *Persée* en bronze de Cellini. Cette loggia accueillait les cérémonies de la ville, avant de servir d'abri au 16e s. aux lansquenets (*lanzichenecchi* en italien), les hallebardiers de la garde de Cosme Ier, d'où son nom.

Palais-forteresse aux fastueux intérieurs

Palazzo Vecchio (plan 1, C4)

De loin, la flèche du Vieux Palais (1299-1314) marque la ligne d'horizon de Florence et rivalise avec celle du Dôme, légèrement plus élevée. De près, le palais-forteresse en impose : toutes les têtes se lèvent pour suivre le dessin de sa tour crénelée. Désormais hôtel de ville, il était au 14e s. le siège de la Signoria, le gouvernement de la ville. Les Médicis s'y installent en 1540 et y demeurent jusqu'en 1565. Lorsqu'ils emménagent dans le Palazzo Pitti, sur l'autre rive, le palais des Prieurs reçoit sa dénomination actuelle de Palazzo Vecchio, le Vieux Palais. Cosme Ier commande alors à Vasari d'importantes transformations et décorations, toutes à la gloire des Médicis.

L'intérieur Le faste du palais apparaît dès la cour d'entrée, ornée de stucs et de fresques par Michelozzo (15e s.). Au 1er étage, dans le salon des Cinq-Cents (1495), le cycle de peintures célèbre l'apothéose de Cosme Ier, et de nombreuses statues entourent le *Génie de la Victoire* de Michel-Ange. Amusez-vous ensuite dans le *studiolo* (1575), où les tableaux dissimulent des armoires murales dédiées à la science et à l'alchimie. Au 2e étage, vous verrez les appartements privés de la Cour, dont l'exceptionnelle chapelle d'Éléonore de Tolède, épouse de Cosme Ier, un chef-d'œuvre de maniérisme. L'ancienne salle des audiences, qui remonte au 15e s., est ornée de somptueux plafonds à caissons or et bleu dus à Giuliano da Maiano. Dans la salle des Lys, mitoyenne, se dresse le bronze de Donatello *Judith et Holopherne*, allégorie du triomphe de la vertu et de l'humilité sur le vice. Au terme de cette visite, n'hésitez pas à monter sur la terrasse de Saturne, entièrement décorée, pour une vue magnifique.

Piazza della Signoria 055 27 68 325 www.museicivicifiorentini.comune.fi.it
Avr.-sept. : ven.-mer. 9h-23h, jeu. 9h-14h ; oct.-mars : ven.-mer. 9h-19h, jeu. 9h-14h
Réserver à l'accueil une visite des passages secrets du palais ! € 10€

Admirable collection

Galleria degli Uffizi ★ (plan 1, C4)

Vous entrez dans l'un des plus grands musées du monde ! La galerie des Offices regroupe parmi les principaux chefs-d'œuvre de la peinture italienne et européenne des 12e-18e s. Vous pourrez admirer à loisir des œuvres de Giotto, Botticelli, Michel-Ange ou Raphaël. La visite débute au 2e étage. Il est impossible de tout voir en une fois, repérez bien ce que vous ne voulez pas rater !

2e étage / Primitifs italiens, Renaissance La visite s'ouvre sur la *Vierge d'Ognissanti* (env. 1305) de Giotto, une œuvre "révolutionnaire" pour l'époque, tant elle est empreinte de réalisme, de douceur et de féminité. Vous verrez à l'inverse la *Vierge à l'Enfant au trône et les anges* (1300) de Cimabue, encore attachée aux modèles byzantins. Dans la suite de la visite (15e s.), ne ratez pas Masaccio, un des pionniers de la Renaissance, Paolo Uccello et sa maîtrise de la perspective, ou Filippo Lippi. Le diptyque des ducs d'Urbino de Piero della Francesca (15e s.) est également un des tableaux phares du musée.

Botticelli Vous ne pouvez pas passer à côté de la *Naissance de Vénus* (1485), figuration du Beau, du Bien et de l'Absolu, l'idéal humaniste. Face au *Printemps* (1478), vous serez peut-être surpris par le peu de profondeur du tableau, mais notez ses Trois Grâces et leurs voilages animés d'un souffle d'air. Faites une halte à l'angle du bâtiment : les fenêtres donnent sur l'Arno et les collines du sud. La suite réserve des œuvres de Léonard de Vinci (fin 15e s.) et la *Sainte Famille à la tribune* (1505) de Michel-Ange, qui annonce le maniérisme. Envie d'un café ? Au bout de la galerie, une terrasse ouvre sur la piazza della Signoria !

1er étage Descendez à l'étage consacré aux Hollandais et aux Flamands des 17e-18e s., où se trouvent les autoportraits de Rembrandt. Vient ensuite le maniérisme avec le Pontormo puis Raphaël, et sa *Vierge au chardonneret* (1506), point de perfection du classicisme florentin. Enfin, ne manquez pas les superbes peintures du Caravage (fin 16e s.).

Piazzale degli Uffizi, 6 055 29 48 83 www.uffizi.it Mar.-dim. 8h15-18h50 Réserver pour éviter la file d'attente € 12€ (nov.-fév.) ou 20€ (mars-oct.)

Dans la galerie des Offices, la magnifique salle octogonale, la Tribune

DRÔLE D'AFFAIRE

Un passage couvert d'environ 1km, dit "corridor de Vasari" (1565), permettait aux Médicis de relier le Palazzo Vecchio au Palazzo Pitti sans se mêler au peuple florentin, parfois rebelle au pouvoir. L'ouvrage court au-dessus du Ponte Vecchio et abrite une galerie d'autoportraits d'artistes renommés, dont Vélasquez, Rubens, Delacroix, Chagall. Rarement ouvert : renseignez-vous sur www.uffizi.it.

Carte postale

Ponte Vecchio ★ (plan 1, C4)

Le "pont vieux", l'autre emblème de Florence ! L'un des derniers ponts habités du Moyen Âge a survécu non seulement aux violentes crues de l'Arno, mais aussi aux bombardements de la retraite allemande de 1944. Depuis la fin du 16e s., il accueille orfèvres et bijoutiers, à la place des poissonniers et des tanneurs dont les odeurs incommodaient le duc Ferdinand Ier.

Sciences et instruments

Museo Galileo (plan 1, C4)

La Renaissance a mis les sciences à l'honneur. Mathématiques, optique, médecine, horlogerie, aucun champ n'a été délaissé. Et notre siècle s'émerveille encore de la curiosité et de la créativité dont ont fait preuve les grandes figures de ce temps. Dans une très belle muséographie, découvrez la formidable collection d'instruments scientifiques des Médicis et de Galilée – dont le télescope avec lequel ce dernier découvrit les satellites de Jupiter.

Piazza dei Giudici, 1 ☏ 055 26 53 11 www.museogalileo.it ◷ Mer.-lun. 9h30-18h, mar. 9h30-13h € 9€

Sculptures en liberté

Museo Nazionale del Bargello (plan 2, A3)

Sculptures et céramiques Renaissance sont réunies dans cette austère bâtisse aux allures de forteresse (1255). Le Bargello, qui a servi de modèle au Palazzo Vecchio, doit son nom à un de ses derniers propriétaires, le *bargello* ou chef des sbires. Prison au 18e s., devient en 1865 l'un des premiers musées nationaux italiens. Quelques absolus chefs-d'œuvre émaillent votre parcours : le *Bacchus* (1496) du jeune Michel-Ange et son *Brutus* (1540), plus tardif ; plusieurs bronzes de Cellini, dont le buste de Cosme Ier, et le *Mercure* de Giambologna. Dans la cour, un escalier conduit à une galerie ouverte jalonnée d'une admirable série d'animaux en bronze du même artiste.

Via del Proconsolo, 4 ☏ 055 23 88 606 www.bargellomusei.beniculturali.it ◷ Tlj. 8h15-14h Fermé 1er, 3e, 5e lun. et 2e, 4e dim. du mois, 1er jan., 1er mai, 25 déc. € 8€

À FAIRE

Faites un tour en calèche

Prenez place dans une calèche, en face du dôme ou du Palazzo Vecchio, pour une visite de Florence animée par le cocher (*fiaccheraio* en italien), qui, s'il n'est pas guide, se doit d'être un commentateur enjoué. Douze se partagent le pavé florentin, parfois de génération en génération, car la profession existait déjà au 19e s. !

Naviguez sous le Ponte Vecchio

Associazione Culturale "I Renaioli"

Non, vous n'êtes pas à Venise, mais vous avez droit à une promenade en bateau malgré tout ! Les *renaioli*, ouvriers qui retiraient par le passé le sable et le gravier de l'Arno, organisent des promenades sur le fleuve : l'occasion de découvrir la ville autrement ! Ils manœuvrent leurs barques en poussant sur des perches (jamais de rames), du ponte alle Grazie au ponte alla Carraia.

Lungarno Diaz ☏ 347 798 23 56 www.renaioli.it ◷ Mai-sept. Durée 45min € Prix abordables, variables en fonction du nombre de pers. et de la présence ou non d'un guide

NOS ADRESSES

PAUSES

Crème glacée

Perchè no !

"Pourquoi pas ! " C'est ce qu'on se dit en apercevant la file de clients agglutinés devant cette *gelateria* qui régale les Florentins depuis 1939.

(plan 1, C3 n°6) Via dei Tavolini, 19/r 055 23 98 969 Mars-oct. : mer.-lun. 11h-0h, mar. 12h-20h ; nov.-fév. : mer.-lun. 12h-20h

Loggia avec vue

Caffetteria delle Oblate

Au 2e étage de la charmante bibliothèque des Oblates, la longue terrasse surplombant une cour à arcades offre une vue pleins feux sur le Dôme. Arrêtez-vous pour un croissant, un petit café ou un cocktail. Grand buffet à l'heure de l'apéritif et, parfois, conférences et musique *live*.

(plan 2, B3 n°5) Via dell'Oriuolo, 24 055 263 96 85 www.caffetteriadelleoblate.it Lun. 14h-19h, mar.-sam. 9h-0h Fermé 2 sem. en août

Temple de la truffe

Procacci

Dans la rue la plus chic et huppée de la ville, le Fauchon florentin s'est établi depuis 1885, spécialisé dans les produits de luxe et, plus spécifiquement, la truffe : goûtez au *panini tartufati*...

(plan 1, B3 n°7) Via de Tornabuoni, 64/r 055 21 16 56 www.procacci1885.it Lun.-sam. 10h-21h, dim. 11h-20h Fermé 2 sem. autour du 15 août

L'institution

Caffè-Pasticceria Rivoire

Le célèbre café (1862) vous offre une place aux premières loges sur l'animation qui règne piazza della Signoria ! Il est réputé pour l'excellence de son chocolat chaud et de ses viennoiseries. En terrasse, les prix flambent, mais au comptoir, on croise encore quelques habitués du quartier, venus avaler un café avant d'aller travailler.

All'antico Vinaio

(plan 1, C4 n°2) Piazza della Signoria 055 21 44 12 www.rivoire.it Mai-oct. : mar.-dim. 7h30-22h30 ; nov.-avr. : mar.-dim. 7h30-21h Fermé 2 dernières sem. de jan.

Plat du jour et verre de chianti

All'Antico Vinaio ♥

Quelques places le long du comptoir, un petit banc en bois dehors, où les habitués du quartier viennent savourer un sandwich à la *porchetta* ou à la *sbriciolona* (saucisson au fenouil) fait minute, déguster un *primo* du jour ou, le soir, siroter un verre de chianti accompagné de quelques *crostini*. Venez tôt ou tard, car la file à l'heure des repas atteint des sommets !

(plan 2, A4 n°1) Via dei Neri, 65/r 055 238 27 23 Tlj. 10h30-22h30

Vin et *focaccia* au feu de bois
Cantinetta dei Verrazzano ♥

Une des adresses les plus célèbres de Florence pour manger sur le pouce. C'est le fief d'un des plus grands producteurs de vins du Chianti, la Fattoria dei Verrazzano. Profusion de charcuteries d'excellente qualité, de délicieuses *focaccie* cuites au four à bois (3€ au comptoir). À accompagner évidemment d'un verre de vin maison.

Via dei Tavolini, 18/r 055 26 85 90
Juil.-août : lun.-sam. 8h-16h30 ; sept.-juin : lun.-sam. 8h-16h30, dim. 10h-16h30

Bar de poche
I Due Fratellini

Une minuscule échoppe à vins, marquée *"Vini del Chianti"* depuis 1875. Pas la place de consommer au comptoir, c'est tout juste assez large pour celui qui passe commande à l'un des deux frères en faction de l'autre côté. Excellents *crostini* et *panini*.

(plan 1, C3 n°4) Via dei Cimatori, 38/r
055 23 96 096 www.iduefratellini.it
Sept.-juil. : tlj. 9h-19h ; août : tlj. 9h-17h

Culture bio
Brac

Autour d'un joli patio, idéal pour se reposer au creux d'un sofa, ce café-restaurant-librairie d'art et de photos propose d'intéressantes expositions. Vous y dégusterez de grandes assiettes végétariennes bio (7-14€) dans l'ambiance très radical-chic dont est friand le monde de la culture local.

(plan 2, A4 n°3) Via dei Vagellai, 18/r
055 09 44 877 www.libreriabrac.net
Juil.-août : lun.-sam. 12h-0h, dim. 19h-0h ; sept.-juin : tlj. 12h-0h

RESTAURANTS

Pas m'as-tu-vu
Self-Service Ristorante Leonardo €

En compagnie des employés des banques et des boutiques voisines, sur de longues tables en bois rappelant celles d'un wagon-restaurant, restaurez-vous à prix modique, pour une qualité tout à fait acceptable dans l'archi-centre touristique. *Primi* 4,50€, *secondi* 5,50€.

(plan 1, C2 n°20) Via dei Pecori, 11
055 28 44 46 Dim.-ven. 11h45-14h45 et 18h45-21h45, sam. 11h45-14h45

Une cave au frais
Fiaschetteria Nuvoli €

Avant de descendre dans la fraîcheur de la cave de cette *enoteca* historique, jetez un coup d'œil aux nombreux *crostini* en vitrine, pour choisir votre entrée... En bas, des murs tapissés de bouteilles et le meilleur des saveurs toscanes donnent le sourire à tous les convives installés coude à coude : *ribollita*, tripes, pâtes du jour ou *porchetta* (rôti aux herbes). Repas environ 10-15€.

(plan 1, C2 n°11) Piazza dell'Olio, 15/r
055 23 96 616 Sept.-juin : tlj. 7h30-21h ; juil.-août : lun.-sam. 7h30-21h Fermé 2 sem. autour du 15 août

Classique et fiable
Il Pennello €€

Le service se montre attentionné, les recettes traditionnelles (polenta et sanglier, daubes...) sont de bon niveau, et les prix corrects. Ici, touristes et hommes d'affaires se voient traités avec les mêmes égards. Menu 20-25€, plat 8-20€.

(plan 2, A3 n°11) Via Dante Alighieri, 4/r 055 29 48 48 Mar.-sam. 12h-15h et 19h-21h45, dim. 12h-15h Fermé 3 sem. en août

Ballet de serveurs

Ristorante Paoli €€

On vous prévient : c'est touristique, et la cuisine est correcte, sans plus. Mais quelle atmosphère fourmillante et survoltée, quel cadre ! Depuis 1824, la superbe salle à voûtes croisées et décorée de fresques sert de décor au ballet des garçons à l'ancienne, nœud-papillon et pas rapide. Repas 35-45€.

(plan 1, C3 n°19) Via dei Tavolini, 12/r 055 21 62 15 www.casatrattoria.com Tlj. 12h-17h et 18h30-23h

SHOPPING

Peau douce

De Herbore ♥

À deux pas du Dôme, une herboristerie historique de la ville, très fréquentée par les Italiennes, qui sont depuis toujours attachées aux produits naturels locaux et bio.

(plan 2, A3 n°23) Via del Proconsolo, 43/r 055 21 17 06 www.deherbore.com Mi-juin-août : lun.-ven. 9h-19h30, sam. 9h-13h ; sept.-mi-juin : lun.-ven. 9h-19h30, sam. 10h-19h30

Gants en cuir

Nuits satinées

Loretta Caponi

Succès international pour la maison Loretta Caponi adulée pour ses nuisettes en satin ou en georgette de soie, ornées de dentelle brodée main. Layette et linge de table également très prisés.

(plan 1, B3 n°32) Piazza degli Antinori, 4/r 055 21 36 68 www.lorettacaponi.com Mar.-sam. 10h-19h, lun. 15h-19h Fermé la sem. du 15 août

Comme un gant

Pusateri

Sur la commerçante via dei Calzaiuoli, ce gantier travaille dans la pure tradition florentine. Les cuirs sont ultra souples, les coupes et détails élégants et le choix de teintes se révèle presque infini !

(plan 1, C3 n°33) Via dei Calzaiuoli, 25/r 055 21 41 92 Tlj. 10h-19h30

SANTA MARIA NOVELLA

Le quartier de la gare centrale est dominé par la majestueuse basilique Santa Maria Novella, qui renferme autant de chefs-d'œuvre qu'un grand musée ! En descendant vers l'Arno et le quartier Ognissanti, faites-vous plaisir en vous attablant dans une délicieuse trattoria, en choisissant un bar sympa ou en rêvant devant les vitrines de boutiques historiques. Plus à l'ouest, vers le grand parc des Cascine, l'ambiance se fait populaire et multiethnique.

ACCÈS ET INFOS

- Proche de la gare centrale : nombreux arrêts de bus (lignes 6, 11, 12, 13, 14, 6, 37, minibus C1, D) et terminus du tramway
- Uffici di Informazioni Turistiche Firenze (plan 1, B1) Piazza della Stazione, 4 (face à la gare, derrière l'église S. M. Novella) 055 21 22 45 Lun.-sam. 9h-19h, dim. et j. fér. 9h-14h

À VOIR

De grands maîtres

Basilica di Santa Maria Novella ★ (plan 1, B2)

La façade blanche et verte à rosaces de Santa Maria Novella clôt une des plus belles places de Florence. Dans la pénombre de cette ravissante basilique se trouvent d'absolus chefs-d'œuvre. Dans la nef, vous serez d'abord surpris par le Crucifix (env. 1290) de Giotto, suspendu, et par la *Trinité* (1427) de Masaccio, où l'auteur applique les nouvelles règles de la perspective.

Les chapelles Les plus grandes familles florentines ont commandé aux maîtres de l'époque des chapelles à la mesure de leur fortune. Dans la chapelle Tornabuoni, derrière le maître-autel, un cycle de fresques de Ghirlandaio (mi-15e s.) figure des scènes de la vie de la Vierge et de saint Jean-Baptiste. L'artiste y ajoute avec tant de réalisme ses commanditaires, leurs amis et clients qu'il livre un rare témoignage sur la Florence de son temps. Vous y chercherez par exemple Lucrezia Tornabuoni, mère de Laurent de Médicis, sur le mur de droite (elle précède une servante portant une corbeille de fruits sur la tête). Les Strozzi ont confié leur dernière demeure aux bons soins de Filippino Lippi (16e s.). Dans la chapelle Gondi (première à gauche) est exposé le seul crucifix en bois exécuté par Brunelleschi, vers 1415. Les Strozzi di Mantova, au bout du transept gauche, choisirent Nardo di Cione et son frère Andrea, dit l'Orcagna, pour illustrer un Jugement dernier inspiré par la *Divine Comédie*, le poème de Dante.

Museo di Santa Maria Novella À gauche de la nef, un escalier donne sur le Chiostro Verde, le "cloître vert", du 14e s. Admirez le cycle de fresques réalisé avec la technique monochrome *"a terra verde"* par Paolo Uccello vers 1430, inspiré de l'Ancien Testament.

Piazza Santa Maria Novella, 18 055 28 21 87 www.smn.it Avr.-sept. : lun.-jeu. 9h-19h, ven. 11h-19h, sam. 9h-17h30, dim. 13h-17h30 ; oct.-mars : lun.-jeu. et sam. 9h-17h30, ven. 11h-17h30, dim. 13h-17h30 5€

À NE PAS MANQUER

- Basilica di Santa Maria Novella
- Ognissanti

Museo Novecento

Architecture moderne

Stazione Centrale di Santa Maria Novella (plan 1, B1)

Juste derrière l'église, le 20e s. fait une apparition ! La gare centrale de Florence, aux lignes épurées, s'étire là tout en horizontalité. C'est un très bel (et rare) exemple d'architecture rationaliste, réalisé entre 1933 et 1935 par Giovanni Michelucci et revêtu de *pietra forte*, ce grès marron typique de Florence.

Piazza della Stazione

Vive le 20e s. !

Museo Novecento (plan 1, B2)

Le pouls de Florence bat encore, la preuve dans ce récent musée (2014), dédié à l'art moderne et contemporain ! Installé dans l'ancien complexe des Leopoldine (13e s.), il abrite des œuvres de Giorgio De Chirico, Giorgio Morandi, Mario Sironi, des membres de l'Archizoom Associati, etc. Peintures, sculptures, installations…

Piazza di Santa Maria Novella, 10 ☎ 055 28 61 32 www.museonovecento.it ⌚ Avr.-sept. : sam.-mer. 11h-20h, jeu. 11h-14h, ven. 11h-23h ; oct.-mars : ven.-mer. 11h-19h, jeu. 11h-14h € 8,50€

Florence en noir et blanc

Museo Nazionale Alinari della Fotografia/MNAF (plan 1, B2)

En 1852 est créée la première firme photographique au monde, à Florence, par les frères Alinari. Ils immortalisent leurs contemporains et leur cité en employant des techniques révolutionnaires, dont la collotypie, que leurs descendants utilisent encore.

Piazza Santa Maria Novella, 14a/r ☎ 055 21 63 10 www.mnaf.it ⌚ Jeu.-mar. 10h-18h30 € 9€

Admirez Botticelli et Ghirlandaio au calme

Ognissanti (plan 1, A2-A3)

Ouverte sur l'Arno, la piazza Ognissanti est des plus harmonieuses. Derrière la façade baroque de l'église de "tous les saints", appréciez le plafond à perspective architecturale en trompe l'œil (1770). Pour cela, placez-vous au milieu de la nef, entre les deux fresques latérales, représentant *Saint Jérôme* (1485, par Ghirlandaio) et *Saint Augustin* (1480, par Botticelli). Au-dessus du 2e autel sur la droite, notez la double fresque de Ghirlandaio, dont une *Vierge de Miséricorde* couvrant de son manteau les membres de la famille Vespucci. À gauche est représenté le jeune Amerigo Vespucci, futur navigateur dont le prénom allait devenir célèbre. Le peintre Botticelli est inhumé dans cette église.

Borgo Ognissanti, 42 055 23 98 700 www.chiesaognissanti.it Tlj. 9h30-12h30 et 16h-19h Messe à 18h30 en semaine, 10h30 le dim.

***La Cène* de Domenico Ghirlandaio dans le Cenacolo di Ognissanti**

Cenacolo di Ognissanti

La fresque de la *Cène* (1480) de Domenico Ghirlandaio décore comme il se doit les murs de l'ancien réfectoire du couvent. Notez son sens du détail émouvant et les références christiques à la Passion et à la Rédemption (des cailles virevoltantes, un paon, symbole de résurrection, et une colombe, image du Saint-Esprit).

Borgo Ognissanti, 42 055 23 88 720 www.polomuseale.firenze.it Lun. et sam. 9h-13h

Sculpteur Novecento

Museo Marino Marini (plan 1, B3)

Inattendue pause contemporaine, entre un palais et une église Renaissance ! Marino Marini (1901-1980), immense sculpteur italien, fréquentait Picasso,

Giacometti, Calder... et exposait de New York à Tokyo. L'église San Pancrazio, restructurée dans les années 1980 selon les indications de l'artiste, accueille ses œuvres dans une douce lumière naturelle.

Piazza San Pancrazio (à l'angle de la via della Spada) 055 21 94 32 www.museomarinomarini.it Mer.-ven. 10h-13h, sam.-lun. 10h-19h 6€

À FAIRE

Allez au parc

Parco delle Cascine (hors plan 1 par A2)

Un poumon vert de 130ha dans l'ouest de la ville, accolé à l'Arno. Vous pourrez venir dans ce grand parc faire votre jogging comme les Florentins, louer un vélo ou des patins à roulettes (l'été, au pavillon "La Pavoniera"), organiser un pique-nique sur une pelouse, prendre un sandwich à un kiosque...

Piazzale Vittorio Veneto parcodellecascine.comune.fi.it

IL ÉTAIT UNE FOIS

Le Maggio fiorentino est l'un des principaux festivals d'opéra au monde. Fondé en 1933, il a été dirigé par Karajan, Muti, Mehta..., a osé de nouvelles formes de mises en scène et a invité des artistes à créer ses décors. En 2011, il a déménagé dans une nouvelle salle dessinée par Paolo Desideri, à l'orée du parc des Cascine. Festival mai-juil., événements toute l'année.

www.maggiofiorentino.com

NOS ADRESSES

RESTAURANTS

"Le paysan"

Il Contadino €

Il vous faudra patienter à l'heure du déjeuner car les travailleurs florentins sont nombreux à s'y presser... Et pour cause ! Le menu complet est à 9 ou 11€ (13,50€ le soir). On n'atteint pas les sommets gastronomiques, mais c'est d'un bon rapport qualité-prix.

(plan 1, A2 n°12) Via Palazzuolo, 69 055 238 26 73 www.trattoriailcontadino.com Tlj. 12h-22h30

Photos et tradition

Trattoria Guelfa €

Prenez le parti des Guelfes (celui du pape...) et venez honorer cette adresse ! Deux salles, séparées par le tiroir-caisse, où déjeuner tranquillement. Décoration chaleureuse : murs recouverts de dessins et d'outils ancestraux, bouteilles de vin alignées sur une étagère. Une bonne adresse où goûter à la *bistecca alla fiorentina* (38€/kg). Menu midi 13€, repas 25€.

(hors plan 2 par B1) Via Guelfa, 103/r 055 213 30 66 Tlj. 12h30-14h30 et 19h-22h30

Il Latini

Imbattable au déjeuner

Ostaria dei Cento Poveri ♥€€

La cuisine met à l'honneur les recettes locales comme les *pappardelle alla chiantigiana*, la *bistecca alla fiorentina*, ou la friture de poissons de Porto Santo Stefano. Menu midi 10€, *primi* 7-12€, *secondi* 10-29€.

(plan 1, B2 n°17) Via Palazzuolo, 31/r 055 21 88 46 www.centopoveri.it Tlj. 12h-15h et 19h-23h30 Fermé 5j. autour du 25 déc.

Typique *osteria* florentine

13 Gobbi €€

Sa jolie salle rustique possède un certain cachet avec ses poutres et jambons suspendus. Optez pour une des spécialités de la maison : l'ossobuco de veau, le bifteck à la florentine (pièce de 500g) ou encore l'œuf à la truffe noire. Réservez le soir. Minuscule cour-jardin verdoyante. Repas 35-40€.

(plan 1, A3 n°10) Via del Porcellana, 9/r 055 28 40 15 Tlj. 12h30-15h et 19h30-23h

La tradition à son sommet

Il Latini €€

Cette adresse, décorée de gravures anciennes sur les murs et de jambons accrochés comme des lustres au-dessus des tables, a pour spécialité

LA RECETTE

LE *NEGRONI*

Le comte Camillo Negroni commanda un jour de 1919-1920 au Caffè Casoni (alors à l'angle des rues della Spada et Tornabuoni), un americano *bien dosé. Le barman pensa bien faire en y ajoutant du gin. Le Negroni, cocktail florentin par excellence, était né !*

Pour 1 pers.

1/3 de gin
1/3 de Bitter Campari
1/3 de Vermouth Rosso (Martini)
1 tranche d'orange
5 glaçons

Le cocktail se prépare directement dans le verre, de préférence bas à fond large. Refroidissez le verre, puis égouttez-le. Versez tous les ingrédients sur les glaçons et mélangez. Ajoutez la rondelle d'orange. Pour ceux qui préféreraient une variante plus légère, il existe le *Negroni sbagliato* ("faux Negroni") : remplacez le gin par du Spumante brut (mousseux).

l'*arrosto misto* (grillades d'agneau, de lapin et de poulet pour 2 pers.). Armez-vous de patience, le lieu est victime de son succès ! Belle carte des vins. Repas 35-45€.

(plan 1, B3 n°13) Via dei Palchetti, 6/r
055 21 09 16 www.illatini.com
Hiver : mar.-ven. 19h30-22h30, sam.-dim. 12h30-14h30 et 19h30-22h30 ; été : mar.-dim. 12h30-14h30 et 19h30-22h30 Fermé fin déc.-début jan.

SHOPPING

Parfums de reines
Officina di Santa Maria Novella

N'hésitez pas à entrer dans cette ancienne pharmacie, fondée en 1612, devenue une somptueuse parfumerie. Les trois immenses salles, consacrées aux produits cosmétiques naturels, se visitent comme un musée. Sitôt la porte poussée, vous serez saisi par les effluves. (p.6)

(plan 1, B2 n°35) Via della Scala, 16
055 21 62 76 www.smnovella.it Tlj. 9h-20h

Vieux clichés
Fratelli Alinari

Photos magiques d'une Florence oubliée à choisir dans le fonds de la famille Alinari, qui remonte à 1852 ! (p.73)

(plan 1, B1 n°31) Largo Alinari, 15 (via Nazionale) 055 23 951
corporate.alinari.it
Lun.-ven. 9h-18h

SORTIES

Gare réhabilitée
Stazione Leopolda

En été, des concerts et des représentations théâtrales ont lieu régulièrement dans cette ancienne gare.

(hors plan 1 par A2) Viale Fratelli Rosselli, 5
055 212 622 www.stazione-leopolda.com

Cocktails de fruits frais
ArtBar (Antico Caffè del Moro) ♥

Une très petite salle et un joli bar en bois sombre. De superbes cocktails, réalisés à partir de fruits frais pressés (avec ou sans alcool) et coiffés de morceaux de pommes, kiwis, fraises... *Happy hours* de 18h30 à 21h.

(plan 1, B3 n°40) Via del Moro, 4/r
055 28 76 61 Dim.-jeu. 18h30-1h, ven.-sam. 18h30-2h

Rooftop au top
Sesto on Arno

La vue sur la ville et sur le fleuve est spectaculaire, l'ambiance très internationale et les cocktails s'avèrent exquis... Voici le dernier rendez-vous à la mode des Florentins !

(plan 1, A3 n°42) Westin Excelsior 6e ét. Piazza Ognissanti, 3 055 27 15 27 151
www.sestoonarno.com Tlj. 12h-1h
Aperitivo Tlj. 19h-21h

Pour danser toute la nuit
Manduca

L'une des boîtes de nuit les plus animées de Florence, à l'extrémité ouest du parc des Cascine. Avec piscine et sous le ciel étoilé.

(hors plan 1 par A2) Via San Biagio a Petriolo, 2/a 338 977 92 52 Page FB

SAN LORENZO ET SAN MARCO

San Lorenzo, un quartier né sous l'impulsion des Médicis, rassemble leur palais, leur bibliothèque et leur église. Voisins, les étals du marché central bruissent toute la semaine. Plus au nord, le toujours médicéen couvent San Marco, ainsi que l'Académie, au si parfait *David* de Michel-Ange, vous laisseront ébloui. Au hasard des ruelles, l'animation des bars et des bonnes petites tables se mêle à celle du Chinatown naissant.

ACCÈS ET INFOS

- Arrêts Cappelle Medicee ou Piazza di San Lorenzo (Minibus C1) pour San Lorenzo
- Arrêt Cavour pour la galerie de l'Académie
- Arrêts Arazzieri (Minibus C1) ou Museo di San Marco (ligne 14) pour le musée de San Marco

À VOIR

SAN LORENZO

Fief des Médicis

Basilica di San Lorenzo

(plan 1, C2)

La façade inachevée peut en surprendre plus d'un. Une fois passé le porche, pourtant, s'étend une vaste basilique Renaissance (15e s.), où rythme et rigueur révèlent du pur Brunelleschi. L'architecte des Médicis y respecte les proportions mathématiques, en jouant de l'alternance des nervures en *pietra serena*, le grès sombre de Florence, et du blanc des parois. La nef recèle plusieurs trésors artistiques, dont les *Épousailles de la Vierge* (1523) de Rosso Fiorentino (2e chapelle de droite) et une *Annonciation* (1440) de Filippo Lippi dans la Cappella Martelli (à gauche). Le sarcophage de la famille est l'œuvre de Donatello.

Piazza San Lorenzo ☎ 055 21 66 34 www.operamedicealaurenziana.org ⏲ Mars-oct. : lun.-sam. 10h-17h, dim. 13h30-17h30 ; nov.-fév. : lun.-sam. 10h-17h30 € 5€

Éclatant mausolée

Cappelle Medicee (plan 1, C1-C2)

Par une entrée séparée, derrière l'église San Lorenzo, on pénètre dans les chapelles médicéennes, mausolée familial. La chapelle des princes d'abord, tout en marbre polychrome, date du début du 17e s. Les artisans de l'Opificio delle Pietre Dure (p.82), spécialisés dans la marqueterie de pierres dures, participèrent à l'ouvrage. L'intérieur somptueux n'a, à dire vrai, pas grand-chose d'une chapelle : le lieu fut d'ailleurs rapidement utilisé à des fins festives, pour ébahir les invités ! De Michel-Ange, découvrez ensuite la Nouvelle Sacristie, osmose entre architecture et sculpture. Sur les tombes des ducs de Médicis, en un point d'orgue mélancolique, les figures tourmentées des *Quatre Heures du jour*. L'illustre Laurent le Magnifique repose à droite de l'entrée sous un sarcophage que domine une belle *Vierge à l'Enfant*.

Piazza Madonna degli Aldobrandini, 6 ☎ 055 23 88 602 www.bargellomusei.beniculturali.it ⏲ Avr.-oct. : tlj. 8h15-16h50 ; nov.-mars : tlj. 8h15-13h50 Fermé 1er, 3e, 5e lun. et 2e, 4e dim. du mois € 8€

À NE PAS MANQUER

- Basilica di San Lorenzo
- Cappelle Medicee
- Museo di San Marco
- Galleria dell'Accademia
- Piazza della Santissima Annunziata

Palazzo Medici Riccardi

Forteresse marchande

Palazzo Medici Riccardi (plan 1, C1)

Cosme l'Ancien commande ce palais, parfait prototype Renaissance, à l'architecte Michelozzo (dont le projet est préféré à celui, trop somptueux, de Brunelleschi). Il devient à partir de 1460 la demeure des Médicis, qui le cèdent en 1659 à la famille Riccardi. À voir, une superbe *Vierge à l'Enfant* de Filippo Lippi dans la Sala Sennino, l'étonnante galerie des Glaces et son plafond décoré d'une très colorée *Allégorie de la Divine Sagesse* (1685) par Luca Giordano et la fameuse chapelle des Mages aux incroyables fresques (1459) de Benozzo Gozzoli, élève de Fra Angelico. Dans la cour du rez-de-chaussée, une salle multimédia permet une découverte approfondie de l'œuvre.

Via Cavour, 3 ☎ 055 27 60 340 ⏲ Jeu.-mar. 8h30-19h € 10€

IL ÉTAIT UNE FOIS

On doit à Benozzo Gozzoli (1420-1497) le fabuleux décor de la **chapelle des Mages**. Sur tout le pourtour de la pièce, les fresques déroulent, sous le prétexte du cortège des Rois mages, une magnifique galerie de portraits d'amis et membres de la famille Médicis ! Remarquez l'artiste parmi les toques rouges : il vous fixe droit dans les yeux.

Dans le réfectoire du Convento di San Onoficio

Cenacolo di Fuligno (plan 1, C1)

Cette *Cène*, représentation biblique par excellence, est probablement du Pérugin et de ses élèves (1493-1496). Admirez le traitement des pieds et mains.

Via Faenza, 42 ☎ 055 28 69 82 www.polomusealetoscana.beniculturali.it ⏲ Mer. 8h15-13h50 et 1er dim. du mois

SAN MARCO

Pour Fra Angelico

Museo di San Marco (plan 2, A1)

Après le ballet des bus et des scooters sur la place, ce qui frappe lorsqu'on pénètre dans l'ancien couvent dominicain de San Marco, c'est le dépouillement total des lieux, sa sérénité. En 1436, Cosme l'Ancien confie la reconstruction totale de l'édifice à Michelozzo. Fra Angelico (v. 1400-1455), moine du couvent tardivement venu à l'art, se charge de peindre l'intérieur des cellules. Ne manquez pas les 3, 7, 9 et 38-39, ni l'escalier qui abrite l'*Ange de l'Annonciation*. Dans le réfectoire du rez-de-chaussée se trouve sa première commande, le monumental *Triptyque des Linaioli* dont les anges semblent en relief.

Piazza San Marco, 3 055 23 88 608 www.polomusealetoscana.beniculturali.it Lun.-ven. 8h15-13h50, w.-e. et j. fér. 8h15-16h50 Fermé 2e, 4e lun. et 1er, 3e et 5e dim. du mois 4€

Cène bénédictine

Cenacolo di Sant'Apollonia (plan 2, A1)

Relief, force dramatique et rigueur bénédictine imprègnent la *Cène* (1456) d'Andrea del Castagno. Loin de celle de Ghirlandaio, visible au Cenacolo d'Ognissanti (p.74), celle-ci, peinte à fresque sur des plaques de marbre, traite ce sujet privilégié des réfectoires de couvent avec gravité, sans fantaisie ni fioriture. Observez notamment le traitement pictural réservé à la vaisselle de verre sur la table.

Via XXVII Aprile, 1 055 23 88 607 www.polomusealetoscana.beniculturali.it Sam.-mer. 8h15-13h50, jeu.-ven. 10h-13h Fermé 1er, 3e et 5e w.-e. du mois

Cloître intimiste

Chiostro dello Scalzo (hors plan 2 par A1)

Les parois de ce cloître ont été décorées au début du 16e s. de fresques monochromes en grisaille par Andrea del Sarto. Inspiré par Michel-Ange, ce peintre donne un volume quasi sculptural aux 16 scènes de la vie de saint Jean-Baptiste.

Via Cavour, 69 055 23 88 604 www.polomusealetoscana.beniculturali.it Sam.-lun. 8h15-13h50, jeu. 10h-13h30 Fermé 2e et 4e sam. du mois et 1e, 3e et 5e dim. du mois

Le Beau absolu

Galleria dell'Accademia ★ (plan 2, A1)

Voici le temple de Michel-Ange. Vous serez accueilli par ses *Esclaves* semblant tenter de se libérer de la matière, avant de vous confronter au *David*, réalisé quarante ans plus tôt (1501-1504). Tournez autour, les yeux levés, en suivant le modelé exquis et l'intensité de la ligne. Haut de 4,34 m, tout de marbre blanc de Carrare, David, le regard concentré, porte une fronde. Sa tête et ses mains sont légèrement surdimensionnées pour augmenter l'expressivité de la posture. Il est mis à l'abri ici en 1873, après plusieurs siècles passés devant le Palazzo Vecchio. Considéré comme l'idéal masculin absolu dans l'art, cet emblème de Florence a pour pendant féminin la *Vénus* de Botticelli (p.66). Continuez la visite par la splendide collection d'artistes, parfois jugés mineurs, qui permet de se pencher sur le siècle précédant la Renaissance.

Via Ricasoli, 60 📱 055 23 88 612 www.galleriaaccademiafirenze.beniculturali.it 🕒 Mar.-dim. 8h15-18h50 € 12€ (+ 4€ pour la rés. coupe-file, vivement conseillée, par tél. ou sur www.firenzemusei.it)

Symétrie signée Brunelleschi

Piazza della Santissima Annunziata 👍 (plan 2, B1)

Des portiques aux fines colonnes unifient la place Renaissance dessinée par Brunelleschi. En son centre se dresse une statue équestre (1608) du grand-duc Ferdinand Ier de Médicis, par Giambologna. Au nord, la basilique Santissima Annunziata (15e s.), de Michelozzo, présente un foisonnant décor baroque, inhabituel à Florence. De délicates fresques d'Andrea del Sarto et du Pontormo ornent le cloître.

Basilica della Santissima Annunziata Piazza Santissima Annunziata 📱 055 23 98 034 🕒 Tlj. 7h-12h45 et 16h-18h45

Spedale degli Innocenti

L'enfance de l'art

Spedale degli Innocenti (plan 2, B1)

Sur le côté est de la place, Brunelleschi signe un nouveau chef-d'œuvre de l'architecture Renaissance. S'étant vu confier la réalisation du premier orphelinat d'Europe (1419), il le pare de deux somptueux cloîtres. Transformé en musée (totalement rénové en 2016), l'*ospedale* abrite l'éclatante *Adoration des Mages* de Ghirlandaio, de tendres Vierges à l'Enfant, dont celle de Botticelli, et les médaillons des Della Robbia. Grande exposition sur l'histoire de l'accueil des enfants. Très agréable café dans la loggia du dernier étage, ouvert à tous.

Piazza della Santissima Annunziata, 12 📱 055 20 37 308 www.istitutodeglinnocenti.it 🕒 Tlj. 10h-19h € 7€

DRÔLE D'AFFAIRE

Une chimère n'est pas forcément un rêve inaccessible… Ce peut aussi être un animal à corps de lion, avec une queue de serpent et une tête de chèvre sur le dos. Au Musée archéologique (p.82) se trouve la *Chimère* d'Arezzo, un bronze du 4e s. av. J.-C. découvert en 1553, ayant appartenu à Cosme Ier.

Racines étrusques

Museo Archeologico Nazionale (plan 2, B1)

La Toscane est étrusque avant d'être romaine. De ce passé provient l'impressionnante collection de sarcophages, d'urnes cinéraires et de bronzes votifs – voir la *Chimère* d'Arezzzo (p.81) – ; admirez aussi le beau cratère à volutes dit vase François (6e s. av. J.-C.), témoin de l'influence grecque sur l'art étrusque. Riche collection égyptienne.

Piazza della Santissima Annunziata, 9/b 055 23 575 www.polomusealetoscana.beniculturali.it Mar.-ven. 8h30-19h, sam.-lun. 8h30-14h 4€

Dessins de pierre

Opificio delle Pietre Dure (plan 2, A1)

La "mosaïque florentine", ou l'art des marqueteries en pierres précieuses et semi-précieuses, passion de la dynastie des Médicis. Des motifs fleuris et animaliers d'une infinie finesse couvrent les allées de ce musée.

Via degli Alfani, 78 055 26 511 www.opificiodellepietredure.it Lun.-sam. 8h15-14h 5€

Mercato Centrale

À FAIRE

Allez au marché central

Mercato Centrale (plan 1, C1)

Cette belle halle 19e s. demeure le ventre de Florence, véritable explosion de couleurs, de parfums et de saveurs. Venez vous fournir en légumes gorgés de soleil ou en charcuteries, vous concocter un pique-nique ou vous attabler pour le déjeuner. Chez Nerbone au rez-de-chaussée (p.83) ou sur la mezzanine réaménagée en *food court* branché proposant pizzas, sandwichs, poisson ou viande grillée...

Piazza del Mercato Centrale www.mercatocentrale.it Sept.-juin : lun.-ven. 7h-15h, sam. 7h-17h ; juil.-août : lun.-sam. 7h-14h Mezzanine Tlj. 8h-0h

COULEUR LOCALE

L'Italie regorge de légumes savoureux, dont certains sont inconnus sous nos latitudes. Ce ne sont pas forcément les plus spectaculaires, mais ne résistez pas aux haricots verts longs et au chou noir en hiver, typiques de Florence, ni aux artichauts romains au printemps, pas plus qu'à l'*uva fragola* (un raisin au goût de fraise) à la fin de l'été !

NOS ADRESSES

PAUSES

Petit déjeuner à l'italienne

Pasticceria Robiglio

Un café-pâtisserie à l'ancienne, que les amateurs de gourmandises fréquentent depuis 1928 pour son cappuccino et ses pâtisseries : *torta campagnola* (sablé aux pignons et aux amandes) et gâteaux à la farine de châtaigne. Petite terrasse.

(plan 2, B1 n°6) Via dei Servi, 112/r ☎ 055 21 27 84 ⏲ Tlj. 7h30-21h et même un peu plus tard en cas d'affluence

Sublimes *gelati*

I Gelati del Bondi

Il faut absolument tester les glaces fabriquées maison. Goûtez la *Venusiana* à la liqueur Sambuca ou la *Fior di latte* au lait des montagnes.

(plan 1, C1 n°5) Via Nazionale, 61/r (à l'angle de la via Faenza) ☎ 055 28 74 90 www.igelatidelbondi.com ⏲ Mars-oct. : tlj. 11h-0h ; nov.-fév. : mer.-lun. 11h-0h

Pizza au carré

Bondi Focaccine ♥

Entre des murs lambrissés d'un autre âge, sur des bancs en bois, on dévore des *focacce* (épaisses pizzas à la coupe) aux aubergines et au *prosciutto*, ou à la chicorée piquante et aux poulpes... *Focaccia* 2,50€.

(plan 1, C1 n°1) Via dell'Ariento, 85/r ☎ 055 28 73 90 ⏲ Tlj. 11h30-0h

Un verre au comptoir

Fratelli Zanobini

Un caviste où goûter les meilleurs crus du Chianti, du vernaccia au brunello, attire forcément beaucoup d'habitués le long du zinc. Et ce, depuis 1944 !

(plan 1, C1 n°3) Via Sant'Antonino, 47/r ☎ 055 23 96 850 ⏲ Lun.-sam. 8h30-14h et 15h30-20h

RESTAURANTS

Totalement populaire

Mario €

Ici, on ne choisit pas ses voisins ! Les plats du jour arrivent à peine commandés, et pourtant la file d'attente s'allonge devant la porte. Banquiers, journalistes... s'y retrouvent régulièrement. Arrivez tôt. Repas 10-20€.

(plan 1, C1 n°15) Via Rosina, 2/r ☎ 055 21 85 50 ⏲ Sept.-juil. : lun.-sam. 12h-15h30

Ancien "débit de boissons"

La Mescita ♥€

Adresse favorite des étudiants, des professeurs et des employés des environs, ce tout petit bar à vins propose quelques plats du jour changeant au fil des saisons. Allez-y pour ses pâtes maison, tripes, assiettes de charcuterie et fromages italiens. Également des sandwichs. Plat 5-8€.

(plan 2, B2 n°14) Via degli Alfani, 70/r ☎ 338 99 22 640 ⏲ Tlj. 11h-16h

L'institution du marché

Nerbone €

Un bel étal à charpente métallique, surmonté de la fameuse enseigne verte de cette institution. Après avoir payé et reçu votre pitance,

La Ménagère

installez-vous sur une des tables en marbre dressées de l'autre côté de la gargote. L'occasion de goûter aux tripes à la florentine. *Primi* 4€, *secondi* 5-6,50€.

(plan 1, C1 n°16) Mercato Centrale Piazza del Mercato Centrale,12 055 21 99 49 Lun.-sam. 12h-14h (8h-12h pour des paninis)

Une adresse à part

Il Vegetariano €

Un lieu d'une quiétude inhabituelle pour Florence. Sitôt franchi le seuil, on se dirige vers le menu pour choisir entre 5 à 7 plats végétariens, on paie à la caisse, on prend son plateau, son verre et ses couverts dans une vieille armoire en bois, et on s'installe à une table collective. *Primi* 5-7€, salades 5-6,50€, *secondi* 8-10€.

(plan 2, A1 n°19) Via delle Ruote, 30/r 055 47 50 30 www.il-vegetariano.it Mar.-ven. 12h30-14h30 et 19h-22h30, w.-e. et j. fér. 19h30-22h30, lun. 12h30-14h30

Menu de la mer

Lo Skipper €€

Le chef sicilien concocte avec talent des recettes inventives qu'il renouvelle tous les mois. Par exemple, des crevettes en chemise de falafels sur crème de citrouille au sésame noir ; des petites seiches grillées et farcies au pesto sur lit d'oranges de Sicile... *Primi* 8-13€, *secondi* 15€.

(plan 2, A1 n°15) Via degli Alfani, 78/r 055 28 40 19 http://ristoranteskipper.firenze.it Sept.-juil. : lun.-ven. 12h-15h et 20h-0h, sam. 20h-0h

Spécial habitués

Lo Stracotto €€

Une trattoria de quartier avec terrasse, où les habitués viennent en coup de vent à midi. Excellentes pâtes du jour. Parfait entre deux visites. Repas 20-30€.

(plan 1, C2 n°14) Piazza Madonna degli Aldobrandini, 17 055 23 02 062 www.trattorialostracotto.it Tlj. 12h-15h et 18h-22h30

Avec le commissaire

Da Tito €€

Depuis 1913, Da Tito officie juste en face de la préfecture de police. Dans une salle tout en longueur, vous aurez le choix, selon les saisons, entre une *ribollita*, soupe au chou, aux fèves et aux lardons, un *ossobuco alla fiorentina* ou un carré d'agneau gargantuesque... Poisson le vendredi. Menu midi 12€, repas 25-30€.

(hors plan 2 par A1) Via San Gallo, 112/r 055 47 24 75 www.trattoriadatito.it Lun.-sam. 12h30-15h et 19h-23h

La Florence bobo

La Ménagère ♥€€

La Ménagère, qui fut la première boutique d'articles ménagers florentine (1896), a rouvert ses portes sous forme de "concept-restaurant". Dans un espace au design soigné : cuisine haut de gamme, "bistrot", bar à cocktails et tapas, torréfacteur, corner proposant plantes et accessoires déco ! Repas 40€. Menu dégustation (viande 55€, poisson 65€).

(plan 2, A1 n°13) Via dei Ginori, 8/r 055 075 06 00 www.lamenagere.it Tlj. 12h-23h Bistrot tlj. 7h-2h

SHOPPING

Masques de carnaval

Alice Atelier

Le carnaval n'est plus, mais ici, la technique du papier mâché se transmet de père en fille... et de professionnel en amateur sous forme de cours. Créations inspirées de la commedia dell'arte.

(plan 1, C1 n°30) Via Faenza, 72/r 347 48 29 303 http://alicemasks.weebly.com Lun.-sam. 9h30-13h et 15h30-19h30

Inspiration médicéenne

I Consigli di Anna

Dans sa minuscule boutique-atelier, Anna associe perles et pierres semi-précieuses selon des dessins tout droit sortis des trésors des Médicis. Boucles d'oreille, bagues, etc. Le style florentin... à des prix défiant toute concurrence !

(plan 2, A2 n°25) Via dei Servi, 73/r 055 21 56 83 Lun.-sam. 9h30-13h et 14h-18h

Casseroles et compagnie

Bartolini ♥

Une belle adresse pour craquer sur la dernière cafetière Bialetti, un ustensile Alessi, des porcelaines Ginori... ou carrément sur une machine à pâtes Imperia !

(plan 2, A2 n°21) Via dei Servi, 72/r 055 29 14 97 www.bartolinifirenze.it Fin juin-début sept. : lun.-ven. 10h-19h30, sam. 10h-13h ; début sept.-fin juin : lun.-sam. 10h-19h30

SORTIES

Fête cubaine

Sabor Cubano ♥

Sous les arcades en face du Mercato Centrale, un lieu inattendu. On y savoure les meilleurs cocktails de fruits et mojitos de la ville.

(plan 1, C1 n°41) Via Sant'Antonino, 64/r 331 77 31 563 http://saborcubanofirenze.com Mar.-sam. 20h-1h

Aperitivo géant

Kitsch Deux

Cette taverne psychédélique fait le plein à l'*aperitivo*, grâce à son buffet ultra abondant. L'étroite terrasse peine à contenir la foule affamée !

(plan 2, A1 n°32) Via San Gallo, 20/r 328 90 39 289 www.kitschfirenze.com Tlj. 17h30-3h

SANTA CROCE

De la superbe place Santa Croce, dominée par la façade étincelante de la basilique, part un dédale de ruelles toujours dédiées à l'artisanat et au commerce. Vous y trouverez parmi les meilleurs restaurants de la ville, ainsi que des bars animés, des boutiques de jeunes créateurs, des galeries d'art, un marché populaire...

ACCÈS ET INFOS

- Arrêts Benci ou Verdi (Minibus C3, ligne 23)

À VOIR

Panthéon florentin

Basilica di Santa Croce ★ (plan 2, B4)

Véritable *Who's Who* de la ville, la basilique Santa Croce accueille les chapelles personnelles des plus riches familles de Florence. Érigée à partir de 1294 par les Franciscains, elle devait éclipser la splendeur de Santa Maria Novella, dominicaine. Achevée en 1442, la basilique conserva pourtant une façade nue jusqu'au 19e s. Une nef d'une largeur impressionnante abrite le cénotaphe de Dante Alighieri (enterré à Ravenne) et les tombeaux des plus grands : Machiavel, Michel-Ange (mort à Rome dont la dépouille fut subrepticement dérobée au pape !), Galilée, Rossini... La chapelle des Bardi, dans le chœur à droite, a été décorée en 1325 de six scènes de la vie de saint François. Giotto s'y distingue par la sobriété, la monumentalité et le réalisme. Agnolo Gaddi couvre la Cappella Maggiore, chapelle du chœur, de fresques (1380) illustrant la légende de la Vraie Croix. Admirez le *Crucifix* de Cimabue dans la sacristie, et le grand cloître dessiné par Brunelleschi, à deux niveaux. Dans le Museo dell'Opera di Santa Croce, sur le flanc gauche du cloître, *Cène* de Vasari (1546).

Piazza Santa Croce, 16 Entrée Largo Bargellini 055 24 66 105 www.santacroceopera.it
Lun.-sam. 9h30-17h, dim. et j. fér. 14h-17h € 8€

COULEUR LOCALE

Le *calcio storico*, très proche du football américain, se jouait sur les places de la ville les jours de réjouissances publiques ou de mariages princiers. Aujourd'hui, la tradition se perpétue le 24 juin sur la place Santa Croce. Remarquez, sur la façade du n°7 et sur le palais de l'Antella entièrement peint, au n°21, le milieu du terrain indiqué par un disque !

La demeure de Michel-Ange

Casa Buonarroti (plan 2, B4)

Plus qu'un lieu de pèlerinage (Michel-Ange habita ici quelques années, mais l'intérieur a été totalement remanié depuis), cette "maison Buonarroti" est un lieu où découvrir des dessins préparatoires du maître, des études en terre cuite, des bas-reliefs réalisés à 17 ans, de belles portes marquetées, une intéressante

À NE PAS MANQUER

• Basilique Santa Croce

La basilica Santa Croce

maquette montrant la façon dont fut transporté le *David* à l'Accademia en 1873 et un chef-d'œuvre de 1490, la *Madonna della Scala*.

Via Ghibellina, 70 055 24 17 52 www.casabuonarroti.it Mars-oct. : mer.-lun. 10h-17h ; nov.-fév. : mer.-lun. 10h-16h30 6,50€

DRÔLE D'AFFAIRE

En sortant de Santa Croce, en 1817, Stendhal a un malaise. Son cœur bat la chamade, il souffre d'une overdose de sublime. Ces troubles liés à une concentration d'œuvres d'art et à l'excès de beauté ont été diagnostiqués chez de nombreux visiteurs depuis. On les appelle désormais "syndrome de Stendhal" !

Néo-mauresque

Sinagoga (plan 2, C3)

Un joyau oriental assez surprenant, posé dans des rues calmes et populaires ! Si la présence d'une communauté juive est attestée à Florence depuis 1304, c'est en 1874 qu'est édifiée cette nouvelle synagogue dans un remarquable style byzantino-mauresque. La coupole en cuivre se remarque à des lieues à la ronde. À l'étage, un modeste musée.

Via L. C. Farini, 4 055 23 46 654 www.firenzebraica.it Juin-sept. : dim.-jeu. 10h-18h30, ven. 10h-17h ; oct.-mai : dim.-jeu. 10h-17h30, ven. 10h-15h Fermé fêtes juives 6,50€

Crucifixion au lycée

Santa Maria Maddalena dei Pazzi (plan 2, B2)

Il faut pénétrer dans le lycée Michelangelo pour accéder à la salle capitulaire de l'ancien monastère, où se cache un chef-d'œuvre : la *Crucifixion* peinte par le

Pérugin entre 1493 et 1496. Une œuvre d'une grande pureté, où s'impose une vision sereine et méditative du calvaire. Parmi les protagonistes de la scène, se trouvent, outre la Vierge et saint Jean-Baptiste (debout), saint Benoît à genoux, bras croisés, sainte Madeleine en prière près de la Croix et, tout de blanc vêtu, Bernard de Clairvaux (le fondateur de l'ordre cistercien). En arrière-plan, le lac Trasimène et les verts et doux paysages de l'Ombrie, d'où était originaire le Pérugin. Certains voient dans les trois arbres frêles et graciles un symbole de la Trinité.

Borgo Pinti, 58 Via della Colonna, 9 055 28 88 803 Salle du Pérugin Ouvert sept.-juin : mar. et jeu. 14h30-17h30 (uniquement en période scolaire) Église Tlj. 7h30-12h30 et 14h30-19h

Loin des foules

Museo Horne (plan 3, C2)

Un palais Renaissance décoré avec goût par le collectionneur anglais Herbert P. Horne, esthète du 19e s. Voici une occasion de découvrir mobilier d'époque et peintures remarquables de Giotto, Beccafumi, Lippi. Une visite hors des sentiers battus.

Via dei Benci, 6 055 24 46 61 www.museohorne.it Jeu.-mar. 10h-14h € 7€

***Santo Stefano* par Giotto dans le Museo Horne**

À FAIRE

Allez au marché

Mercato Sant'Ambrogio (plan 2, C3)

Sous une vaste halle de 1873, primeurs, charcutiers, bouchers et, tout autour, de grands étals aux fruits et légumes de saison. Populaire et animé.

Piazza Ghiberti www.mercatosantambrogio.it Lun.-sam. 7h-14h

NOS ADRESSES

PAUSES

Populaire chic

Caffè Cibrèo

Pour une pause sous un superbe plafond à caissons de bois Renaissance, entouré de belles boiseries, à deux pas de l'agréable marché Sant'Ambrogio (p.58, 88).

(plan 2, C3 n°4) Via A. del Verrocchio, 5/r 055 23 45 853 www.cibreo.com/caffe Mar.-dim. 9h-1h

Sandwich et brin de causette

Antico Noé

Vieux comme Mathusalem, un bar à vins dont le tenancier, particulièrement affable, vous confectionnera toutes sortes de sandwichs et d'en-cas : viandes froides, charcuteries, fromages et pickles (de 3 à 6€) à emporter ou à déguster sur place avec un verre de vin. Juste à côté, un restaurant à la même enseigne, dont les prix démarrent à 10€ (ouvert 12h-15h et 19h30-22h30).

(plan 2, B3 n°2) Volta di San Piero, 6/r (au milieu d'un passage couvert reliant la via dell'Oriuolo et le borgo degli Albizi) 055 23 40 838 Lun.-sam. 12h-0h, dim. 12h-15h (fermé dim. en août)

La médaille d'or des glaciers

Vivoli

Face à une petite église, le temple sans égal de l'excellentissime glace florentine. Pour beaucoup, le meilleur glacier du monde, établi depuis 1930. À peine parti, vous serez prêt à revenir sur vos pas pour tester de nouveaux parfums.

(plan 2, B4 n°7) Via Isola delle Stinche, 7/r 055 29 23 34 www.vivoli.it Avr.-oct. : mar.-sam. 7h30-0h, dim. 9h-0h ; nov.-mars : mar.-sam. 7h30-21h, dim. 9h-21h Fermé 1 sem. mi-août et 3 sem. en jan.

I TRIPPAI

Les "tripiers", une véritable institution culinaire à Florence ! Ces petits stands fixes ou ambulants, comme celui de la via dei Macci à côté du mercato Sant'Ambrogio (p.88), sont fréquentés aussi bien par l'étudiant et l'artisan que par le banquier pressé à midi. Commandez un sandwich au *lampredotto* (caillette) ou aux tripes.

RESTAURANTS

Pizza napoletana

Il Pizzaiuolo €

Une décoration des plus banales (quelques photos de Naples plaquées sur des murs de carreaux blancs), un service sans manières, mais peu importe : l'adresse est connue de tous les Florentins et réputée pour cuire au feu de bois les meilleures pizzas napolitaines de la ville ! Pizzas 5-10€.

(plan 2, C3 n°12) Via dei Macci, 113/r 055 24 11 71 www.ilpizzaiuolo.it Sept.-juil. : lun.-sam. 12h30-15h et 19h-0h Fermé 3 dernières sem. d'août

Le Franciscain

Il Francescano €€

Allez découvrir ses murs de marbre, ses poutres apparentes, ses tables en bois et sa large terrasse longeant les murs de l'église Santa Croce. Vous y goûterez une cuisine traditionnelle bien maîtrisée, des *crostini* généreux, des risottos aux fleurs de courgette, des pâtes artichaut-saucisse-*burrata*, du *peposo* (bœuf en ragoût bien relevé)... *Primi* 9-18€, *secondi* 12-24€.

(plan 2, B4 n°10) Largo Bargellini, 16 055 24 16 05 www.trattoriailfrancescano.com Pâques-mi-oct. : tlj. 12h-15h et 19h-23h ; mi-oct.-Pâques : mar.-dim. 12h-15h et 19h-23h

Trois en un

Osteria Caffè Italiano €€

Au rez-de-chaussée d'un puissant palais, dans des salles à l'ancienne ornées de jolies boiseries, plusieurs ambiances s'articulent autour de la cuisine centrale : un restaurant plutôt guindé, une *taverna-enoteca*, et une pizzeria le soir. *Primi* 8-14€, *secondi* 16-24€.

(plan 2, B4 n°16) Via Isola delle Stinche, 11-13/r 055 28 90 80 www.caffeitaliano.it Tlj. 12h30-15h et 19h-23h

Bistronomique
Trattoria Cibrèo ♥€€

Aussi appelé "il Cibrèino" (le petit Cibrèo) en référence au Cibrèo, son illustre aîné gastronomique de la porte voisine. Très exigeante sur la qualité des produits, la trattoria propose des menus qui varient selon le marché. Le lieu idéal pour découvrir le meilleur de la cuisine toscane. *Primi* 8€, *secondi* 15€. Pas de réservation, arrivez tôt.

(plan 2, C3 n°18) Via dei Macci, 122/r 055 234 11 00 Mar.-sam. 12h50-14h30 et 18h50-23h15 Fermé en août et une semaine en février

Comme dans un film
Del Fagioli €€

Une trattoria animée, dont les murs lambrissés sont couverts de photos. Passant devant la cuisine, vous pourrez admirer les viandes saisies sur la braise et les plats en terre cuite où mijotent légumes et haricots... Avant de choisir, à la carte, un assortiment d'*antipasti*, des pâtes fraîches *al ragù*, et une délicieuse tarte à la ricotta, chocolat et poires en dessert. Repas 25-30€.

(plan 3, C2 n°12) Corso dei Tintori, 47/r 055 24 42 85 Lun.-ven. 12h30-14h30 et 19h30-22h30

L'histoire dans une marmite
Pentola dell'Oro ♥€€

Une adresse qui se mérite : les cuisines ont pignon sur rue, mais on s'enfonce dans les profondeurs de la cave pour accéder à la salle. Le patron se lance alors dans un discours bien rodé sur l'originalité de sa cuisine – son *porco cignale*, du verrat au chocolat et aux fruits secs, est un délice absolu. Au déjeuner, cuisine plus simple d'*osteria*. *Primi* 12-14€, *secondi* 15-22€.

(plan 2, B3 n°17) Via di Mezzo, 24/r 055 24 18 08 Tlj. 12h-15h et 19h-22h30 Fermé 10-15 jours mi-août

SHOPPING

Concept-store vintage
Boutique Nadine

Les malles anciennes, boîtes, tables en bois et chaises rétro font de ce concept-store un incontournable de la bohème chic florentine. Irene et Matteo, les stylistes-propriétaires, proposent une sélection séduisante de vêtements de jeunes créateurs italiens, d'accessoires, de bijoux...

(plan 2, B4 n°22) Via dei Benci, 32 055 247 82 74 www.boutiquenadine.it Lun. 14h30-19h30, mar.-sam. 10h30-19h30, dim. 12h-19h30

Tout pour les sens
AquaFlor ♥

Installé dans les vastes pièces du palais Antinori, le parfumeur Sileno Cheloni crée parfums, savons, bougies et propose, sur rendez-vous, la composition d'un jus sur mesure. Fauteuils club, comptoirs en bois massif et vitrines patinées remplies de centaines de flacons : une atmosphère unique, hors du temps !

(plan 2, B4 n°20) Borgo Santa Croce, 6 055 23 43 471 www.florenceparfum.com Tlj. 10h-13h et 14h-19h

Scuola del Cuoio

L'école du cuir
Scuola del Cuoio

Cette école du cuir, située dans le monastère de Santa Croce, est née après la Seconde Guerre mondiale afin d'offrir un métier aux orphelins. Également boutique, ornée de fresques, elle ressemble à un atelier de la Renaissance, où les artisans travaillent sous le regard des clients. Sacs, portefeuilles, ceintures... Pour la visite, réservez.

(plan 2, B4 n°26) Via San Giuseppe, 5/r ☎ 055 24 45 33 http://leatherschool.biz ⏲ Automne, hiver : lun.-sam. 10h-18h ; printemps, été : tlj. 10h-18h (artisans présents lun.-ven. 10h-17h30, toute l'année)

SORTIES

Jeunesse florentine
Caffè Sant'Ambrogio

Rien de remarquable, et pourtant c'est le rendez-vous incontournable de la jeunesse florentine alternative. À la carte, une longue liste de vins et de cocktails. À l'heure de l'*aperitivo*, l'abondant buffet et la terrasse vous tendent les bras.

(plan 2, C3 n°30) Piazza Sant'Ambrogio, 7/r ☎ 055 24 77 277 ⏲ Tlj. 9h30-2h

Cocktails et tapas
Enoteca de' Macci

Près du marché Sant'Ambrogio et de la faculté d'architecture, le maître mot de ce bar est la convivialité ! Dès que le soleil se couche, le lieu se peuple de futurs architectes et d'habitants du quartier. Délicieux cocktails accompagnés de tapas.

(plan 2, C3 n°24) Via dei Macci, 98/r ☎ 055 05 10 527 ⏲ Lun.-sam. 8h-2h

À l'ancienne
Jazz Club

Tous les soirs, des concerts de jazz essentiellement donnés par des musiciens italiens. Le mardi, jam-sessions. Il faut s'acquitter de la carte de membre pour entrer (6€ avec une boisson).

(plan 2, B2 n°31) Via Nuova de Caccini, 3 ☎ 055 52 71 815 Page Facebook ⏲ Sept.-juil. : mar.-ven. et dim. 22h30-3h, sam. 22h30-4h

L'OLTRARNO

Au-delà du Palazzo Pitti et des jardins de Boboli, la rive gauche de l'Arno, ou Oltrarno, mérite qu'on lui accorde du temps. C'est ici que les Florentins vivent, travaillent, font du shopping et la fête... Antiquaires, artisans, restaurateurs, de Santo Spirito à San Frediano et à San Nicolò, ils façonnent l'âme de cette rive encore piquée de champs d'oliviers et où affleurent çà et là les anciens remparts.

ACCÈS ET INFOS

- La rive droite de Florence est parcourue par de nombreuses lignes de bus (C1, D, 6)
- Les lignes 12 et 13 montent sur les collines

À VOIR

AUTOUR DU PALAZZO PITTI

L'immense palais des Médicis recèle une formidable pinacothèque, et le quartier alentour, quelques perles florentines bien gardées.

Vie de cour

Palazzo Pitti (plan 3, B2)

Une façade en bossage de 205m de long, sur trois étages de pierres dorées... Voici le palais Pitti, le plus colossal de la ville. Construit selon un projet de Brunelleschi, il est agrandi par Ammannati en 1560, quand Éléonore de Tolède, l'épouse de Cosme Ier, l'achète pour en faire la résidence officielle des Médicis. L'intérieur conserve sa décoration 17e s. et abrite une très importante pinacothèque, l'incontournable Galleria Palatina (ci-après). On visite aussi le Tesoro dei Granduchi, qui occupe les appartements d'été des grands-ducs, décorés de fresques, et présente les plus beaux effets personnels des Médicis et des Habsbourg-Lorraine ; la Galleria d'Arte Moderna où découvrir les *macchiaoli* ("tachistes"), proches des impressionnistes ; et le Museo della Moda e del Costume, qui revient sur l'histoire du costume de cour du 18e s. au 20e s.

Piazza Pitti, 1 055 29 48 83 www.uffizi.it Mar.-dim. 8h15-18h50 Fermé 1er jan., 1er mai et 25 déc. 10€ (nov.-fév.), 16€ (mars-oct.) Billet unique pour Galleria Palatina, Tesoro dei Granduchi, Galleria d'Arte Moderna, Museo della Moda e del Costume

Collection royale

Galleria Palatina (plan 3, B2)

L'impressionnante collection des grands-ducs, soit 25 salles tapissées de peintures de maîtres italiens et d'écoles étrangères (Rubens, Van Dyck, Vélasquez ou Murillo). À ne pas manquer, dans la salle de Jupiter, un somptueux Raphaël, la *Donna velata*, la *Lamentation sur le Christ mort* de Fra Bartolomeo ainsi que l'admirable *Madonna del Sacco* (*Vierge au sac*) du Pérugin. Dans la salle de Saturne, de nombreux portraits de Raphaël. Dans les salles Vénus et Apollon, plusieurs œuvres de Titien, dont *Le Concert*, *Marie-Madeleine* et le *Portrait de l'Anglais* ("l'homme aux yeux gris"). Dans la salle de l'Éducation de Jupiter,

À NE PAS MANQUER

- Palazzo Pitti
- Galleria Palatina
- Basilica di Santo Spirito
- Cappella Brancacci
- Basilica di San Miniato al Monte
- Piazzale Michelangelo

Vue sur l'Oltrarno jusqu'au Forte di Belvedere

un détonnant *Amour dormant* du Caravage et, salle Prométhée, une suave *Vierge à l'Enfant* de Filippo Lippi. Au passage, vous apercevrez la salle de bains construite en 1813 pour Napoléon, qui pourtant ne se rendit jamais à Florence. Terminez par l'aile nord, qui abrite les appartements royaux, à la décoration somptueuse, parfois extravagante.

Jardin à l'italienne

Giardino di Boboli (plan 3, B3)

Un havre de verdure, où foisonnent statues, haies, bosquets et fontaines. C'est un vrai délice que de s'y accorder un instant de détente... Ces immenses jardins à l'italienne recouvrent, à l'arrière du Palazzo Pitti, les carrières qui servirent à extraire les pierres pour sa construction. À voir : la Grotta del Buontalenti, grotte artificielle qui abrita autrefois quantité de statues, dont les célèbres *Esclaves* de Michel-Ange ; le Kaffeehaus, une folie rococo convertie en café pendant l'été ; l'amphithéâtre, le bassin de Neptune et la Viattolone, longue allée bordée de cyprès. Rendez-vous aussi au jardin du Chevalier, une terrasse-belvédère plantée d'un jardin de buis.

Accès Piazza de' Pitti ou Porta Romana ◷ Avr.-mai, sept. : tlj. 8h15-18h30 ; juin-août : tlj. 8h15-19h30 ; mars, oct. : tlj. 8h15-17h30 ; nov.-fév. : tlj. 8h15-16h30 Fermé 1er et dern. lun. du mois, 1er jan., 1er mai et 25 déc. € 7€ (10€ en cas d'exposition) Billet valable aussi pour le Giardino Bardini Entrée libre 1er dim. du mois

Messe incognito

Santa Felicita (plan 3, B2)

Les Médicis pouvaient venir assister à la messe ici en toute discrétion. En effet, le corridor de Vasari (p.67), ce passage qui mène d'une rive à l'autre de l'Arno, traverse cette église située juste à la sortie du Ponte Vecchio ! Ne manquez pas, dans la chapelle de droite, l'une des plus belles œuvres du Pontormo, la *Déposition de Croix* (1525-1528).

Piazza Santa Felicita, 3 055 21 30 18 www.santafelicitafirenze.it Lun.-sam. 9h30-12h30 et 15h30-17h

DE SANTO SPIRITO À SAN FREDIANO

Bordant l'Arno et s'étirant à l'ouest en direction des anciens remparts, voici deux quartiers populaires et festifs, organisés autour de places et d'églises placées sous le signe de l'art.

Solennelle perspective

Basilica di Santo Spirito (plan 3, B2)

La façade inachevée de cette basilique (1444), dessinée par Brunelleschi, participe beaucoup au charme de la vaste place arborée. À l'intérieur, vous serez frappé par la solennité des volumes et par les perspectives soulignées par des colonnades de *pietra serena*. Ne manquez pas : la *Vierge à l'Enfant* de Filippino Lippi (5e chapelle du transept droit) et, dans la sacristie, le crucifix en bois (1492) réalisé par Michel-Ange à l'âge de 18 ans, alors qu'il étudiait l'anatomie à l'hôpital voisin. Un corps au modelé et au rendu si réaliste que Vasari eut ces mots : "cette chair souple et pleine…".

Piazza Santo Spirito, 30 055 21 00 30 www.basilicasantospirito.it Lun.-mar. et jeu.-sam. 9h30-12h30 et 16h-18h, dim. 11h30-12h30 et 16h-17h30

Cène au réfectoire

Fondazione Salvatore Romano (plan 3, A2)

À gauche de l'église Santo Spirito s'ouvre l'ancien réfectoire du monastère des Augustins. Au mur, une grande fresque très endommagée figure en haut une *Crucifixion*, en bas une *Cène*, peinte par Andrea Orcagna au milieu du 14e s. Collection de sculptures gothiques dont on retiendra, à l'emplacement de l'autel, une Vierge sculptée en bas-relief, attribuée à Jacopo della Quercia.

Piazza Santo Spirito, 29 055 28 70 43 www.museicivicifiorentini.comune.fi.it Lun. et sam. 10h-17h, dim. 13h-17h 7€ en vente à la chapelle Brancacci uniquement (billet combiné)

C'EST DANS L'AIR

Faites comme les jeunes Florentins et rendez-vous à l'heure de l'*aperitivo* sur la magnifique piazza Santo Spirito, tout ourlée de bars et de restaurants. Les uns sont assis en terrasse, les autres debout, ou encore installés sur les marches de l'église.

La vie immobile

Museo di Storia Naturale La Specola (plan 3, A2-A3)

Un délicieux musée truffé de vieilles vitrines en bois, où s'émerveiller devant l'incroyable diversité animale. Dans cette grande ménagerie empaillée, notez le secteur "Grand Singe" de la salle XIII, où une place a été réservée à l'"homo turisticus" qui, en se reflétant dans la glace, complète le long processus de l'Évolution ! Suivent les salles de sublimes cires anatomiques, qui ne vous laisseront rien ignorer de vos entrailles. Âmes sensibles, s'abstenir. À l'exception de ces dernières salles, à visiter avec des enfants !

Via Romana, 17 055 27 56 444 www.msn.unifi.it Juin-sept. : mar.-dim. 10h30-17h30 ; oct.-mai : mar.-dim. 9h30-16h30 6€

Choc esthétique

Cappella Brancacci (plan 3, A1)

Il ne faut à aucun prix manquer la visite de la fabuleuse chapelle Brancacci, ornée des fresques de Masolino et Masaccio (1427), complétées par Lippi (1485). Celles de Masaccio marquent les esprits par leur intensité. Les visages de ses apôtres sont puissants et rudes, et le traitement d'*Adam et Ève chassés du Paradis* se montre novateur par sa densité émotionnelle. Dans *Le Baptème des néophytes*, un des personnages tremble de froid ; sur un autre, agenouillé, l'eau ruisselle, transparente. Dans *Saint Pierre et saint Paul se disputant avec Simon le Magicien*, cherchez l'autoportrait du peintre Filippino Lippi, regardant le visiteur.

Piazza del Carmine, 14 055 27 68 224 www.museicivicifiorentini.comune.fi.it Lun. et mer.-sam. 10h-17h, dim. et j. fér. 13h-17h Rés. conseillée 6€

***La Résurrection du fils de Théophile* de Masaccio dans la chapelle Brancacci**

VERS LES COLLINES

Les champs d'oliviers et les villas entourées de jardins sont aux portes de Florence, sur les collines. Du piazzale Michelangelo, la vue est à vous charmera à coup sûr, et c'est là que trône une des plus belles églises de la cité.

Bain de verdure

Giardino Bardini (plan 3, C3)

Tout en terrasses et escaliers baroques, ce jardin offre de superbes panoramas et compte, outre ses parterres de roses, d'azalées et de glycines, plus de 60 espèces d'hortensias. Au sommet, la villa Bardini abrite un singulier musée dédié au styliste de mode Roberto Capucci (né en 1930). Gardez du temps pour une pause au café niché sous une belle loggia !

Via dei Bardi, 1/r et Costa San Giorgio, 2 055 23 46 988 www.bardinipeyron.it Nov.-fév. : mar.-dim. 8h15-16h30 ; mars : mar.-dim. 8h15-17h30 ; avr.-mai, sept.-oct. : mar.-dim. 8h15-18h30 ; juin-août : mar.-dim. 8h15-19h30 7€ (10€ en cas d'exposition) Billet valable aussi pour le Gardino di Boboli Entrée libre 1er dim. du mois

Quelle scénographie !

Museo Stefano Bardini (plan 3, C2)

Au 19e s., l'antiquaire Stefano Bardini, à la tête d'une impressionnante collection, transforme un couvent du 14e s. en palais néo-Renaissance. Fidèle à son époque, il préfère la mise en scène et l'esthétique à la rigueur scientifique. Ainsi, des chaires d'église servent de décor à l'une des pièces, les plafonds à caisson sont issus de différents palais Renaissance, et un escalier en pierre d'origine inconnue mène au premier étage ! À voir : la *Charité*, groupe en marbre de Tino di Camaino (1285-1337), la *Madone des cordiers* et la *Vierge à la pomme* de Donatello (1386-1466) et le *Saint Michel archange* d'Antonio del Pollaiolo (1432-1498).

Via dei Renai, 37 ☎ 055 23 42 427 www.museicivicifiorentini.comune.fi.it ⏱ Ven.-lun. 11h-17h € 6€

Au milieu des oliviers

Basilica di San Miniato al Monte 👍 (plan 3, D4)

Une délicate façade de marbre blanc serti de serpentine verte foncée s'élève avec éclat au-dessus de Florence. C'est celle de l'abbaye bénédictine de San Miniato al Monte, fondée en 1013 et toujours active. Sur la vaste terrasse se déploie un cimetière romantique, où repose Carlo Lorenzini, alias Collodi, l'auteur de *Pinocchio*. À l'intérieur, appréciez le chœur surélevé au fin décor de mosaïques de marbre. Ne ratez pas la chapelle du Crucifix (1448) de Michelozzo, l'architecte du palais Médicis, ses peintures d'Agnolo Gaddi et ses rosaces de majolique de l'atelier de Luca della Robbia. En descendant dans la crypte, vous pénétrez dans la partie la plus ancienne de l'église (11e s.), dont les 38 colonnettes portent un plafond en voûtes croisées.

Via delle Porte Sante, 34 ☎ 055 23 42 731 www.sanminiatoalmonte.it ⏱ Tlj. 9h30-13h et 15h-19h (messe en grégorien 18h30)

SUR LES TRACES DE...

La légende de Minias (Miniato), vénéré comme le premier saint de Florence, tient ce martyr du 3e s. pour un roi d'Arménie devenu ermite. Décapité, il traverse l'Arno et gravit la colline, céphalophore : en portant sa tête. Il meurt à l'endroit où se dresse la basilique qui lui est dédiée.

À FAIRE

Prélassez-vous au bord de l'eau

La "spiaggetta" di San Niccolò (plan 3, D2)

À la belle saison, les Florentins redécouvrent les berges de l'Arno, et la *spiaggetta*, ou "petite plage", est l'un des endroits tendance où prendre un bain de soleil, suivre des cours de yoga, boire un verre ou danser les pieds dans le sable.

Piazza Poggi ☎ 055 23 41 112 www.easylivingfirenze.it ⏱ Juin-sept. : tlj. 10h-1h30

***Spiaggetta* di San Niccolò**

Pagayez sur l'Arno

Toscana Sup

Si vous êtes sportif, vous vous régalerez ! D'un *paddle*, vous verrez la ville sous un jour tout à fait insolite. Des moniteurs vous accompagnent au fil de l'Arno, avec passage sous les Offices et le Ponte Vecchio (au choix pendant la journée, au coucher du soleil ou le soir, de 1h30 à 2h30).

Lungarno Ferrucci, 4 ☎ 347 011 25 30 www.toscanasup.org ⌚ Avr.-oct. € 50-60€, carte de l'association et assurance comprises

Arpentez les collines jusqu'au piazzale Michelangelo 👍

Il serait vraiment dommage de ne pas prendre le temps de grimper sur la colline de San Miniato, à la vue sublime sur Florence ! Partez du Ponte Vecchio (plan 3, B1) et montez la Costa di San Giorgio (maison de Galilée aux n^os^17-19), jusqu'à l'entrée du Forte di Belvedere (16e s.). Passez sous la Porta San Giorgio (1224) et descendez la via di Belvedere. Elle borde, au milieu des oliveraies, le rempart du 13e s. Parvenu à la Porta San Miniato, prenez à droite la via del Monte alle Croci qui se transforme en escalier. Arrivé au piazzale Michelangelo (plan 3, D3), vous n'en reviendrez pas !

NOS ADRESSES

PAUSES

Fort en goût

Trippai Ambulanti

Un de ces iconiques tripiers ambulants, bien cramponné sur la piazza dei Nerli, dans le quartier populaire de San Frediano. On s'y presse pour un sandwich au *lampredotto* ou un *piatto freddo* (assiette froide). Vous pouvez aussi vous asseoir et manger sur une tablette disposée en bordure de la fourgonnette.

(plan 3, A1 n°2) Piazza dei Nerli ⌚ Lun.-ven. 10h-19h

La terrasse du week-end

Volume ♥

Une ancienne menuiserie reconvertie en librairie, café, bar et salle de concerts ! Ce lieu éclectique à l'atmosphère magique attire un public très hétéroclite, des habitants du quartier aux hipsters et autres *fashion victims*. Le week-end, du café du matin jusqu'à tard dans la nuit.

(plan 3, A2 n°3) Piazza Santo Spirito, 5/r ☎ 055 23 81 460 www.volumefirenze.com ⌚ Lun.-mer. 16h30-1h30, jeu.-dim. 8h30-1h30

RESTAURANTS

Hors les murs

Enoteca Fuori Porta €

Au milieu de la côte de San Miniato, une œnothèque très courue pour sa cave et ses *crostini* déclinant une dizaine de fromages et de charcuteries : le choix est cornélien ! Terrasse face aux remparts. Plat 8€.

(plan 3, C3 n°13) Via del Monte alle Croci, 10/r
055 23 42 483 www.fuoriporta.it
Fin mars-oct. : tlj. 12h30-0h30 ; nov.-fin mars : 12h30-15h30 et 19h-0h

Salon veggie

Carduccio €

Une cantine bio où règne l'adorable Miranda. La carte propose une sélection de boissons et de plats aux ingrédients rigoureusement sélectionnés : smoothie énergisant, cappuccino au lait végétal ou tagliatelles de courgettes du marché. Copieux et gourmand à souhait. Plat 10-15€.

(plan 3, B2 n°11) Sdrucciolo de' Pitti, 10/r
055 23 82 070 www.carduccio.com Lun.-jeu. 8h-19h, ven.-sam. 8h-22h30, dim. 10h-17h

Comme à la maison

La Casalinga ♥€

Une ambiance chahuteuse, si typiquement italienne ! Les Florentins s'y pressent pour sa cuisine ménagère, *casalinga* signifie "maison". Plats simples et savoureux comme le *minestrone* au riz et au chou, la *braciola* (escalope milanaise), les tripes, les rôtis... *Primi* 7-8€, *secondi* 10-18€.

(plan 3, B2 n°14) Via dei Michelozzi, 9/r
055 21 86 24 www.trattorialacasalinga.it
Lun.-sam. 12h-14h30 et 19h-22h
Fermé 10 jours à Noël et 3 sem. en août

Loin de la foule

All'Antico Ristoro di Cambi €

Un restaurant sympathique, implanté au cœur du quartier de

Enoteca Fuori Porta

San Frediano depuis 1950. Selon le temps, réfugiez-vous dans une plaisante salle rustique, aux voûtes de briques rouges, ou profitez de la terrasse, côté piazza del Tiratoio. Toutes les spécialités locales. Plat 12-18€.

(plan 3, A1 n°10) Via San Onofrio, 1/r
055 21 71 34 www.anticoristorodicambi.it
Lun.-sam. 12h-14h30 et 18h30-22h30

Banquettes en bois

Trattoria Al Tranvai €

Au "Tramway", on déjeune à touche-touche dans un climat animé. Commandez une spécialité toscane, comme un plat d'abats, une *pappa al pomodoro* (bouillie au pain et à la tomate), des *penne alla chiantigiana* (penne à la saucisse et au fenouil revenues au vin)... Repas 20-25€.

(plan 3, A2 n°15) Piazza Torquato Tasso, 14/r
055 22 51 97 www.altranvai.it Lun.-sam. 12h-14h30 et 19h-22h30 Fermé 3j. à Noël

Félin et carnivore

Trattoria 4 Leoni €€

Dehors, une agréable terrasse sur une belle placette. Dedans, de jolies salles aux murs bleus patinés. "Les Quatre Lions" vous serviront une cuisine traditionnelle allant des *penne al ragù* aux tripes, à la *bistecca*, à la morue à la florentine... *Primi* 10-14€, *secondi* 12-25€.

Via de' Vellutini, 1/r 055 21 85 62
Tlj. 12h-0h

SHOPPING

Soulier sur mesure
Stefano Bemer

Si Florence s'est taillée une belle réputation dans la chaussure sur mesure, la maison de Stefano Bemer en est une illustre représentante. Après la mort du maître en 2012, le siège de la célèbre marque a été transféré dans cette église déconsacrée. Admirez-y les modèles "prêts à commander" et les artisans au travail.

(plan 3, C2-D2 n°21) Via San Niccolò, 2
055 046 04 76 stefanobemer.com
Lun.-sam. 10h-19h

Sandales en cuir
Laudato

Après une visite à la Cappella Brancacci, restez dans l'ambiance monastique et faites un saut à cet atelier, où quatre frères et sœurs fabriquent à la main des sandales en cuir aux dessins immuables depuis l'époque de leur grand-père. Prix raisonnables.

(plan 3, A1 n°20) Via S. Monaca, 17/r
055 29 22 29 Mars-sept. : lun.-sam. 10h30-13h et 16h30-19h30 ; oct.-fév. : lun. 16h30-19h30, mar.-ven. 10h30-13h et 16h30-19h30, sam. 10h30-13h

SORTIES

Concerts et livres
La Cité

Un bar de San Frediano où vous pourrez assister à des concerts de jazz, des soirées tango, danser le swing ou feuilleter un livre... Seul regret, l'absence d'espace en plein air pour l'été.

(plan 3, A1 n°30) Borgo San Frediano, 20/r
055 21 03 87 Lun.-sam. 10h-2h, dim. 14h-2h

Pour changer du Spritz
Mad Souls&Spirits

Trois maestros du shaker ont ouvert cet antre dédié à l'art du cocktail, à mi-chemin entre le zinc décontracté et le bar d'hôtel chic. Oubliez la vodka-coca : ici règnent les "Losco Mule", "Cuba was libre" et autres noms aussi recherchés que leurs compositions. Ambiance survoltée.

(plan 3, A1 n°31) Borgo San Frediano, 36-38/r
055 627 16 21 Tlj. 18h-2h

Entre chalet et pub
Il Rifrullo ♥

Une cheminée pour s'installer au chaud l'hiver, une terrasse et un très agréable jardin suspendu pour l'été : voici un bel endroit, toujours très animé, surtout à l'heure de l'apéritif, lorsque son long comptoir se couvre d'amuse-gueules.

(plan 3, C3 n°32) Via di San Niccolò, 55/r
055 23 42 621 www.ilrifrullo.com
Lun.-jeu. 7h30-0h, ven. 7h30-1h, sam. 8h30-1h, dim. 8h30-1h

LES ENVIRONS DE FLORENCE

Les paysages typiques de la Toscane s'entraperçoivent dès les portes de Florence, où cyprès et vignes ceignent les couvents et les villas médicéennes, entre des champs ponctués d'oliviers. Profitez de la campagne florentine le temps d'une escapade, simple à organiser même en transports en commun.

ACCÈS ET INFOS

- Ufficio Informazioni Turistiche Via Portigiani, 3/5 Fiesole 055 59 61 311 www.comune.fiesole.fi.it Juil.-sept. : ven.-lun. 10h-13h et 16h-18h Hors saison, horaires variables (voir le site Internet)

À VOIR

Expérience monacale

Certosa del Galluzzo

Une impressionnante chartreuse aux allures de forteresse domine le village. Elle est organisée autour d'un majestueux cloître (1516) entouré de cellules de moines dont le fonctionnalisme inspira Le Corbusier ! Fondé au 14e s. par le grand bourgeois Niccolò Acciaiuoli, le couvent pouvait accueillir, loin de tous et dans le silence, 18 moines. Admirez la façade de l'église San Lorenzo (16e s.) et le Palazzo degli Studi (14e s.), ancien centre d'études qui abrite des peintures de Dürer et de Ghirlandaio ainsi que des fresques du Pontormo (1525). Dans la salle capitulaire, notez la *Crucifixion* (1506) d'Albertinelli.

Via della Certosa, 1 Galluzzo À 6 km au sud de Florence Bus 37 de la gare S. M. Novella 055 20 49 226 www.certosadifirenze.it Visites guidées Lun.-sam. 10h, 11h, 15h, 16h (17h été) ; dim. 15h, 16h (17h été) Messes Dim. 10h, 11h

Adorable village

Settignano

Ce petit bourg perché sur une colline plantée d'oliviers domine la vallée de Florence. Gabriele D'Annunzio ou Mark Twain y séjournèrent... Allez-y pour un grand bol d'air : de la place principale, descendez vers la terrasse piquée de cyprès, la vue est à couper le souffle. Ne manquez pas les jardins à l'italienne de la **villa Gamberaia**, succession de parterres de fleurs, d'arbres taillés et de panoramas sur la vallée de l'Arno.

À 7 km au nord-est de Florence Bus 10 de la gare S. M. Novella ou de la piazza San Marco Villa Gamberaia Via del Rossellino, 72 055 69 72 05 www.villagamberaia.com Lun.-sam. 9h-19h, dim. 9h-18h Jardins 15€, Villa sur rdv 10€

COULEUR LOCALE

Les villas médicéennes sont une des manifestations de l'emprise des Médicis, qui ont régné sur Florence et sa région du 15e au 18e s. Sur la trentaine de demeures où architecture et jardins s'intègrent parfaitement, peu se visitent. Renseignez-vous.

www.polomusealetoscana.beniculturali.it

À NE PAS MANQUER

- Certosa del Galluzzo
- Villa di Poggio a Caiano
- Fiesole

Jardins de la villa Gamberaia, Settignano

Jardins étagés et panorama sur l'Arno
Villa della Petraia

Villégiature de Ferdinand Ier de Médicis (1549-1609) puis résidence du roi d'Italie Victor-Emmanuel II (1820-1878), la villa regorge de trésors : façade de Buontalenti (1576), sublime cour couverte décorée de fresques (*Fastes des Médicis*, 1646), une Vénus (1570) sculptée par Giambologna, mobilier luxueux.

Via della Petraia, 40 Castello À 10km au nord de Florence Bus Lignes 2 et 28, au départ de la gare de Florence 055 45 26 91 Avr.-sept. : tlj. 8h30-18h30 ; mars, oct. : tlj. 8h30-17h30 ; nov.-fév. : tlj. 8h30-16h30

Résidence modèle
Villa di Poggio a Caiano

Cette villa, voulue par Laurent de Médicis, a été dessinée par Giuliano da Sangallo (1485). Elle s'ouvre sur une vaste propriété agricole. Notez le portique et, à l'intérieur, le petit théâtre privé dans lequel Paganini donnait des concerts ainsi que les fresques (16e s.) d'Andrea del Sarto et du Pontormo qui ornent le magnifique salon de Léon X. Le deuxième étage de la villa abrite le musée de la Nature morte : près de 200 peintures tirées des collections des Médicis révèlent la diversité des variétés d'agrumes et de fruits cultivés par le passé !

Piazza dei Medici, 14 Poggio a Caiano À 22 km au nord-ouest de Florence Bus Copit ou Cap au départ de Florence (largo Alinari) 055 87 70 12 www.polomusealetoscana.beniculturali.it Mars : tlj. 8h30-16h30 ; avr.-mai, sept.-oct. : tlj. 8h30-17h30 ; juin-août : tlj. 8h30-18h30 ; nov.-fév. : tlj. 8h30-15h30 Visites accompagnées toutes les heures à partir de 9h Fermé 2e et 3e lun. du mois, 1er jan., 25 déc.

FIESOLE

La montée à Fiesole est une traditionnelle excursion dominicale des Florentins. On l'entreprend pour la vue mémorable sur l'Arno qu'elle dévoile. La cité aux

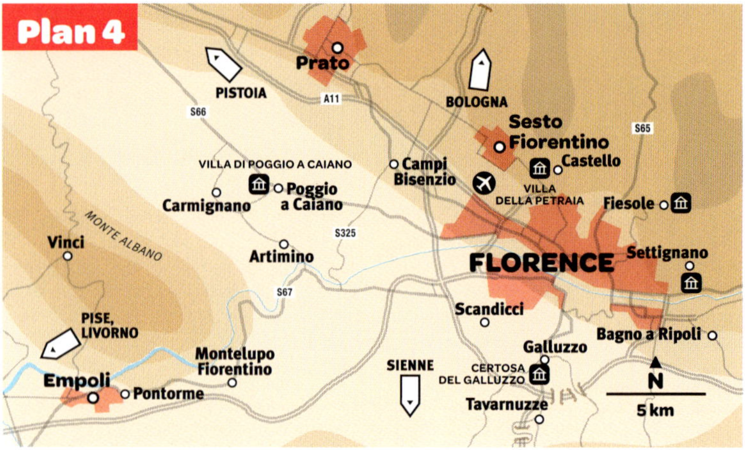

origines étrusques (7e s. av. J.-C.) est un prétexte à une délicieuse balade entre villas et nature toscane toute de figuiers, d'oliviers et de cyprès.

À 8 km au nord-est de Florence Bus 7 de Piazza San Marco 055 59 61 323 (OT) Musées fermés mar. en hiver Marché sam. matin

Origines étrusques et romaines
Area Archeologica et Museo Civico

Dans l'aire archéologique de Fiesole, vous découvrirez les vestiges d'un temple étrusque dédié à Minerve (4e s. av. J.-C.), et ceux de thermes et d'un théâtre romain (fin du 1er s. av. J.-C.). Importante collection de céramiques au musée.

Via Portigiani, 1 Fiesole 055 59 61 293 www.museidifiesole.it Nov.-fév. : mer.-lun. 10h-15h ; mars, oct. : tlj. 10h-18h ; avr.-sept. : tlj. 9h-19h € 10€

Montée au couvent
Convento di San Francesco

Coiffant le sommet de la colline de Fiesole, cet adorable couvent (fin 14e s.) s'inscrit dans un cadre presque champêtre. Redescendez en ville par le jardin public, en franchissant la petite grille qui fait face à l'édifice.

Via San Francesco, 13 Fiesole 055 59 175 Tlj. 9h30-12h et 14h30-17h

À FAIRE

Assistez à un spectacle dans un théâtre romain
Estate Fiesolana

Si vous vous rendez à Fiesole l'été, pourquoi ne pas profiter de l'Estate Fiesolana, festival qui propose concerts, opéras, danse dans le théâtre romain ?

055 596 12 93 http://bitconcerti.it Mi-juin-juil.

NOS ADRESSES

RESTAURANTS

Historique
Bibe €€

À 30min à pied de la chartreuse du Galluzzo, ce restaurant familial (depuis 150 ans !) a accueilli poètes (Montale) et peintres (Annigoni), attirés par les spécialités maison : soupe à l'oignon et fritures de poulet, de lapin, de grenouilles... Menu 35€.

GALLUZZO Via delle Bagnese, 1/r Ponte dell'Asse 055 20 49 085 www.trattoriabibe.com Lun.-mar. et jeu.-ven. 19h30-21h30, sam.-dim. 12h-14h et 19h30-21h30

Expérience à part
In fabbrica ♥€€

Ici, vous êtes "à l'usine", chez les Pampaloni, orfèvres de leur état. Traversez leur atelier et rejoignez une des grandes tablées de la salle qui, à midi, sert de cantine aux ouvriers. Le soir venu, elle s'ouvre au public et se pare de rutilants candélabres ! Cuisine toscane. Réservez. Menu 30-50€.

FLORENCE Via del Gelsomino, 99 À 20min à pied au sud de Porta Romana Bus 11 de la gare S. M. Novella 347 514 54 68 www.pampaloni.com Début sept.-mi-juil. : jeu.-sam. à partir de 20h15

Terrasse à Settignano
La Capponcina €€

Un bistrot bohème chic, pour un plat de pâtes artisanales, du tartare de veau, des pizzas à la mozzarella des Pouilles... Immense terrasse. Plat 5-22€.

SETTIGNANO Via di San Romano, 15/17r Settignano 055 69 70 37 www.capponcina.com Lun.-sam. 19h30-0h, dim. 12h30-14h30 et 19h30-0h

Septième génération
Il Falcone €

Dans cet ancien relais, on prépare depuis 1862 *penne al lampredotto* (pâtes aux tripes), *baccalà alla livornese* (bouchées de morue frites à la sauce tomate) et spécialités de viandes grillées au charbon de bois. Repas 15-20€.

POGGIO A CAIANO Piazza XX Settembre, 34 Poggio a Caiano 055 87 70 65 www.ristoranteilfalcone.com Oct.-juil. : jeu.-mar. 12h-14h et 19h30-21h30

Près des villas médicéennes
Su pe' i' canto €€

Sur une placette du village de Carmignano (à 15min en voiture de Poggio a Caiano), un excellent restaurant tenu en famille (père et mère aux fourneaux, fils au service) où déguster terrine de lièvre à l'huile d'olive, pigeon en cocotte, cerises au sirop et au vin... Terrasse. Repas 30€.

CARMIGNANO Piazza Matteotti, 25 055 871 24 90 Mar.-dim. 12h-15h et 19h-23h Fermé en août

Fiesole à table
Vinandro €€

Cette *osteria* propose des plats typiques de la tradition toscane, dont le fameux *peposo*, ragoût de bœuf très poivré. Comptoir en marbre, tables de menuisier, gros tonneaux. Et petite terrasse sur la place principale. Plat 4,50-17,50€.

FIESOLE Piazza Mino 33 055 59 121 http://vinandro.it Tlj. 12h-0h

Proches de la côte et de ses longues plages de sable, Pise et Lucques sont deux agréables villes universitaires à taille humaine. Avec leurs trésors gothiques, elles présentent un autre visage de la Toscane. Aventurez-vous au-delà de la fameuse tour penchée, et enfourchez un vélo pour découvrir Lucques du haut de ses remparts plantés d'arbres !

Pise, Lucques et la côte

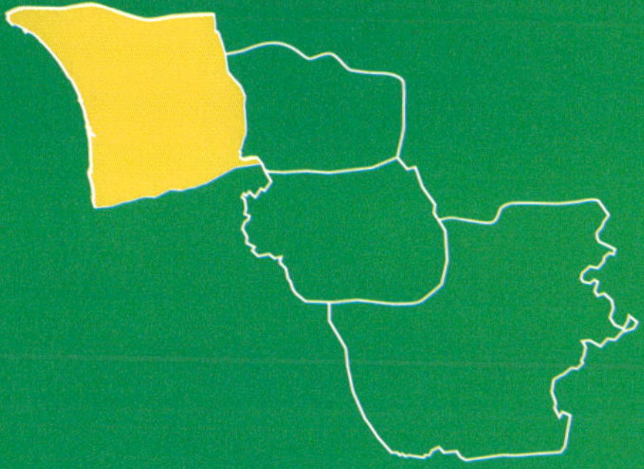

La tour de Pise

Plan 5
Massa
Marina di Massa
GROTTA D. VENTO
Fornovolasco
ALPI APUANE
CASTELNUOVO DI GARFAGNANA
CAVE DELL'ALTISSIMO
Pontestazzemese
A12
S1
Borgo a Mozzano
Pescaglia
Forte dei Marmi
PIETRASANTA
Diecimo
S12
Camaiore
Marina di Pietrasanta
RIVIERA DELLA VERSILIA
S439
CITTADELLA DEL CARNEVALE
Viareggio
SERCHIO
MUSEI CIVICI DI VILLA PAOLINA
A12
A11-12
LUCQUES
PIAZZA ANFITEATRO / SAN MICHELE IN FORO
VILLA MUSEO GIACOMO PUCCINI
LAGO DI MASSACIUCCOLI
Torre del Lago Puccini
Marina di Torre del Lago Puccini
Vicopelago
MER LIGURIENNE
A11
S12
S12
MONTE
San Giuliano Terme
PARCO NATURALE MIGLIARINO S. ROSSORE E MASSACIUCCOLI
PISE
Calci
CAMPO DEI MIRACOLI
CENTRE HISTORIQUE
CERTOSA DI PISA
ARNO
S67
SAN PIERO A GRADO
S1
Marina di Pisa
S206
A12
Tirrenia
S67b
N
LIVORNO
10 km
SGC FI-PI-LI

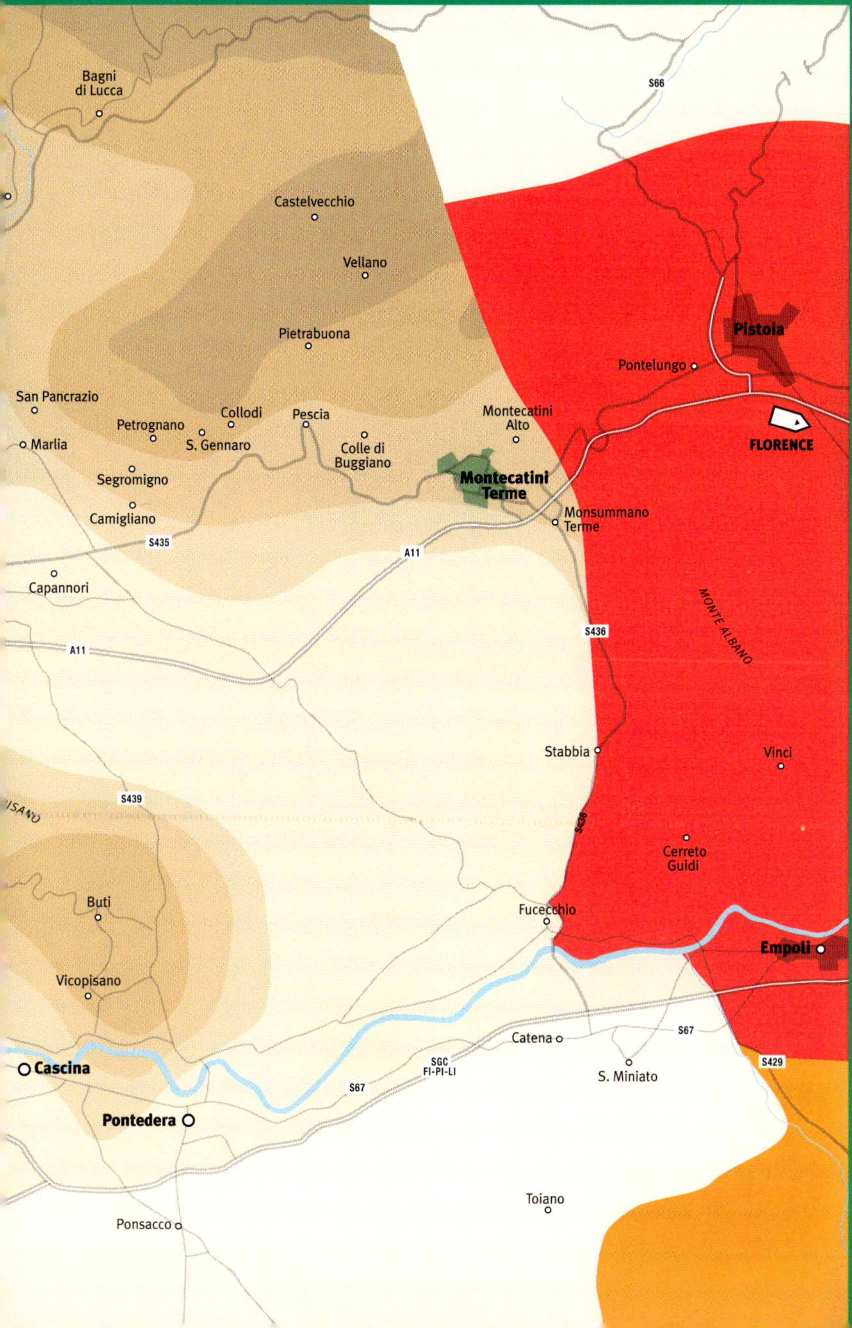
Bagni di Lucca
S66
Castelvecchio
Vellano
Pietrabuona
Pistoia
Pontelungo
San Pancrazio
Collodi
Pescia
Montecatini Alto
Petrognano
Marlia
S. Gennaro
Colle di Buggiano
FLORENCE
Segromigno
Montecatini Terme
Camigliano
Monsummano Terme
S435
A11
Capannori
MONTE ALBANO
S436
A11
Stabbia
Vinci
S439
Cerreto Guidi
Buti
Fucecchio
Empoli
Vicopisano
Catena
S67
Cascina
SGC FI-PI-LI
S. Miniato
S429
S67
Pontedera
Toiano
Ponsacco

★ LES INCONTOURNABLES

★ **LE CAMPO DEI MIRACOLI À PISE** (p.114) pour la tour penchée mais pas que...

★ **SAN MICHELE IN FORO À LUCQUES** (p.123) pour ses colonnettes sculptées.

★ **VIAREGGIO** (p.130) pour ses plages et son carnaval.

★ **LA PIAZZA ANFITEATRO À LUCQUES** (p.122) pour son charme intime.

★ **LE CENTRE HISTORIQUE DE PISE** (p.119), le long des berges de l'Arno.

NOS CONSEILS

Des suggestions pratiques et des petites astuces pour découvrir Pise, Lucques et la côte sans fausse note.

Réservez votre visite de la tour penchée

Si vous comptez gravir les quelque 55m de la tour, mieux vaut éviter d'attendre une heure auparavant. En saison, les amateurs ne manquent pas ! Rendez-vous entre 20 jours et la veille sur www.opapisa.it pour réserver vos billets et choisir votre horaire. Mais attention, n'arrivez pas en retard, vous perdriez votre tour.

✖ Interdite aux moins de 8 ans !

Ne prévoyez pas de grimper au sommet de la tour penchée avec vos enfants de moins de 8 ans, vous risqueriez d'être déçus ! Ils n'ont pas le droit de monter. Quant aux ados de moins de 18 ans, ils doivent toujours être accompagnés.

✖ Ne vous attardez pas à Pise en été

Pise est une ville étudiante, et au mois d'août… tout le monde est soit au bord de la mer, soit dans sa famille ailleurs en Italie ! L'animation nocturne notamment s'en ressent grandement.

Venez plutôt en juin

Les festivités abondent à Pise ! Il y a d'abord la Luminaria di San Ranieri le 16, une fête des lumières le long de l'Arno et sur la tour, pour honorer le saint patron de la ville. La Regata di San Ranieri, une régate entre les quatre quartiers historiques de la ville, suit le 17. Le dernier dim. du mois a lieu le Gioco del Ponte, une joute sur le Ponte di Mezzo. Et tous les quatre ans se déroule à Pise le Palio delle Antiche Repubbliche Marinare, une régate tournante d'aviron entre Amalfi, Gênes, Venise et Pise ! Prochaine édition pisane en 2021.

Emportez maillot de bain et crème solaire

La Marina n'est qu'à 30min en bus de Pise. Il serait dommage de ne pas profiter de la Méditerranée entre deux visites (p.120) !

Louez un *ombrellone*

Les plages publiques sont rares en Italie et, pour une escapade d'une journée, pourquoi ne pas procéder “à l'italienne” ? Les avantages sont nombreux : la location de transats et d'un parasol (*lettini e ombrellone*) donne accès à des cabines, des douches et, en général, à un petit bar ou à un restaurant… Il faut compter environ 20-25€ la journée.

Préparez-vous un pique-nique

Si vous avez décidé d'aller à la plage à Viareggio une petite journée, ou que vous ne voulez voir que la tour penchée à Pise, l'idéal est de prévoir un pique-nique. Car à Viareggio l'offre de snacks de qualité près de la mer

La photo s'impose !

est rare ; et, autour du Campo dei Miracoli, tout est trop touristique. Si vous logez à Florence, avant de monter dans le train, faites un tour au marché ou dans les *alimentari* (épiceries traiteurs) qui préparent minute de délicieux sandwichs !

Goûtez aux produits à la châtaigne

Lucques se trouve aux pieds des montagnes de la Garfagnana, couvertes de châtaigneraies. La gastronomie locale en garde la trace avec le *castagnaccio* – une galette moelleuse (p.129) –, certaines pâtes ou bières !

✖ Prenez le train

Autrement dit : évitez la voiture. Les centres-villes de Pise et de Lucques sont définis ZTL (zones à trafic limité), c'est-à-dire que seuls les résidents (ou vous, à condition que votre hôtel demande l'autorisation) peuvent circuler et se garer. À Viareggio, en saison, les places sont rares et il faut compter environ 2€/h près des plages.

Fouillez chez les antiquaires

Lucques accueille le deuxième plus grand marché d'antiquités en Toscane. Le 3e week-end de chaque mois, les stands envahissent le centre-ville et les ruelles autour du Dôme ! C'est l'occasion de rapporter de belles pièces vraiment *made in Italy*.

3e w.-e. du mois 9h-19h

Achetez du poisson à la criée

Tous les jours, de 7h à 11h30 et de 15h30 à 17h30, les petits pêcheurs de Viareggio vendent le fruit de leur travail le long du canal de Burlamacca. Arrivez plutôt tôt !

RENDEZ-VOUS AVEC...

Né à Pietrasanta, Filippo di Bartola concentre ses activités dans son village natal, à 35km au nord-ouest de Lucques. Il a imaginé deux restaurants et un B&B, où il aime surprendre ses convives par un menu qui change tous les soirs et une décoration décalée. En salle, Filippo n'est jamais loin. C'est là qu'il nous a vanté le charme de ses adresses préférées.

Voyage au cœur de la création

Laboratorio Bottega Versiliese

J'aime beaucoup l'ambiance magique des ateliers de sculpture, nombreux à Pietrasanta. Dans cette coopérative rattachée au musée dei Bozzetti ("des esquisses"), j'admire le sculpteur Girolamo Ciulla à l'œuvre, mais aussi d'autres artistes qui travaillent le marbre, la mosaïque, le métal (il y a une fonderie sur place !), etc.

PIETRASANTA Via Martiri di San Anna, 14 ☎ 0584 707 88 ⏲ Lun.-sam. 10h30-17h

LES MAISONS DE FILIPPO

Consultez son site filippopietrasanta.it pour suivre l'actualité de ses adresses à Pietrasanta.

Filippo MUD
Via Padre Eugenio Barsanti, 45 ☎ 0584 166 07 92 ⏲ Tlj. 12h30-14h30 et 19h30-0h

La Brigata di Filippo
Via Stagio Stagi, 22 ☎ 0584 700 10 ⏲ Mar.-dim. 12h30-14h30 et 19h30-0h

Le Camere di Filippo
Via Stagio Stagi, 18 ☎ lecameredifilippo@yahoo.it

Mon apéritif sur mer

Principe Forte dei Marmi

Pour profiter d'un *aperitivo* à Forte dei Marmi, je réserve une table sur le rooftop de l'hôtel Principe. J'aime y siroter un Martini sur fond de musique lounge en admirant la vue. La très chic station balnéaire coincée entre la côte et les montagnes offre un sublime spectacle, jusqu'aux carrières de marbre qui creusent les Alpes apuanes.

FORTE DEI MARMI Viale Ammiraglio Morin, 67 ☎ 0584 78 36 36 www.principefortedeimarmi.com ⏲ 18h-23h30 pour le 67 Sky Lounge Bar

ADRESSES

- **A** Laboratorio Bottega Versiliese
- **B** Principe Forte de Marmi
- **C** Caffè della Versiliana
- **D** Cave dell'Altissimo
- **E** Da Deme
- **F** MUD
- **G** La Brigata di Filippo
- **H** La Camere di Filippo

Atelier de sculpture sur marbre, Pietrasanta

Mon café débat

Caffè della Versiliana

Je me rends souvent dans le magnifique parc de la Versiliana, face à la mer. On y trouve le Caffè della Versiliana qui, durant l'été, devient le salon culturel le plus important d'Italie ! Tous les soirs vers 18h, écrivains, journalistes, hommes politiques ou stars de la TV participent à des débats populaires et animés.

MARINA DI PIETRASANTA Viale Enrico Morin, 16 http://versilianafestival.it/incontri-al-caffe

Mon but de balade

Cave dell'Altissimo

Impossible de passer dans la région sans visiter une carrière de marbre. Je conseille celle où le grand Michel-Ange allait se fournir, Cave dell'Altissimo, gérée aujourd'hui par la société Henraux. Quelle leçon d'humilité devant ces gigantesques blocs d'or blanc ! Tout en haut du site, la vue sur la côte est à couper le souffle.

PONTESTAZZEMESE Monte Alto, Stazzema Via di Arni (à 11km au nord-est de Pietrasanta) 584 76 12 17 www.fondazionehenraux.it Sur rdv

Ma trattoria

Da Deme

Je vais toutes les semaines, souvent avec mes parents, dans le bar-pizzeria Da Deme. C'est vraiment la trattoria italienne typique, celle qui propose des plats réconfortants comme les *tordelli* (une sorte de raviolis) ou les tripes. Je suis particulièrement fan de leur dessert Versilia, une génoise agrémentée de rhum.

PIETRASANTA Via Provinciale Vallecchia, 183 0584 75 70 11 Tlj. 12h-15h et 19h30-23h

SI PIETRASANTA ÉTAIT...

Une couleur. Ce serait le blanc pur qui rappelle le marbre et l'emporte ici sur toutes les autres teintes.

PISE

Ancienne république maritime, à l'instar de Gênes ou de Venise, Pise est surtout connue aujourd'hui pour sa tour penchée. Celle-ci mérite absolument une visite, mais n'hésitez pas à vous attarder, comme les voyageurs du 19e s., le long des berges de l'Arno et dans les ruelles du centre historique, à la découverte d'une ville étudiante fort attachante.

ACCÈS ET INFOS

- Pise se situe à 85km à l'ouest de Florence
- Liaison ferroviaire directe de Florence et de Lucques
- Trois gares desservent Pise : Pisa Aeroporto à l'aéroport, Pisa-San Rossore pour le campo dei Miracoli et Pisa Centrale en centre-ville
- Ufficio di Informazione Turistica (plan 6, A1) Piazza Duomo, 7 050 550 100 www.turismo.pisa.it Tlj. 9h30-17h30

À VOIR

CAMPO DEI MIRACOLI ★

Vous voulez savoir où vous placer pour vous faire photographier en ayant l'air de soutenir la tour de Pise ? Dirigez-vous donc vers la Porta Nuova, près du baptistère. Sur cette "place des Miracles", point névralgique de Pise, vous allez découvrir trois splendeurs architecturales de l'art roman. Au centre, le Duomo (la cathédrale) ; en face, le baptistère ; derrière la cathédrale, la célèbre tour penchée. Au nord du Duomo s'étend l'ancien Camposanto (cimetière). Le complexe a été élevé entre le 11e s. et le 13e s., pour célébrer la victoire de la flotte pisane sur les Sarrasins (1063). Il se situe, fait rarissime, en dehors du centre historique. Cela lui donne un petit air irréel encore amplifié par la présence de cohortes de touristes.

Emblème de Pise

Torre Pendente (plan 6, A1)

On a beau savoir, être averti de son inclinaison naturelle, on reste surpris en la voyant. Après l'étonnement, place à l'action. L'ascension de ce campanile devenu l'icône de la ville est excessivement chère, mais le jeu en vaut la chandelle ! Au terme de 251 marches d'un escalier intérieur en colimaçon, vous sortirez au niveau de l'ultime loggia et de là, dominerez le gazon de 55,20m d'altitude côté nord et 54,52m côté sud ! Ouvrez les yeux sur le panorama : très belle vue sur la ville et la campagne pisane, jusqu'à la mer.

Piazza del Duomo 050 83 50 11/12 www.opapisa.it Mars : tlj. 9h-19h ; avr.-mi-juin, sept. : tlj. 8h-20h ; mi-juin-août : tlj. 8h30-22h ; oct.-nov. : tlj. 9h-19h ; déc.-fév. : tlj. 9h-18h Visites toutes les 20min en groupes de 40 pers. maximum, encadrées par deux gardiens Réservez (interdit aux enfants de moins de 8 ans) 18€

Puissance pisane

Duomo (plan 6, A1)

D'une luminosité impressionnante, la façade de la cathédrale part à la conquête du ciel avec ses quatre étages de galeries à arcades et fines colonnettes. Elle est

À NE PAS MANQUER

- Torre Pendente
- Duomo
- Battistero
- Piazza dei Cavalieri
- Santa Maria della Spina

Sur le campo dei Miracoli

DRÔLE D'AFFAIRE
Mais pourquoi la tour penche-t-elle donc ? C'est dû à la nature instable du terrain sur lequel elle est bâtie. Le chantier, commencé en 1173, est arrêté en 1178 car l'ensemble gîte vers le sud. Repris en 1273, les travaux renforcent les fondations, mais l'inclinaison persiste et s'accentue... Entre 1990 et 2001, de lourdes interventions ont permis de la stabiliser.

parée de figures en marbre polychrome typiques du style romano-pisan, et est surmontée d'une *Vierge à l'Enfant*. La construction de l'édifice, permise grâce au butin rapporté de la prise de la Sicile (1064), matérialise la domination de Pise sur la Méditerranée orientale qu'elle se partage avec Gênes entre le 11e et le 13e s. À l'intérieur, les cinq nefs sont comme envahies par une forêt de colonnes à chapiteaux corinthiens. Ne manquez pas la chaire (1311) au style exubérant. Elle narre douze scènes du Nouveau Testament, où fourmillent des personnages expressifs. Au bout du transept droit, la chapelle San Ranieri abrite une urne contenant les restes du saint patron de la cité. Dans l'abside scintille une mosaïque (début du 14e s.) de tradition byzantine, figurant un Christ en majesté. Enfin, découvrez, sur le pilier à droite du chœur, une élégante sainte Agnès aux délicats drapés d'Andrea del Sarto.

Piazza del Duomo ⏲ Mars, oct.-déc. : tlj. 10h-19h ; avr.-sept. : tlj. 10h-20h ; jan.-fév. : tlj. 10h-18h € Entrée libre, mais il faut retirer à la caisse un ticket valable pour 2 pers. max. puis attendre patiemment son tour pour entrer

Les maîtres de la sculpture pisane

Battistero (plan 6, A1)

De grande envergure, le baptistère de Pise surprend à plus d'un titre. Sa base, percées de quatre portes aux points cardinaux, est circulaire, romane, alors

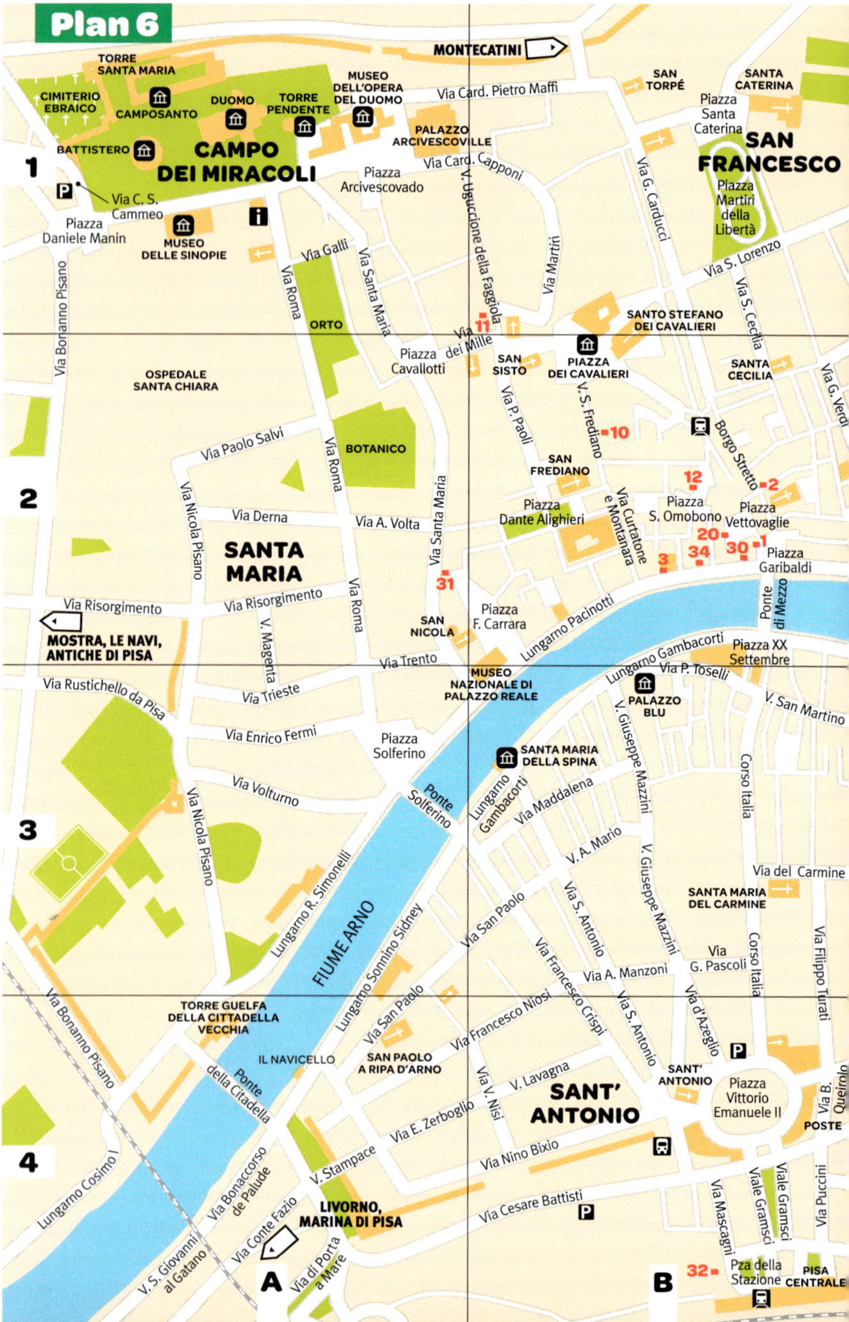
Plan 6
MONTECATINI
TORRE SANTA MARIA
CIMITERIO EBRAICO
CAMPOSANTO
DUOMO
TORRE PENDENTE
MUSEO DELL'OPERA DEL DUOMO
BATTISTERO
CAMPO DEI MIRACOLI
PALAZZO ARCIVESCOVILLE
Via Card. Pietro Maffi
Via Card. Capponi
Piazza Arcivescovado
Via C. S. Cammeo
Piazza Daniele Manin
MUSEO DELLE SINOPIE
Via Galli
Via Roma
Via Santa Maria
V. Uguccione della Faggiola
Via Martiri
SAN TORPÈ
SANTA CATERINA
Piazza Santa Caterina
SAN FRANCESCO
Piazza Martiri della Libertà
Via G. Carducci
Via S. Lorenzo
Via S. Cecilia
SANTO STEFANO DEI CAVALIERI
Via Bonanno Pisano
ORTO
Via dei Mille
Piazza Cavallotti
SAN SISTO
PIAZZA DEI CAVALIERI
SANTA CECILIA
Via G. Verdi
OSPEDALE SANTA CHIARA
V. S. Frediano
Via P. Paoli
Borgo Stretto
Via Paolo Salvi
BOTANICO
SAN FREDIANO
Via Nicola Pisano
Via Derna
Via A. Volta
Piazza Dante Alighieri
Via Curtatone e Montanara
Piazza S. Omobono
Piazza Vettovaglie
Piazza Garibaldi
SANTA MARIA
Via Risorgimento
V. Magenta
Piazza F. Carrara
SAN NICOLA
Lungarno Pacinotti
Ponte di Mezzo
MOSTRA, LE NAVI, ANTICHE DI PISA
Via Trento
MUSEO NAZIONALE DI PALAZZO REALE
Lungarno Gambacorti
Via P. Toselli
Piazza XX Settembre
Via Rustichello da Pisa
Via Trieste
PALAZZO BLU
V. San Martino
Via Enrico Fermi
Piazza Solferino
SANTA MARIA DELLA SPINA
V. Giuseppe Mazzini
Corso Italia
Via Volturno
Ponte Solferino
Lungarno Gambacorti
Via Maddalena
V. A. Mario
Via del Carmine
SANTA MARIA DEL CARMINE
Lungarno R. Simonelli
FIUME ARNO
Via San Paolo
Via S. Antonio
Via Francesco Crispi
Via G. Pascoli
Via Filippo Turati
Lungarno Sonnino Sidney
Via A. Manzoni
Via d'Azeglio
TORRE GUELFA DELLA CITTADELLA VECCHIA
IL NAVICELLO
SAN PAOLO A RIPA D'ARNO
Via Francesco Niosi
Ponte della Citadella
Via V. Nisi
V. Lavagna
SANT' ANTONIO
Piazza Vittorio Emanuele II
Via B. Queirolo
POSTE
Via E. Zerboglio
V. Stampace
Via Nino Bixio
Lungarno Cosimo I
Via Bonaccorso de Palude
LIVORNO, MARINA DI PISA
Via Cesare Battisti
Via Mascagni
Viale Gramsci
Via Puccini
Via Conte Fazio
V. S. Giovanni al Gatano
Via di Porta a Mare
Pza della Stazione
PISA CENTRALE
1
2
3
4
A
B
1
2
3
10
11
12
20
30
31
32
34

Pauses (n°1 à 3)
- *3* Caffè dell'Ussero - *p.120* B2
- *1* La Bottega del Gelato - *p.120* B2
- *2* Pasticceria Caffè Ristorante Federico Salza - *p.120* B2

Restaurants (n°10 à 12)
- *10* Osteria dei Cavalieri - *p.121* .. B2
- *11* Trattoria della Faggiola - *p.121* B1
- *12* Trattoria Sant'Omobono (La Cantinetta) - *p.121* B2

Sortie (n°20)
- *20* Deviribè - *p.121* B2

Hébergements (n°30 à 34)
- *30* B&B Le Donzelle - *p.228* B2
- *31* Hotel Galileo - *p.229* A2
- *32* Hotel Milano - *p.229* B4
- *33* Hotel Minerva - *p.229* C3
- *34* Royal Victoria Hotel - *p.229* .. B2

que la partie supérieure est purement gothique, avec une galerie aux pinacles richement décorés ! Cette hétérogénéité s'explique par le temps qu'a pris la construction. Commencée en 1152, elle fut interrompue, pendant plus d'un siècle avant d'être reprise par Nicola Pisano, puis par son fils Giovanni, architectes-sculpteurs majeurs de Pise. Son dôme, achevé à la fin du 14e s., est rehaussé en pointe, et coiffé d'une statue en bronze de saint Jean-Baptiste (15e s.), à qui l'édifice est dédié.

Piazza del Duomo ◷ Mars, oct.-nov. : tlj. 9h-19h ; avr.-sept. : tlj. 8h-20h ; déc.-fév. : tlj. 9h-18h
€ 5€ (billet combiné deux monuments 7€, trois monuments 8€)

SUR LES TRACES DE...

Galilée (1564-1642) est omniprésent sur le campo dei Miracoli ! C'est de la tour penchée qu'il aurait expérimenté sa théorie sur la chute des corps. Et la nef du Duomo renferme une copie de la lampe qui lui aurait permis, en en suivant les oscillations, de découvrir les lois régissant le mouvement des pendules (l'original est au Camposanto, chapelle Aulla).

Pour la postérité

Museo dell'Opera del Duomo (plan 6, A1)

Derrière la tour, à l'angle qui ferme la place des Miracles, un austère bâtiment recèle de véritables trésors. Cet ancien palais des chanoines, séminaire archiépiscopal, Académie des beaux-arts et couvent capucin, conserve des chefs-d'œuvre de la sculpture pisane dus à Fra Guglielmo, Giovanni et Nicola Pisano, Tino di Camaino, Nino Pisano, Andrea Guardi et Matteo Civitali. Très émouvante série de statues rongées par le temps de Giovanni Pisano. À voir aussi, deux *Christ en croix* en bois polychrome (dont un Christ hirsute vraiment très expressif) et une *Madone à l'Enfant entre plusieurs saints* (1470) de Benozzo Gozzoli.

Piazza del Duomo ◷ Fermé, travaux de restructuration en cours

Exquises esquisses

Museo delle Sinopie (plan 6, A1)

Un conseil : visitez ce musée avant de vous rendre au Camposanto (cimetière). Vous y verrez les vestiges des *sinopie*, les dessins préparatoires des fresques qui le décorent. Ces croquis vifs et spontanés révèlent les dons de dessinateur des maîtres, qui les réalisaient eux-mêmes, contrairement aux fresques. Arrêtez-vous devant celles du *Triomphe de la Mort* d'un artiste inconnu. Il se dégage de ces dessins d'une grande finesse, réalisés quelques années après la terrible peste noire de 1348, une remarquable puissance émotionnelle et dramatique. Observez les détails : dans un coin, deux anges semblent désigner à la Mort deux jeunes insouciants s'adonnant à la musique ; dans les cieux, un ange dispute un mort à un démon. Admirables aussi, mais moins bien conservées, une *Ascension* et une *Vie des anachorètes en Thébaïde*, du même auteur.

Piazza del Duomo ◷ Mars, oct.-nov. : tlj. 9h-19h ; avr.-sept. : tlj. 8h-20h ; déc.-fév. : tlj. 9h-18h
€ 5€ (billet combiné deux monuments 7€, trois monuments 8€)

Terre promise

Camposanto (plan 6, A1)

Est-ce un cloître ? Non, un cimetière monumental aux traits gothiques. Il est construit en 1278 afin d'accueillir les dépouilles d'illustres citoyens pisans. La terre de ce "champ consacré", rapportée de Terre sainte par les croisés, proviendrait du mont Golgotha ! Ne manquez pas les sarcophages romains réutilisés au Moyen Âge pour servir de sépultures aux nobles pisans ni la salle des fresques et son impressionnant *Triomphe de la Mort* (14e s.)

Piazza del Duomo ⏲ Mars, oct.-nov. : tlj. 9h-19h ; avr.-mi-juin, sept. : tlj. 8h-20h ; mi-juin-août : tlj. 8h-22h ; déc.-fév. : tlj. 9h-18h € 5€ (billet combiné deux monuments 7€, trois monuments 8€)

CENTRE HISTORIQUE ★

Pise s'est développée autour d'un méandre de l'Arno, le long duquel s'égrènent de magnifiques palais à l'alignement parfait. Vous sentirez battre le pouls de cette ville étudiante entre la Piazza dei Cavalieri et la Piazza delle Vettovaglie.

Vie étudiante

Piazza dei Cavalieri 👍 (plan 6, B2)

La place des Chevaliers, épicentre du quartier estudiantin où trône l'École normale supérieure, est un héritage de Napoléon (si vous avez lu Elena Ferrante, c'est ici que l'héroïne poursuit ses études !). Cet ancien hôtel de ville, attribué à Nicola Pisano, est doté au 16e s. de sa façade incurvée, décorée de *graffiti* et d'une série de bustes des grands-ducs médicéens. Cosme Ier charge également Giorgio Vasari de remanier la place. Il veut y accueillir l'ordre des chevaliers de Saint-Étienne (1561) qu'il vient de fonder, à l'imitation de l'ordre des chevaliers de Malte, pour défendre en Méditerranée la chrétienté des incursions turques. Sa statue de marbre (1596) est érigée en son centre.

Santa Maria della Spina

Sainte épine

Santa Maria della Spina 👍 (plan 6, B3)

Vous remarquerez certainement cette façade tout en dentelle de marbre sur les quais de l'Arno. À la suite d'infiltrations d'eau la menaçant, l'église Santa Maria al Ponte Novo (1230), véritable perle gothique, est démontée pierre par pierre et rebâtie ici, seule exception au bel alignement de palais. Cette sollicitude est certainement due à l'importante relique qu'elle protégeait depuis 1333 :

une épine de la couronne de Jésus (conservée aujourd'hui dans l'église Santa Chiara, via Roma), qui lui valut son nouveau nom de Sainte-Marie-de-l'Épine. Déconsacrée, elle n'est ouverte que lors d'expositions temporaires.

Lungarno Gambacorti ☎ 050 550 100 ⏲ Ouverture variable en fonction des expositions

Tout bleu !

Palazzo Blu (plan 6, B3)

La façade de ce musée se reconnaît aisément, tant ce bleu tranche sur le liseré de la berge, aux palais blancs ou ocre ! D'origine médiévale, le palais est dû aux Del Testa, famille de commerçants et de notaires du 16e s., et au comte Giuli, gentilhomme du 19e s. La collection permanente est constituée de peintures, de sculptures et de dessins d'artistes essentiellement toscans, du 14e au 20e s. Également des expositions temporaires dans les somptueux décors intérieurs.

Lungarno Gambacorti, 9 ☎ 0502 20 46 50 www.palazzoblu.it ⏲ Mar.-ven. 10h-19h, sam.-dim. 10h-20h € 3€ (12€ lors des expositions)

À FAIRE

Allez à la plage !

En 30min de car (CPT, gare centrale de Pise), vous rejoindrez les grandes plages de sable ou de galets de Marina di Pisa, là où les Pisans se rendent le week-end pour profiter de la grande bleue. Pour celles de Tirrenia, comptez 45min.

☎ 199 120 150 (renseignements) www.pisa.cttnord.it

NOS ADRESSES

PAUSES

Le choix des Pisans

La Bottega del Gelato ♥

Du matin jusqu'au soir, un défilé incessant de becs sucrés vient s'approvisionner là en boules glacées et parfumées, à déguster dans la rue.

(plan 6, B2 n°1) Piazza Garibaldi, 11 ⏲ Nov.-fév. : tlj. 11h-20h ; mars-oct. : tlj. 11h-1h

Péché mignon

Pasticceria Caffè Ristorante Federico Salza

Un glacier-pâtissier à la déco années quarante, référence des gourmands depuis 1898 ! Douceurs à consommer sur place, en terrasse, voire à rapporter dans ses bagages.

(plan 6, B2 n°2) Borgo Stretto, 46 ☎ 050 58 01 44 ⏲ Tlj. 8h-20h

Le café historique de Pise

Caffè dell'Ussero

Vous vous attarderez volontiers, comme autrefois les grandes figures du Risorgimento, sur de moelleuses banquettes de velours rouge ou dans la tranquille salle du fond aux murs tapissés de souvenirs.

(plan 6, B2 n°3) Lungarno Pacinotti, 27 ⏲ Dim.-ven. 7h-21h Fermé 15 j. en août

RESTAURANTS

Authentique régal

Trattoria Sant'Omobono (La Cantinetta) €

Sur la piazza Sant'Omobono (où se tient un marché quotidien), une trattoria populaire, qui connaît ses classiques. Anchois marinés ou *prosciutto* et melon en entrée, risotto à l'encre de seiche et au poulpe, petits gnocchis à la viande, *baccalà* aux poireaux… *Primi* 7-9€, *secondi* 9-12€.

(plan 6, B2 n°12) Piazza Sant'Omobono, 6-7 050 54 08 47 Lun.-sam. 12h30-14h30 et 19h30-22h, dim. 12h30-14h30

Entre le centre et la tour

Trattoria della Faggiola €

Dans une salle rustique aux murs de brique, dégustez des plats simples, traditionnels – à des prix honnêtes pour un restaurant si central. Agréable petite terrasse. Le menu change sans cesse… Ce jour-là : spaghettis aux fruits de mer, espadon revenu aux tomates et aux olives. *Primi* 7,50-10€, *secondi* 10-13€.

(plan 6, B1 n°11) Via della Faggiola Uguccione, 1 050 55 61 79 Début fév.-déc. : mer.-lun. 12h-15h et 19h-20h30

Chez les chevaliers

Osteria dei Cavalieri €€

Dans une salle fraîche aux hautes voûtes Renaissance, vous pourrez opter pour des plats à la carte ou du jour, avec, en antipasti, de petites boules de pain frites accompagnées de jambon, et, en *primo*, une soupe de *cozze e vongole* (moules et palourdes) ou des *tagliolini con cannolicchi* (pâtes aux couteaux de mer). *Primi* 8-10€, *secondi* 10-18€.

(plan 6, B2 n°10) Via San Frediano, 16 050 58 08 58 www.osteriacavalieri.pisa.it Lun.-ven. 12h30-14h et 19h45-22h, sam. 19h45-22h

Risotto à l'encre de seiche

SORTIES

Apéro animé

Deviribè

L'endroit préféré de la jeunesse à l'heure de l'apéritif. Une des raisons de ce succès : la présence, sur le comptoir, d'assiettes remplies de tapas que l'on vient rafler pour les savourer en terrasse.

(plan 6, B2 n°20) Piazza delle Vettovaglie, 6 392 967 6640 Dim.-jeu. 18h30-1h, ven.-sam. 18h30-2h

LUCQUES

Lucques est sans doute l'une des plus méconnues, des plus belles et des plus attachantes villes de Toscane. Un petit bijou médiéval entouré d'une ceinture de remparts en briques rouges que vous pourrez visiter à pied ou, mieux encore, à vélo.

ACCÈS ET INFOS

- Lucques se situe à 20km au nord-est de Pise et à 80km à l'ouest de Florence
- Liaisons ferroviaires directes de Florence, de Pise et de son aéroport
- Punto Informazione Turistica (plan 7, A2) Piazzale Verdi Avr.-oct. : tlj. 9h-19h ; nov.-mars : tlj. 9h-17h

À VOIR

L'essor économique de Lucques remonte au 12e s., quand elle s'érige en commune libre, et développe la fabrication et le commerce de la soie ainsi que ses activités bancaires. Elle profite aussi de sa position sur la via Francigena qui menait les pèlerins à Rome. Elle connaît son âge d'or aux 14e et 15e s., mais la décadence s'amorce ensuite, ce qui permet aujourd'hui d'admirer sa physionomie restée très médiévale, enserrée et protégée par ses puissantes murailles.

Entre-soi

Piazza dell'Anfiteatro ★ (plan 7, C2)

Le clou du voyage est une petite place toute close, de forme elliptique. Elle se trouve à l'emplacement d'un amphithéâtre romain du 2e s. Au Moyen Âge, les habitants élèvent leurs maisons contre les murs en ruine, en suivant la silhouette de l'arène. Une bonne partie des pierres de marbre est aussi récupérée pour servir à l'édification des églises de Lucques. La place actuelle, percée de quatre entrées, date de 1830. Vous la découvrirez animée de terrasses de cafés et d'habitants qui ne craignent pas les huis clos !

Dentelles de marbre

Duomo di San Martino (plan 7, B3)

Quelle façade éblouissante, avec ses trois étages de fines colonnettes ! La cathédrale, aménagée en 1204 dans un style romano-pisan, est flanquée d'un original campanile bicolore. À l'extérieur, approchez-vous des beaux reliefs sculptés romans narrant l'histoire de saint Martin, les travaux des mois, la décapitation de saint Régulus, et, sur le portail de gauche, regardez l'émouvante *Déposition* (1260 env.) attribuée à Nicola Pisano. L'intérieur est de style gothique, il a été modifié aux 14e et 15e s. Au-dessus du troisième autel à droite, l'immanquable *Cène* (1594) du Tintoret arbore la même composition que celle de la basilique San Giorgio Maggiore à Venise.

Piazza San Martino 0583 95 70 68 Fin mars-début nov. : lun.-ven. 9h30-18h, sam. 9h30-18h45, dim. 12h-18h ; début nov.-fin mars : lun.-ven. 9h30-17h, sam. 9h30-18h45, dim. 11h30-17h 3€

À NE PAS MANQUER

- Piazza dell'Anfiteatro
- Duomo di San Martino
- San Michele in Foro

Piazza San Michele

Sacristie

Ilaria del Carretto, la jeune épouse du seigneur de Lucques Paolo Guinigi, repose pour toujours dans la fleur de ses 26 ans. Ce gisant en marbre, réalisé au 15e s. par le Siennois Jacopo della Quercia, demeure l'un des chefs-d'œuvre de la sculpture funéraire italienne. La défunte est représentée allongée, revêtue d'une longue robe au drapé délicat, ses pieds appuyés sur un chien, symbole de fidélité. Juste en face, superbe *Vierge à l'Enfant*, entourée des saints Pierre, Clément, Sébastien et Paul, par Ghirlandaio.

IL ÉTAIT UNE FOIS

Le trésor de la cathédrale réside dans le *Tempietto del Volto Santo*, une construction en marbre de style Renaissance (1484). Il abrite un grand crucifix en bois, dit aussi *Il Volto Santo* (la sainte Face), qui aurait été sculpté par Nicomède, disciple de Jésus, après la mise au tombeau. Le 13 septembre, une immense procession lui rend hommage.

La plus belle de toutes

San Michele in Foro ★ (plan 7, B2)

Plus éclatante que la cathédrale, l'église dédiée à saint Michel est plantée au cœur de la cité, sur l'ancien forum romain. Dans ce cadre parfait, vous pourrez admirer l'élégante façade romane (13e s.) et ses cinq étages de colonnes d'une fabuleuse légèreté. La statue qui la coiffe est celle de l'archange saint Michel entouré de deux anges claironnant sa victoire sur le dragon. En entrant, ne manquez pas, sur le premier autel à droite, la *Vierge à l'Enfant*, terre cuite blanche d'Andrea della Robbia. Remarquez aussi la peinture de Filippino Lippi, *Saints Roch, Sébastien et Jérôme avec sainte Hélène*. Enfin, les amateurs de curiosités iront jeter un coup d'œil aux *graffiti* médiévaux gravés sur les

Pauses (n°1 à 3)

1 Gelateria Santini - *p.128*...... B2
2 Il Barino - *p.128*................ B2
3 Taddeucci - *p.128*............ B2

Restaurants (n°10 à 13)

10 Buca di Sant'Antonio - *p.129*.......... B2
11 Gli Orti di Via Elisa - *p.128*.... C3
13 L'Imbuto - *p.126* C2
12 Vecchia Trattoria Buralli - *p.128*.................. B1

Shopping (n°20 et 21)

20 La Cacioteca - *p.129*...........C1
21 La Grotta - *p.129*..............C1

Hébergements (n°30 à 37)

30 Al Tuscany Antica Residenza - *p.230* B2
31 Albergo San Martino - *p.230*. B3
32 La Bohème - *p.230*........... B2
33 La Colonna - *p.229* C2
34 La Gemma di Elena - *p.229*...C1
35 Ostello San Frediano - *p.229* .C1
36 Palazzo Dipinto - *p.230* B2
37 Piccolo Hotel Puccini - *p.230* B2

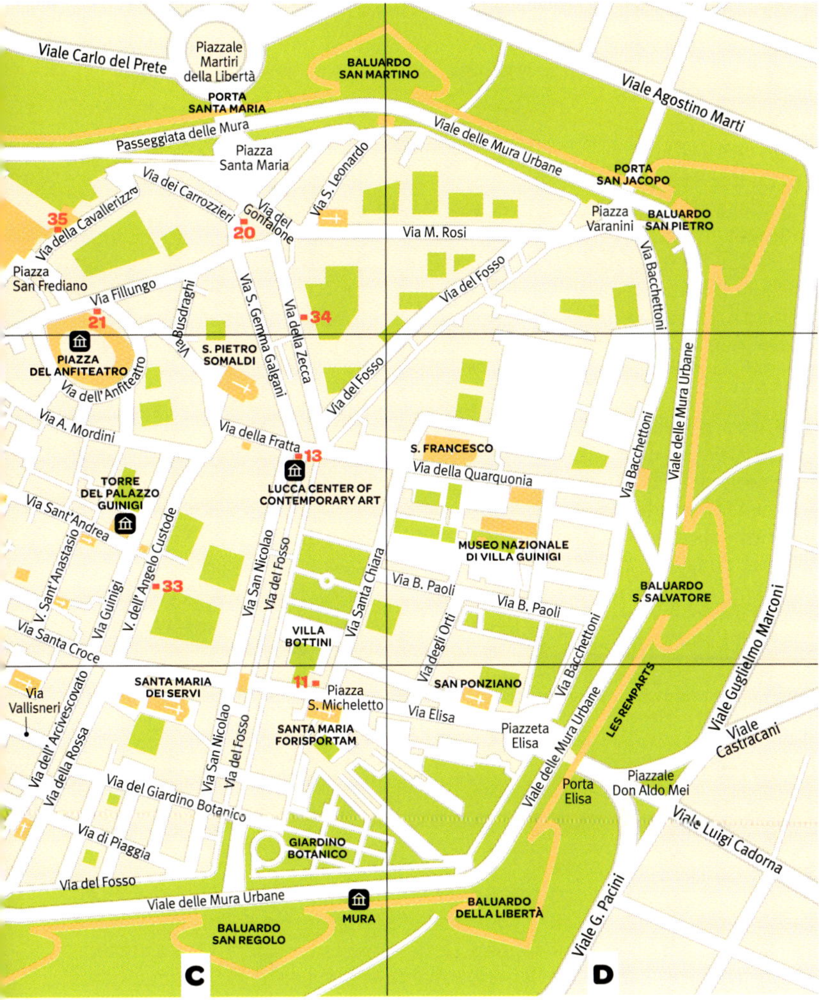
Viale Carlo del Prete
Piazzale Martiri della Libertà
PORTA SANTA MARIA
BALUARDO SAN MARTINO
Viale Agostino Marti
Passeggiata delle Mura
Piazza Santa Maria
Viale delle Mura Urbane
PORTA SAN JACOPO
Via dei Carrozzieri
Via S. Leonardo
Via del Gonfalone
Via della Cavallerizza
35
20
Via M. Rosi
Piazza Varanini
BALUARDO SAN PIETRO
Piazza San Frediano
Via Fillungo
Via Busdraghi
Via S. Gemma Galgani
Via della Zecca
34
Via del Fosso
Via Bacchettoni
21
PIAZZA DEL ANFITEATRO
S. PIETRO SOMALDI
Via dell'Anfiteatro
Via A. Mordini
Via della Fratta
13
S. FRANCESCO
Via della Quarquonia
TORRE DEL PALAZZO GUINIGI
LUCCA CENTER OF CONTEMPORARY ART
Via Sant'Andrea
V. dell' Angelo Custode
Via San Nicolao
Via Santa Chiara
MUSEO NAZIONALE DI VILLA GUINIGI
V. Sant'Anastasio
Via Guinigi
33
Via B. Paoli
BALUARDO S. SALVATORE
Via Santa Croce
VILLA BOTTINI
Via degli Orti
Viale Guglielmo Marconi
11
Piazza S. Micheletto
SAN PONZIANO
LES REMPARTS
Via Vallisneri
SANTA MARIA DEI SERVI
Via Elisa
Piazzeta Elisa
Viale Castracani
Via dell' Arcivescovato
Via della Rossa
SANTA MARIA FORISPORTAM
Porta Elisa
Piazzale Don Aldo Mei
Via del Giardino Botanico
Viale Luigi Cadorna
Via di Piaggia
GIARDINO BOTANICO
Via del Fosso
Viale delle Mura Urbane
MURA
BALUARDO DELLA LIBERTÀ
Viale G. Pacini
BALUARDO SAN REGOLO
C
D

colonnes séparant la nef du collatéral gauche (un soldat, des chimères, un griffon, un éléphant et un poisson).

Piazza San Michele 0583 58 31 50 Avr.-oct. : lun.-sam. 8h-12h et 15h-18h ; nov.-mars : lun.-sam. 8h30-10h et 15h-17h

Tour chevelue

Torre del Palazzo Guinigi (plan 7, C2)

Une tour presque saugrenue, avec son chapeau de verdure ! Sept chênes verts poussent en son sommet, à 44,25m d'altitude. Les plus curieux pourront monter les 230 marches de cette *torre*, qui flanque le palais de la famille Guinigi. Allez-y tôt le matin ou en début d'après-midi, pour éviter l'embouteillage de visiteurs. Splendide vue sur Lucques et sa couronne d'arbres et de remparts.

Via Sant'Andrea, 14 0583 48 090 Mars, oct. : tlj. 9h30-17h30 ; avr.-mai : tlj. 9h30-18h30 ; juin-sept. : tlj. 9h30-19h30 ; nov.-fév. : tlj. 9h30-16h30 4€

Thématiques à suivre

Lucca Center of Contemporary Art (plan 7, C2)

Une petite ville de province, mais qui ne recule pas devant l'ouverture d'un musée d'art contemporain ! Les expositions temporaires organisées dans les sous-sols médiévaux et dans les étages nobles du palais (16e s.) peuvent s'avérer audacieuses (Fontana, Castellani ont déjà été programmés) ou plus grand public (Warhol, Magnum, Cartier-Bresson). Notez qu'un restaurant design, L'Imbuto, propose des plats gastronomiques inventifs, accompagnés de vins biodynamiques.

Via della Fratta, 36 0583 49 21 80 www.luccamuseum.com Mar.-dim. 10h-19h (billetterie 1h avant) 9€ L'Imbuto (plan 7, C2 n°13) Via della Fratta, 36 340 57 58 092 www.limbuto.it Mar.-dim. midi et soir

À FAIRE

Parcourez les remparts

Accordez-vous une promenade sur les remparts (1544-1645), aménagés en jardin public depuis le tout début du 19e s. Un tour de 4,2km de verdure, croisant six portes et dix bastions. Cette virée ombragée à 12m d'altitude constitue une merveilleuse flânerie urbaine et ménage de magnifiques vues sur la cité. Vous pouvez même la faire à vélo !

Louez un vélo

Faites comme les Lucquois et sillonnez la ville en long et en large du haut de votre selle !

Cicli Bizzarri (plan 7, C1) Piazza Santa Maria, 32 0583 49 66 82 www.ciclibizzarri.net Tlj. 8h30-19h30 Fermé dim. hors saison et parfois en jan. Tarifs 3€/h, 15€/j.
Cicli Poli (plan 7, C1) Piazza Santa Maria, 42 0583 49 37 87 www.biciclettepoli.com Tlj. 8h30-20h (19h30 hors saison) Tarifs 3€/h, 15€/j.

RIVALITÉS TOSCANES

Florentins, Pisans, Lucquois, Livournais et Siennois se doivent de se détester cordialement. Et attention à ne pas les mettre dans le même sac, au risque de vous faire des ennemis ! Goethe déjà remarquait lors de son voyage en Italie à quel point l'esprit de clocher était développé en Toscane. Nul ne sait précisément à quand remontent ces haines, mais quelques explications sont avancées, liées à leur passé de communes libres au 12e s. Les Pisans dénigrent Livourne parce que les Médicis la choisirent comme port au détriment de Pise. Florence et Sienne se regardent en chiens de faïence depuis 1260 et la bataille de Montaperti entre guelfes et gibelins ! Il est difficile de comprendre s'il s'agit de rivalités réelles ou d'un humour inaccessible aux non-initiés, mais les dictons et lieux communs regorgent de ces inimitiés campanilistes, qui trouvent évidemment aujourd'hui leur plus vive expression dans les stades de foot !

La Bataille de San Romano **qui oppose Florentins et Siennois en 1432, par Uccello**

NOS ADRESSES

PAUSES

Vitrine à l'ancienne
Taddeucci

On vient ici depuis 1881 pour goûter aux fameux *buccellati* (4,50€/300g), de délicieux pains en forme de couronne parfumés à l'anis et fourrés de raisins secs, confectionnés sans œufs ni beurre. La maison prépare également d'excellentes tourtes aux légumes sucrées-salées, autre spécialité gourmande de Lucques.

(plan 7, B2 n°3) Piazza San Michele, 34 0583 49 49 33 www.buccellatotaddeucci.com Tlj. 8h-20h

Glacier depuis 1916
Gelateria Santini

Un grand choix de parfums, dont le chocolat, divin, à déguster dans la rue ou en terrasse, sous l'œil envieux de la statue en bronze de Puccini.

(plan 7, B2 n°1) Piazza Cittadella, 1 0583 55 295 Été : tlj. 9h-0h ; hiver : mar.-dim. 9h-21h

Taddeucci

Le petit bar
Il Barino

"Le" rendez-vous de la jeunesse locale. La musique résonne sur toute la place tandis que la foule déborde dans la rue, un verre de *Peschino* (liqueur maison à la pêche) dans une main, une petite assiette remplie à ras bord dans l'autre.

(plan 7, B2 n°2) Piazza San Michele, 17 0583 49 41 27 Lun.-jeu. 6h30-1h30, ven.-sam. 6h30-2h (hors saison, fermeture à minuit en semaine)

RESTAURANTS

Cuisine familiale
Vecchia Trattoria Buralli €

Venez profiter d'un attrayant menu au déjeuner (15€), comprenant *antipasti*, plat et dessert (notamment un original tiramisù aux fraises) ou café. Une longue terrasse borde le restaurant côté rue. Cuisine plus élaborée le soir. Menu 20€.

(plan 7, B1 n°12) Piazza Sant'Agostino, 10 0583 95 06 11 www.vecchiatrattoriaburalli.it Jeu.-mar. 12h-14h30 et 19h-23h Fermé fin jan.-début fév.

La Toscane à table
Gli Orti di Via Elisa ♥€

Ce délicieux bistrot aux allures Art déco vous régalera d'une polenta aux cèpes (quand la saison s'y prête) et d'un jarret rôti aux herbes. Également d'énormes pizzas (7-12€), de copieuses salades et une excellente *panna cotta*. Plat 8-14€.

(plan 7, C3 n°11) Via Elisa, 17 0583 49 12 41 www.ristorantegliorti.it Lun.-mar. et jeu.-sam. 12h-15h et 19h-23h, dim. 19h-23h

L'institution

Buca di Sant'Antonio €€

Un établissement qui remonte à 1782 ! On vous y accueille au rez-de-chaussée ou dans des caves voûtées et chaulées décorées d'anciens ustensiles. La cuisine est une affaire sérieuse : goûtez aux pâtes maison à la truffe ou au jus de lapin, et régalez-vous, en dessert, d'un délicieux fruit caramélisé au four accompagné de glace à la crème. Réservez impérativement ven. et sam. soir. Plats 16€.

(plan 7, B2 n°10) Via della Cervia, 3 0583 558 81 www.bucadisantantonio.it Mar.-sam. 12h30-15h30 et 19h30-22h30, dim. 12h30-15h

SHOPPING

Pour remplir sa valise

La Grotta ♥

L'adresse des gastronomes et des gourmands : *buccellato*, charcuteries, fromages de la Garfagnana voisine, huile d'olive des collines lucquoises, *ricotta* de brebis, pâtes à la farine de châtaigne, bières de châtaigne ou d'épeautre. Une réputation assise depuis 150 ans. Et aussi un restaurant sur place avec terrasse.

(plan 7, C1 n°21) Via Anfiteatro, 2 0583 46 75 95 www.pizzicherialagrotta.it Mer.-lun. 8h-19h

Maîtres fromagers

La Cacioteca

Lucques peut se vanter d'être une ville de bons vivants ! La cité compte même une fromagerie où sont affinés depuis 50 ans des fromages, confectionnés avec le lait des brebis des montagnes de la Garfagnana, ou de toute l'Italie : *caciocavallo* des Pouilles, *pecorino di fossa*. Également quelques charcuteries.

(plan 7, C1 n°20) Via Fillungo, 242 0583 49 63 46 Lun.-sam. 7h30-13h et 15h30-19h30

LA RECETTE

CASTAGNACCIO

Des montagnes de la Garfagnana voisine viennent des châtaignes dont on tire une farine avec laquelle confectionner de délicieuses recettes, comme cette galette moelleuse, le castagnaccio.

Pour 6 pers.

300g de farine de châtaigne
40g de pignons
50g de raisins secs lavés et mis à tremper
Romarin
Sel
Huile d'olive
Eau

Tamisez la farine dans un saladier. Incorporez lentement 0,5l d'eau en fouettant à la main. La pâte doit être assez liquide et sans grumeau. Ajoutez deux cuillères à soupe d'huile d'olive, une pincée de sel et les raisins secs. Versez dans un moule de 30cm de diamètre légèrement enduit d'huile d'olive. Saupoudrez avec les pignons, le romarin effeuillé et arrosez d'un filet d'huile d'olive. Enfournez à four chaud (180°) pendant environ 35 minutes. Servez tiède, coupé en losanges. À déguster en dessert, avec du fromage ou en en-cas.

VIAREGGIO ET LA VERSILIA

La concentration de bâtiments de style Liberty et Art déco témoigne du passé mondain de Viareggio, assidûment fréquentée au début du 20e s. par Rilke, Mann, D'Annunzio... Elle est aujourd'hui une station balnéaire courue, au cœur de la Versilia, cette étroite bande de terre entre Alpes apuanes et Méditerranée où s'égrènent les établissements balnéaires.

ACCÈS ET INFOS

- Viareggio se situe à 25km à l'ouest de Lucques, à 25km au nord de Pise
- Liaison ferroviaire directe de Florence et de Pise
- Attention, les parkings sont chers, éviter de venir en voiture en saison
- Ufficio Informazioni Turistiche Viale Carducci, 10 Lun. et ven.-sam. 9h-13h, mar. et jeu. 9h-13h et 15h-18h

À VOIR

VIAREGGIO ★

Venez passer une journée à flâner, déguster une glace et, évidemment, vous rendre à la plage, un spectacle en soi en Italie. Mais surtout, sur le coup de 18h, sacrifiez au rituel de la *passeggiata*, une promenade qui se prolonge, le soir venu, jusqu'au bout du môle.

Amours romantiques

Musei Civici di Villa Paolina

L'ancien palais d'été (1822) de Pauline Bonaparte Borghese (1780-1825) se dresse non loin de la plage où l'on retrouva le corps sans vie, rejeté par la mer, du poète anglais Shelley en 1822. La villa, appelée "le refuge de Vénus", car elle hébergeait les rencontres de la princesse et du musicien Giovanni Pacini, est décorée de fascinantes peintures.

Via Machiavelli, 2 0584 96 63 46 Sept.-mi-juin : mer.-sam. 15h30-19h30, dim. 9h30-13h30 ; mi-juin-août : mer.-dim. 18h-23h 3€

La voix du maître

Villa Museo Giacomo Puccini

Les amateurs d'opéra et de Puccini (1858-1924) pourront se rendre dans la maison en bordure du lac de Massaciuccoli, où il composa la plupart de ses œuvres majeures.

Viale Puccini, 266 (accès de Viareggio par le bus n°4) 0584 34 14 45 www.giacomopuccini.it Lun. 15h-18h20, mar.-dim. et j. fér. 10h-12h40 et 15h-18h20 7€

LA VERSILIA

Au pied des Alpes apuanes

Pietrasanta

Proche de Carrare et de ses gisements de marbre, le village (p.112) accueille les plus grands artistes désireux de travailler l'or blanc. César, Miró, Moore... mais surtout Botero, qui a signé deux surprenantes fresques dans l'église de

À NE PAS MANQUER

- Promenade du front de mer
- Carnevale di Viareggio

Forte dei Marmi

la Misericordia (via Mazzini). Allez voir également, sur la place principale, le Duomo di San Martino, tout de marbre blanc, et profitez de l'occasion pour visiter boutiques, galeries d'art et ateliers d'artisans, via Mazzini.

13km au nord de Viareggio

La crème de la crème

Forte dei Marmi

"Forte" comme l'appellent ses aficionados est une des stations balnéaires les plus chic d'Italie. Pensez à réserver votre transat à l'avance pour pouvoir profiter de la mer entre un patron d'industrie et une starlette de cinéma ! Mais ne vous y trompez pas, Forte dei Marmi reste avant tout la destination préférée des familles souhaitant profiter de la *dolce vita* à l'italienne. Pour fignoler ce décor de charme, une immense pinède offre un poumon vert en plein centre.

20km au nord de Viareggio

À FAIRE

Participez à un défilé

Carnevale di Viareggio

Une fête populaire qui s'étend sur plus d'un mois, entre fin janvier et début mars, aussi célèbre en Italie que le carnaval de Venise ! Défilés à partir de 15h les trois premiers dimanches, à partir de 17h les deux derniers. Arrivez (déguisé de préférence) à l'avance, pour déambuler au milieu des chars géants, puis prenez place, si vous le souhaitez, sur les tribunes (accès 20€) du célèbre viale al Mare, la promenade du front de mer. Ne manquez pas non plus les grands feux d'artifice et les *feste rionali*, fêtes de quartiers avec bals, dîners communs, animations pour enfants !

http://viareggio.ilcarnevale.com

COULEUR LOCALE

La spécialité de ce carnaval qui remonte à 1873 ? D'immenses chars en papier mâché rivalisant d'impertinence. Plus qu'ailleurs, les acteurs de la vie publique italienne ou internationale en prennent pour leur grade ! À voir pendant l'année, chars et ateliers à la **Cittadella del Carnevale**.

Via Santa Maria Goretti 0584 58 071 http://viareggio.ilcarnevale.com

Piquez une tête

Lungomare di Viareggio

Sur tout le littoral s'étendent les *stabilimenti balneari*, plages privées bordées de bars et restaurants. Au sud de la ville, près de la pinède, les plages publiques font leur apparition, ainsi qu'en centre-ville, d'un côté et de l'autre du canal. Sur les *lidi*, comptez 20-25€ par jour pour deux transats et un parasol.

Bagno Marco

Un conseil pour profiter au mieux de la mer à Forte dei Marmi, si vous aimez l'ambiance familiale : rendez-vous au Bagno Marco. Au choix, une grande tente prodiguant de l'ombre, ou des transats au bord de l'eau. Un lieu magique où l'on s'imagine facilement revenir tous les étés. Location d'une tente pour la journée (jusqu'à 6 pers.) 75€. Également un restaurant.

Viale della Repubblica, 87 Forte dei Marmi 0584 82 671 Avr.-oct. : tlj.
sRestaurant €€ Tlj. midi et soir Repas 30-35€

NOS ADRESSES

PAUSES

Âme ouvrière

CRO Darsene

Prenez l'apéritif au comptoir de ce sympathique café populaire, le Circolo Ricreativo Operaio (centre de loisirs ouvrier), repaire des travailleurs de l'arsenal. Une amicale marxiste y a son siège, comme le laisse deviner l'exubérant décor. Possibilité de casser la croûte au déjeuner. Concerts certains soirs.

VIAREGGIO Via M. Coppino, 245 0584 39 27 87 Tlj. 7h-23h

Sur le lungomare de Viareggio

Rendez-vous avec des icônes

Gran Caffè Margherita

Paré de ses tourelles de tuiles vernissées Art nouveau, le café culte de Viareggio, fréquenté dans le passé par Puccini, D'Annunzio, Toscanini et Marconi. Moules au poivre, carpaccios, pâtes variées, poisson grillé... Plat 12-16€.

VIAREGGIO Viale Margherita, 30
www.ristorantemargherita.info
Tlj. 12h-15h et 19h-23h Bar Tlj. 8h-0h

Toute la journée

Caffè Roma

Situé sur la place même du fort qui donne son nom à la ville, ce café sera le quartier général de vos vacances à Forte dei Marmi. *Espresso* avalé au comptoir tôt le matin avant le marché, pause pour lire la presse en terrasse à l'ombre de fleurs odorantes, ou rendez-vous donné pour l'apéro...

FORTE DEI MARMI Via Giuseppe Mazzini, 2
0584 81 711 Ven.-mer. 7h30-20h30

RESTAURANTS

La cène

La Chiesina €

Dévorer une pizza dans une église ? Rien de plus naturel pour les fidèles de ce restaurant qui occupe depuis 1978 une petite église anglaise protestante. Un gros bénitier vous accueille à l'entrée de la nef, tandis que l'autel s'est métamorphosé en bar et le tabernacle en four à pizzas ! Pizza 7-9€.

VIAREGGIO Via Leonardo Da Vinci, 85
0584 321 14 Tlj. 19h-1h

Mille et une nuits

Trattoria Il Marzocco €€

Dans l'une des rues les plus charmantes de Pietrasanta, vous trouverez ce restaurant pour le moins original : une vraie Fiat 500 est disposée dans la salle et une tête de requin sort du toit ! En cuisine, des recettes créatives d'inspiration sicilienne, marocaine ou asiatique. *Primi* 12€, *secondi* 25€.

PIETRASANTA Via del Marzocco, 64
0584 71 446 www.trattoriailmarzocco.it
Tlj. 19h30-23h30

Une adresse d'initiés

Ristorante da Stefano €€

Entre les murs couverts de tableaux, optez pour un *riso di mare* ou pour des spaghettis aux fruits de mer (coques, palourdes), laissez-vous tenter par le *fritto misto*, une friture variée de poissons, poulpes, calamars, crevettes et bouquets, ou par le *cacciucco*, copieuse soupe de poisson (spécialité de Livourne). Réservez ven. et sam. soir. Plat 12-18€.

VIAREGGIO Via Matteotti, 21 0584 310 09
Ven.-mer. 12h-15h et 19h-22h30

De blanc vêtu à Forte

Restaurant Bistrot ♥€€€

Revêtez vos plus beaux atours pour un dîner que vous n'êtes pas près d'oublier. En bord de mer, le Bistrot offre un cadre chic où prédomine le bois blanc. Vous y dégusterez une cuisine italienne raffinée qui n'a pas son pareil pour magnifier les produits de la mer. Comptez 100€/pers. vin compris.

FORTE DEI MARMI Via Achille Franceschi, 14
0584 89 879 www.bistrotforte.it
Été : mer.-lun. 19h30-23h30 ; hiver : lun. et mer.-ven. 19h30-23h, sam.-dim. 12h-15h

Des paysages vallonnés, inchangés depuis la Renaissance par endroits, plantés de vignes et d'oliviers, couverts de chênaies et de châtaigneraies, et soulignés de haies de cyprès... Voici le Chianti, longtemps théâtre des conflits entre Sienne et Florence, aujourd'hui producteur de grands crus de vins et d'huile d'olive. Promenez-vous de bourgs médiévaux en châteaux et en abbayes, de caves historiques en bons restaurants.

Chianti

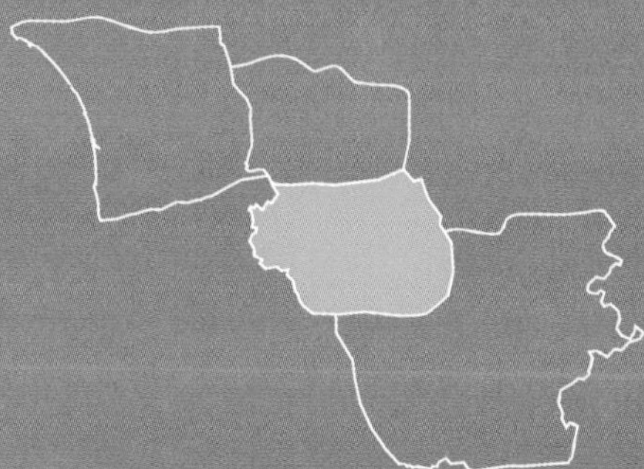

Caves Antinori

Plan 8

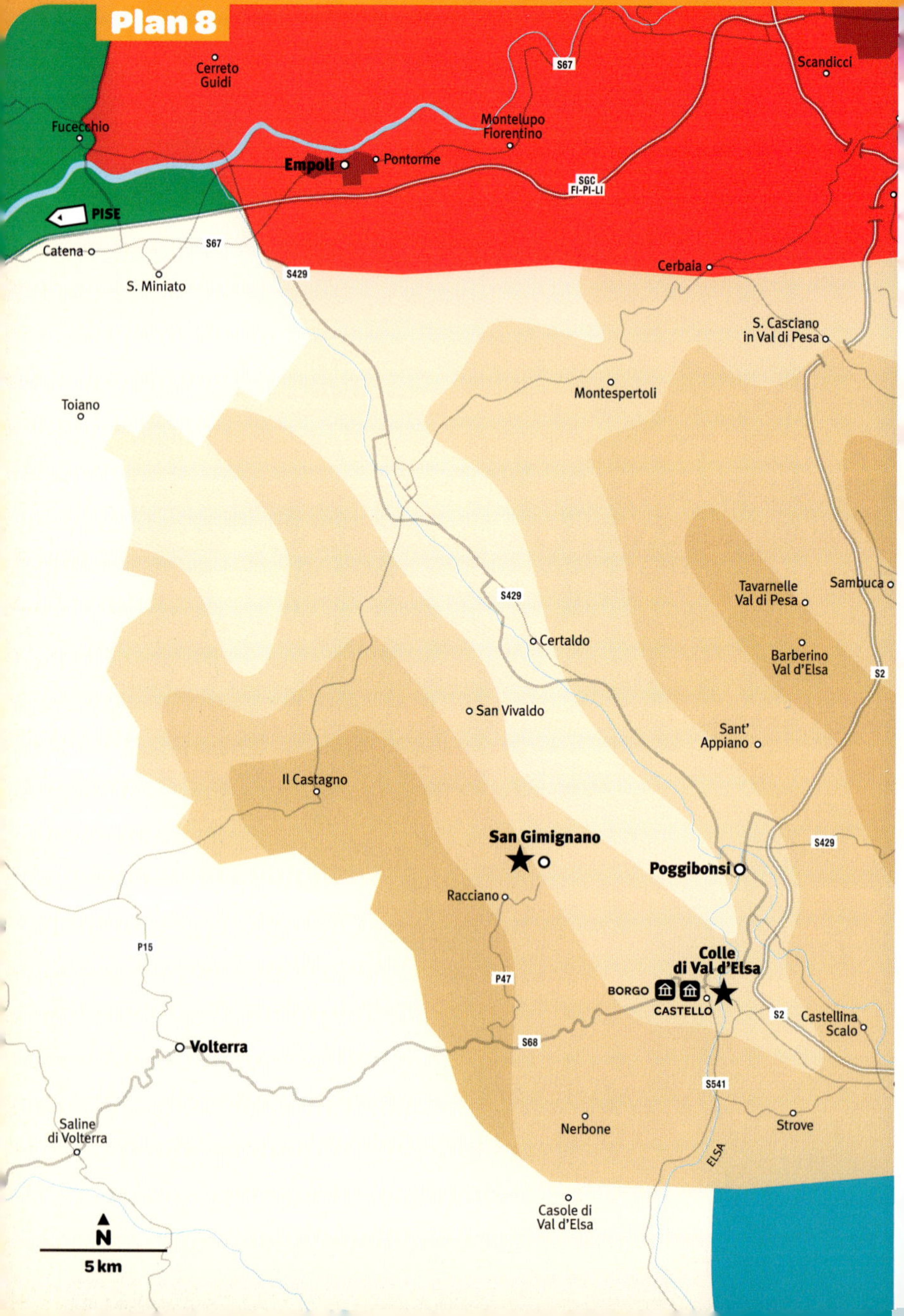
Cerreto Guidi
S67
Scandicci
Fucecchio
Montelupo Fiorentino
Empoli
Pontorme
SGC FI-PI-LI
PISE
Catena
S67
S. Miniato
S429
Cerbaia
S. Casciano in Val di Pesa
Montespertoli
Toiano
Tavarnelle Val di Pesa
Sambuca
S429
Certaldo
Barberino Val d'Elsa
S2
San Vivaldo
Sant' Appiano
Il Castagno
San Gimignano
S429
Poggibonsi
Racciano
P15
Colle di Val d'Elsa
P47
BORGO
CASTELLO
S2
Castellina Scalo
Volterra
S68
S541
Nerbone
Strove
Saline di Volterra
ELSA
Casole di Val d'Elsa
N
5 km

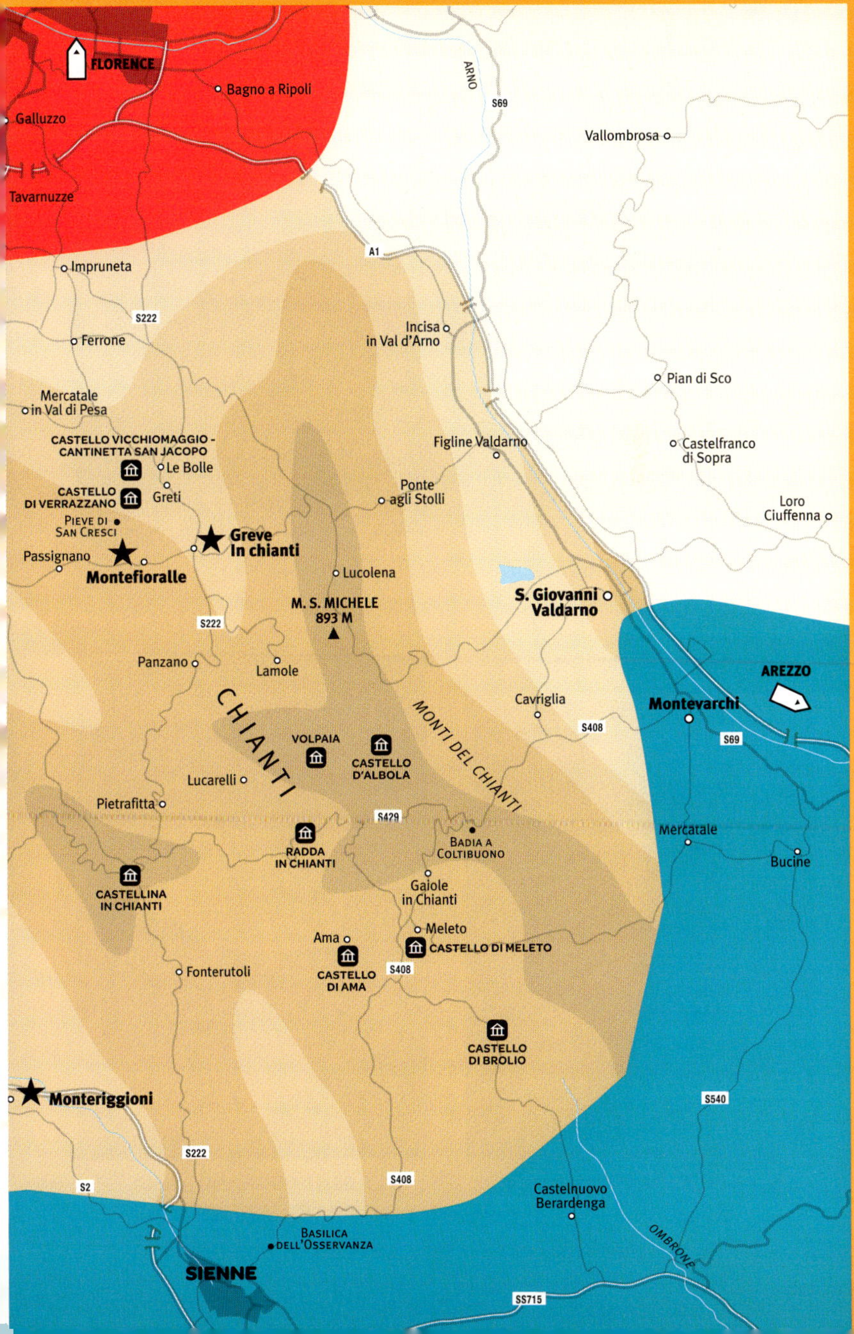
FLORENCE
Bagno a Ripoli
Galluzzo
Tavarnuzze
Impruneta
S222
Ferrone
Mercatale in Val di Pesa
CASTELLO VICCHIOMAGGIO - CANTINETTA SAN JACOPO
Le Bolle
CASTELLO DI VERRAZZANO
Greti
PIEVE DI SAN CRESCI
Passignano
Montefioralle
Greve in chianti
ARNO
S69
Vallombrosa
A1
Incisa in Val d'Arno
Pian di Sco
Figline Valdarno
Castelfranco di Sopra
Ponte agli Stolli
Loro Ciuffenna
Lucolena
S. Giovanni Valdarno
M. S. MICHELE 893 M
S222
Panzano
Lamole
AREZZO
CHIANTI
MONTI DEL CHIANTI
Cavriglia
Montevarchi
S408
S69
VOLPAIA
CASTELLO D'ALBOLA
Lucarelli
Pietrafitta
S429
Mercatale
RADDA IN CHIANTI
BADIA A COLTIBUONO
Bucine
CASTELLINA IN CHIANTI
Gaiole in Chianti
Meleto
Ama
CASTELLO DI MELETO
Fonterutoli
CASTELLO DI AMA
S408
CASTELLO DI BROLIO
Monteriggioni
S540
S222
S408
S2
Castelnuovo Berardenga
BASILICA DELL'OSSERVANZA
OMBRONE
SIENNE
SS715

★ LES INCONTOURNABLES

★ **MONTEFIORALLE** (p.144) pour ses maisons médiévales.

★ **COLLE DI VAL D'ELSA** (p.152)
pour la ville haute, perchée sur sa crête.

★ **SAN GIMIGNANO** (p.156)
pour ses tours jumelles.

★ **GREVE IN CHIANTI** (p.144) pour ses bons restaurants.

★ **MONTERIGGIONI** (p.153) pour sa muraille imprenable.

NOS CONSEILS

Des suggestions pratiques et des petites astuces pour découvrir le Chianti sans fausse note.

✖ Jamais sans un GPS ou une carte

Que vous soyez en voiture, à vélo ou à moto, préparez bien votre itinéraire et ne partez pas sans carte ou sans un bon GPS. Les domaines viticoles et sites d'agritourisme sont souvent difficiles à trouver (et ne sont pas toujours bien indiqués), c'est le prix à payer pour la beauté de leurs emplacements !

Prévenez de votre visite

Si vous souhaitez visiter des châteaux ou des caves, ayez le réflexe d'appeler quelques jours avant, afin de prévenir de votre arrivée ou de prendre rendez-vous. Des événements privés peuvent être organisés et empêcher les entrées, ou les viticulteurs être trop affairés sur leurs terres. Vous ne recevriez pas forcément le meilleur accueil !

Participez à une fête de village

Joutes médiévales, carnavals, fêtes de saison, des artisans, *sagre* (grands repas partagés autour d'un produit local)... Les occasions ne manquent pas, de village en village, pour sentir le pouls de la vie du Chianti ! Pour vous tenir au courant, rendez-vous à l'office de tourisme local et surtout ouvrez les yeux : des affiches couvrent les murs des chemins de campagne pour annoncer ces réjouissances !

✖ Attention aux grosses chaleurs de l'été

Si vous venez en Toscane pendant les mois d'été, notamment en juillet et août, organisez vos journées en fonction de la température. Dans la campagne, le soleil est vite écrasant et il peut ne pas y avoir de vent du tout. Mieux vaut être actif tôt le matin et tard dans l'après-midi, et prévoir un lieu où faire une halte pour la sieste...

Réservez une nuit dans un *agriturismo*

Pour profiter au mieux du Chianti, nous vous incitons à dormir à la campagne, dans une exploitation agricole. L'agritourisme a une longue tradition en Italie, et les aménagements sont souvent réalisés avec goût, dans le respect des traditions locales. Si vous êtes accro au design, passez votre chemin (à quelques exceptions près) ! Vous profiterez en général d'un dîner sur place, préparé avec des bons produits de la maison. Et beaucoup de sites sont aussi dotés d'une piscine, l'idéal pour se rafraîchir entre deux excursions... Le site www.chianti.com/it/agriturismo-chianti vous permet d'effectuer une recherche approfondie.

Faites une dégustation d'huile d'olive

Vous connaissez sans doute les dégustations de vin, mais vous ne saviez peut-être pas que l'on pouvait

Dégustation d'huiles d'olive

aussi goûter les huiles d'olive ! Les très bons crus se dégustent dans de mini-verres et, comme pour les vins, on les fait passer sur la langue, en dessous, en la faisant clapper, pour laisser tous les arômes se développer... avant de recracher ! Le château de Volpaia (p.148) et bien d'autres (il suffit de demander, cette option n'est pas toujours mise en avant), vous feront découvrir leurs huiles d'olive.

✖ Attention aux ZTL

Comme dans la plupart des villes de Toscane, les centres de tous les petits villages sont interdits à la circulation des non-résidents. Garez-vous avant d'entrer dans les murailles pour éviter les mauvaises surprises.

✖ Garez-vous loin du centre à San Gimignano

Attention, à San Gimignano, les parkings les plus proches du centre historique sont les plus chers (2€/h et jusqu'à 20€/j).

Mettez vos pas dans ceux des pèlerins

La via Francigena est une voie de pèlerinage toujours empruntée, par foi ou par amour de la randonnée. Elle relie le nord de l'Europe à Rome. On peut la parcourir à pied ou à vélo, par étapes. Toutes les informations pratiques sur le site.

www.viefrancigene.org

Parcourez la campagne cheveux au vent

Si vous aimez le vélo, pourquoi ne pas en louer un au départ de Florence, cf. Transports (p.216), pour partir dans le Chianti ? L'alternative électrique pour les moins entraînés peut s'avérer une bonne idée !

RENDEZ-VOUS AVEC...

Né à Panzano, à 5km de Greve, Dario Cecchini a fait de la boucherie familiale un incontournable du Chianti et a créé trois restaurants. On s'y rend autant pour la qualité de la *bistecca* que pour l'ambiance conviviale : à l'Officina della Bistecca ou au Solociccia, tout se partage, de la table à la fiasque de vin. Dario nous donne ses lieux favoris.

Mon ami peintre

Carmine Errichiello

Carmine vit en Toscane depuis plus de 30 ans. Dans son atelier-galerie, il expose les toiles que lui inspire sa région d'adoption. Il a aussi peint une immense *bistecca* indiquant l'adresse de ma boucherie, qu'il a placée devant sa porte !

PANZANO Piazza Bucciarelli, 25 ☎ 055 85 22 33

Mon fournisseur fermier

Corzano e Paterno

Mon cher ami Tillo produit en famille dans sa ferme Corzano e Paterno, à côté de San Casciano, du vin, de l'huile d'olive mais surtout les meilleurs fromages de brebis du monde. *Marzolino* tendre, *pecorino* sec ou encore *erbolino* (ail, persil et poivre), tout est fabriqué sur place artisanalement.

SAN CASCIANO IN VAL DI PESA
Via San Vito di Sopra ☎ 055 824 81 79
www.corzanoepaterno.com ⏱ Sur rdv

MA BALADE PRÉFÉRÉE

Pour respirer, je quitte ma boucherie par la via XX Luglio et atteins en 30min Pieve di San Leolino. La vue de la place de l'église sur la vallée della Conca D'Oro me transporte il y a 500 ans, en pleine Renaissance toscane.

ADRESSES

- **A** Carmine Errichiello
- **B** Corzano e Paterno
- **C** Cocktail Chianti Chiosco
- **D** Chini Macelleria
- **E** Albergo Ristorante Il Cipresso
- **F** Dario DOC
- **G** Officina della Bistecca
- **H** Solociccia

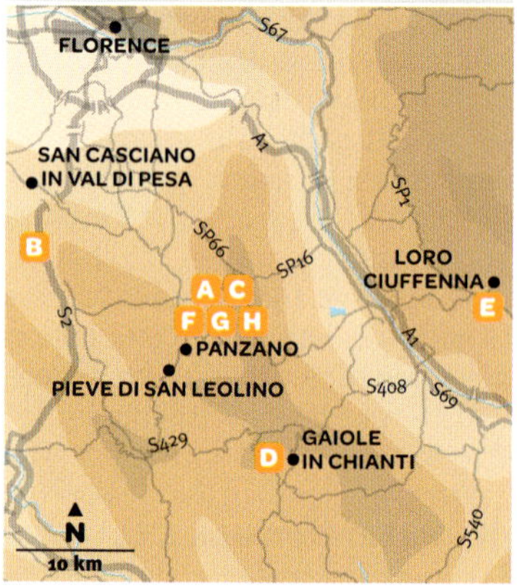

Ma boisson favorite

Cocktail Chianti Chiosco

Durant l'été, à Panzano, ouvre sur la place principale un kiosque à cocktails éphémère. Le barman, Niccolò Camiciotti, est passionné et surtout très créatif. Il m'a par exemple dédié une création, à base de vodka, jus de citron, bouillon de

Chez Dario Cecchini

L'ACTUALITÉ DE DARIO

Consultez www.dariocecchini.com ou réservez par tél. au 055 85 20 20.

Dario DOC
🕒 Lun.-sam. 12h-15h

Solociccia
🕒 Tlj. repas à 13h, 19h, 20h et 21h

Officina della Bistecca
🕒 Tlj. repas à 13h et 20h

bœuf filtré, parfum du Chianti (un mélange de sel et d'herbes aromatiques), tabasco et céleri. Un régal !

PANZANO Via G. Daverrazzano 📱 Page FB
🕒 Été : mer.-dim. 17h-0h

Concurrent mais ami !

Chini Macelleria

J'affectionne la boucherie du minuscule village de Gaiole in Chianti, la Macelleria Chini, tenue par une lignée de bouchers amie avec ma famille depuis plus de 100 ans ! Vincenzo et Lorenzo Chini respirent et vivent le Chianti. Spécialisés dans le porc, ils produisent le meilleur saucisson de sang, appelé *buristo*. J'en suis dingue ! Goûtez-le absolument et rapportez-en dans vos bagages.

GAIOLE IN CHIANTI Via Roma, 2 📱 0577 74 94 57 🕒 Lun.-sam. 8h30-13h et 17h-19h30, dim. 8h30-13h

Mon restaurant terroir

Albergo Ristorante Il Cipresso

Il Cipresso est situé dans un cadre magnifique, près d'Arezzo, sur les pentes des pré-Apennins. Depuis plus de 80 ans, les Cioni préparent le dimanche midi un rôti de bœuf devenu mythique dans toute la région.

LORO CIUFFENA Via Alcide de Gasperi, 28 📱 0559 17 11 27 Page FB

SI PANZANO ÉTAIT ...

Un plat. Ce serait un bœuf bouilli avec des légumes verts frais finement ciselés, accompagné d'une tasse de bouillon et d'un verre de Chianti Classico, un plat que me préparait ma grand-mère.

GREVE IN CHIANTI ET ALENTOUR

Arrêtez-vous à Greve in Chianti le temps d'un déjeuner ou d'un bon dîner et de quelques courses gourmandes. Mais le véritable trésor de Greve est son terroir. Partez à la découverte de ses paysages fabuleux et de ses châteaux, de sa suave huile d'olive et de ses vins charpentés !

ACCÈS ET INFOS

- Greve se situe à 30km au sud de Florence et à 46km au nord de Sienne
- Parkings gratuits à 5min à pied du centre historique
- Busitalia de Florence (gare de S. M. Novella, 45min). Tél. 800 37 37 60 www.fsbusitalia.it
- Ufficio Turistico Piazza Matteotti, 10 Pâques-oct. : lun.-sam. 10h30-18h30, dim. 10h30-13h30 ; nov.-déc., mars : tlj. 10h30-13h30

À VOIR

La vie sous les arcades
Greve in Chianti ★

La vie du bourg est concentrée sur la coquette piazza Matteotti, bordée d'arcades sous lesquelles fleurissent cafés, restaurants et boutiques de *prodotti tipici* (produits du terroir). La petite église Santa Croce (19e s.), à l'intéressante *Vierge à l'Enfant* (15e s.), clôt ce triangle qui accueillait aux 14e-15e s. le plus grand marché de la région. Chaque samedi matin, la tradition se perpétue autour de la statue de l'explorateur Giovanni da Verrazzano, né ici en 1485, longtemps au service du roi de France François Ier.

À 27 km au sud de Florence

Haut perché
Montefioralle ★

Un des plus beaux villages d'Italie. Vous apercevrez le château de Montefioralle au sommet d'une colline dominant Greve. Magnifiquement préservé, le bourg nous plonge au 16e s. Une ruelle unique s'enroule autour de la petite église perchée sur ses hauteurs. Dans cette rue circulaire, cherchez la demeure marquée d'un V enserrant une abeille : c'est la maison natale d'Amerigo Vespucci (1454-1512), le célèbre navigateur qui donna son nom à l'Amérique ! N'hésitez pas à vous y rendre à pied, la balade de Greve à Montefioralle dure 20min.

Montefioralle À 2km de Greve (au départ de l'OT de Greve, suivre les panneaux ; attention, la route est à double sens)

COULEUR LOCALE

En suivant la Chiantigiana (actuelle SR222), voie antique qui reliait Florence à Sienne, on pénètre dans une région viticole : les vignes s'étendent à perte de vue. La route serpente à flanc de collines, dévoilant un paysage spectaculaire. Les sommets sont hérissés de villages fortifiés et de châteaux rappelant que le Chianti fut convoité par Florence et Sienne, qui s'y livrèrent de terribles batailles durant le Moyen Âge (p.127).

À NE PAS MANQUER
- Greve in Chianti
- Montefioralle

Vignes et vergers d'oliviers à Greve in Chianti

À FAIRE

Visitez un château… et dégustez du Chianti Classico

Castello Vicchiomaggio - Cantinetta San Jacopo

Ce château, dont les origines remonteraient au 5e s., aurait jadis accueilli Léonard de Vinci. La famille Matta tire de sa trentaine d'hectares (cépage sangiovese en majorité) un vin fruité, élégant et équilibré. Vous pourrez déguster et acheter leur production à la Cantinetta San Jacopo. Visite des caves et des vignes, avec ou sans repas.

Località Le Bolle Via Vicchiomaggio, 4 (sur la SR222, tourner à droite à la Località Le Bolle ; la Cantinetta est à 50m, le château au bout du chemin dans les vignes) 055 85 40 79 www.vicchiomaggio.it Tlj. 10h-18h30

Castello di Verrazzano

Vous apercevrez de loin la tour crénelée de ce château qui appartenait à la famille de l'explorateur Giovanni da Verrazzano (découvreur de la baie d'Hudson et de Terre-Neuve). On y produisait déjà du vin en 1170, époque des deux tours médiévales. Les terres donnent du Chianti Classico, du miel et de l'huile d'olive. Visite du château, des caves et des jardins, avec ou sans repas.

Greti (3km avant Greve, en venant de Florence par la SR222) 055 85 42 43 www.verrazzano.com

Goûtez vins et huile d'olive sur les domaines

La région d'Impruneta, aux portes de Florence (10km) est très réputée pour son huile d'olive.

Fattoria Casaloste

"Rester petit et faire de grands vins", telle est la devise de Giovanni Battista et Emilia d'Orsi ! Le pari semble gagné. Le domaine de 10ha de vignes produit trois crus biologiques reconnus (dont un de réserve), bénéficiant de l'appellation Chianti Classico et une bonne huile d'olive bio. Visite et dégustation sur rendez-vous. Également un *agriturismo.*

Via Montagliari, 32 Panzano (à 8km au sud de Greve) 055 85 27 25 www.casaloste.com Mai-oct. : lun.-sam. 11h-13h et 14h30-18h ; hiver sur rdv

L'Erta di Quintole

Filippo Legnaioli, diplômé de sciences politiques, a tout abandonné pour se consacrer à sa passion : les oliviers de la propriété familiale. Limpide, d'un vert intense aux reflets dorés, son huile bio impose ses notes végétales d'artichaut et ses parfums d'herbes aromatiques. Vente directe sur rendez-vous.

Via di Quintole per le Rose, 53 Impruneta (à 16km au nord de Greve) 055 20 11 423 ou 335 41 79 99 www.ertadiquintole.it

Fattoria La Querce

Sur la route conduisant à Tavarnuzze, ces 12ha d'oliviers donnent une huile au fruité intense, légèrement piquante et amère. Non filtrée, elle est mise à décanter dans des jarres de terre cuite. Vente directe. Séjour au domaine possible.

Via Imprunetana per Tavarnuzze, 41 Impruneta (à 16km au nord de Greve, à 250m du village de Bagnolo, SP69) 055 20 11 380 ou 328 24 23 844 www.laquerce.com Lun.-ven. 9h-12h et 14h-18h

NOS ADRESSES

RESTAURANTS

"Chiantesque" !

La Terrazza €€

Si le soleil brille trop fort, vous apprécierez la fraîcheur des épais murs de pierre de la salle voûtée. Goûtez aux *crostini* au foie de poulet et à la crème de lard, au risotto aux herbes et aux épinards (en saison) ou au *pepposo* (bœuf braisé au poivre noir et chianti). Terrasse. Repas 30-35€.

GREVE IN CHIANTI Piazza Matteotti, 22 055 85 33 08 www.osterialaterrazza.com Mars-jan. : mer.-lun. 12h-15h et 19h-22h

Institution villageoise

Giovanni Verrazzano €€

Une auberge se tenait déjà ici au 14e s. Rossella Rossi, la tenancière, tient à perpétuer le meilleur de la cuisine toscane, des *crostini* à la *ribollita*, en passant par les tagliatelles au lapin et les viandes grillées sur la braise. Terrasse fleurie. *Primi* 8-18€ *secondi* 16-22€.

GREVE IN CHIANTI Piazza Matteotti, 28 055 85 31 89 www.albergoverrazzano.it Été : tlj. 12h-15h et 19h30-22h ; hiver : mar.-sam. 12h-15h et 19h30-22h, dim. 12h-15h

Pierres apparentes

La Castellana €€

Une petite salle à l'ambiance joyeuse où savourer, au coude à coude, quelques plats relevés de truffe. En *primo*, les *taglierini* à la truffe fraîche ; en *secondo*, la délicieuse *tagliata* (filet de bœuf) au parmesan et à la roquette (ou aux cèpes, à la truffe fraîche, à l'huile d'olive et au romarin...). Jolie terrasse dominant la vallée. Repas 30-35€.

MONTEFIORALLE Via Montefioralle, 2 055 85 31 34 Mar.-dim. 12h30-14h30 et 19h30-21h30

Minuscule et chaleureux

A casa mia €€

Maurizio a voulu un établissement où l'on se sente chez un ami (*A casa mia* signifie "chez moi"). Ici, pas de chichis : verres en Pyrex et assiettes de grands-mères, menu récité par le chef et cuisine familiale... L'assiette d'antipasti à partager est très réussie. Réservez. Repas 30-35€.

SAN CASCIANO IN VAL DI PESA Via Santa Maria a Macerata, 4 (à 18km au nord de Greve) 055 82 44 392 www.acasamia.eu Mer.-dim. 12h30-14h30 et 19h30-22h

La vue et le palais

Ristoro di Lamole ♥€€

Vous prendrez ici un repas enchanteur, dans l'un des plus beaux sites du Chianti. L'ascension est un peu laborieuse, mais la majesté des paysages vaut le détour. Demandez la terrasse panoramique en réservant. Exquise charcuterie locale, suivie de raviolis poire et *pecorino* et de lapin aux lardons. Repas 40€.

LAMOLE Via di Lamole, 6 (à 8km au sud-est de Greve) 055 854 70 50 www.ristorodilamole.it Pâques-oct. : tlj. 12h30-14h30 et 19h30-22h ; mars, nov. : jeu.-mar. 12h30-14h30 et 19h30-22h

Le vignoble à vos pieds

Cantinetta di Rignana €€€

Ce sera peut-être la plus belle adresse de vos vacances. Vous devrez un peu la mériter, mais quelle arrivée ! La bâtisse en pierre est magnifique, pourtant vous dînerez dehors, avec vue sur les collines du Chianti. Au menu, pâtes maison à la truffe, filet de bœuf aux cèpes frais et, bien sûr, la fameuse *bistecca*. Repas 50€.

LOCALITÀ RIGNANA Via Rignana, 13 (à 10km au sud-ouest de Greve) 055 85 26 01 Tlj. 12h-14h30 et 19h-22h30

SHOPPING

Tout le terroir

Macelleria Falorni ♥

Depuis huit générations, les Falorni confectionnent des charcuteries où fenouil, genièvre, ail, sauge ou romarin viennent relever la viande de *cinta senese*, cette race de porc noir élevée en liberté et réputée depuis le Moyen Âge. Aussi les meilleurs fromages, viandes et vins des environs.

GREVE IN CHIANTI Piazza Matteotti, 71 055 85 30 29 www.falorni.it Lun.-sam. 9h-19h, dim. 10h-19h

Macelleria Falorni

Viandard !

Macelleria Cecchini

Le boucher "star" de Toscane (p.142) ! Faire la queue ici tient du rite initiatique : vous patientez sur un air de jazz, en sirotant un verre de vin, piochant des morceaux de *porchetta*. Également trois restaurants.

PANZANO Via XX Luglio, 11 (à 5km de Greve) 055 85 20 20 www.dariocecchini.com Tlj. 9h-16h

RADDA IN CHIANTI ET ALENTOUR

Un bourg qui a conservé tout son cachet, avec ses murailles, son plan hélicoïdal et ses ruelles médiévales fleuries. Un peu moins touristique que Greve, Radda séduit les marcheurs qui arpentent la campagne environnante, à la découverte des villages fortifiés.

ACCÈS ET INFOS

- Radda se situe à 16km au sud de Greve
- Pas de liaison directe avec Florence mais avec Sienne par la ligne 125 www.tiemmespa.it
- Pro Loco Piazza Castello, 2 Radda in Chianti 0577 73 84 94 www.chiantiradda.it Avr.-oct. : lun.-sam. 10h-13h et 15h-18h30 ; nov.-mars : lun.-sam. 10h30-12h30

À VOIR

L'église et le palais
Radda in Chianti

Cette calme bourgade entourée de vignes était aux avant-postes lors des guerres entre Florence et Sienne, comme en témoignent ses fortifications (1400). Longez la via Roma et découvrez, piazza Ferrucci, l'église San Niccolò à la belle volée d'escaliers et le Palazzo del Podestà (15e s.), reconnaissable à ses 51 armoiries des seigneurs et notables de la région. Juste en contrebas du village, le couvent franciscain Santa Maria in Prato (15e s.) abrite la Casa del Chianti Classico, un centre multimédia dédié à ce vignoble et à son terroir (voir l'OT pour les horaires).

Bourgade inaltérée
Volpaia

Posté au sommet d'une colline, le château de Volpaia domine depuis le 10e s. la vallée. Au centre de la place du village subsistent un imposant donjon et un grand nombre d'habitations médiévales aux charmantes cours fleuries. Le château est aussi producteur viticole.

À 7,5km au nord de Radda Castello di Volpaia 0577 73 80 66 www.volpaia.com

Art et terroir
Castello di Ama

Un domaine viticole que l'on visite autant pour ses vins que pour ses œuvres signées de grands noms de l'art contemporain. Merveilleusement intégrées au paysage, elles ont toutes été réalisées in situ. Installation de Carlos Garaicoa, miroir monumental de Daniel Buren, expérience d'Anish Kapoor, néon de Kendell Geers, créations de Chen Zhen et de Louise Bourgeois...

À 8km au sud de Radda 0577 74 60 31 www.castellodiama.com Avr.-oct. : tlj. 10h-18h (sur rdv uniquement) Fermé du 15 déc. au 1er fév. 15€ (visite caves et collections, 1h30), 50€ (avec dégustation, 3h)

Sous les voûtes
Castellina in Chianti

À Castellina, village fortifié aux ruelles fleuries, empruntez la via delle Volte, passage couvert longeant le mur d'enceinte, qui faisait à l'origine partie du

À NE PAS MANQUER

- Radda in Chianti
- Volpaia
- Castello di Ama

Le domaine du Castello di Ama

chemin de ronde. Les quelques meurtrières qui laissent passer la lumière dévoilent de somptueuses vues sur les vignes et les oliviers en contrebas.

À 10km à l'ouest de Radda

DRÔLE D'AFFAIRE

Au 12e s., Sienne et Florence, éternelles rivales, décident, pour se répartir le Chianti, de faire chevaucher l'un vers l'autre deux cavaliers qui partiront au chant du coq. Les Florentins choisissent un coq noir et le privent de dîner. Au matin, l'animal affamé réveille son cavalier si tôt que celui-ci gagne du terrain sur son rival, donnant à Florence la plupart des terres. D'où le coq noir pour emblème, présent sur les bouteilles de vin !

À FAIRE

Goûtez de grands vins

Castello d'Albola

Traversez le parc planté de cyprès pour arriver devant ce château du 15e s. aux tours défensives, remanié au 18e s. Les 150ha de vignes jouissent d'une parfaite exposition à 400m d'altitude et produisent d'excellents Chianti Classico DOCG, Acciaiolo (sangiovese et sauvignon), chardonnay, *vin santo* et grappa.

Pian d'Albola, 31 À 5km au nord de Radda 0577 73 80 19 www.albola.it € Visite guidée et dégustation sur réservation 15€

Castello di Brolio

Le domaine et le château appartiennent aux Ricasoli depuis 1141. Et c'est ici que le baron Bettino Ricasoli, "père" du Chianti Classico, met au point

BON À SAVOIR
Tous les châteaux producteurs de vins proposent aussi des chambres, des appartements ou des villas à louer, de quoi rendre le voyage enchanteur ! N'hésitez pas à consulter leurs sites Internet.

en 1860 un assemblage de cépages à dominante italienne – parmi lesquels le sangiovese, qui donne son caractère au vin. On accède au château par une longue allée bordée de cyprès. Visite, dégustation, restaurant.

À 17km au sud-est de Radda 0577 73 01 www.ricasoli.it Visite et dégustation (2h env.) sur réservation 45€

Cave du Castello di Brolio

Castello di Meleto

Un château massif, auquel ses fortifications donnent tout son caractère. L'intérieur est plus cossu. Visite et dégustation de vins et de produits locaux.

À 9km au sud-est de Radda 0577 74 92 17 www.castellomeleto.it Visite sur réservation 15€ (1 cru), 25€ (3 crus)

Badia a Coltibuono

Au cœur d'une épaisse forêt de chênes et de châtaigniers, le monastère du 11e s. a été transformé en une affaire familiale qui produit du Chianti Classico, de l'huile d'olive et propose un restaurant, quelques chambres et même des cours de cuisine !

Gaiole in Chianti Sur la SR429, au départ de Radda 0577 74 481 Visite (50min) mai-sept : toutes les h. 14h30-18h30, fin mars-avril et octobre : toutes les h. 14h30-17h30 Tarif 10€ Dégustation (1h30) avr.-oct. mardi, mer. et ven. à 11h Tarif 20€

Achetez de l'huile d'olive

Castello di Fonterutoli

Propriété des marquis Mazzei depuis 1435, le domaine produit une huile d'un vert intense aux reflets jaunes, exhalant un parfum d'artichaut et d'herbes fraîches. Vente et dégustation d'huile et de vins dans l'*enoteca* ultra design.

Fonterutoli À 16km au sud-ouest de Radda 0577 74 13 85 www.mazzei.it Été : lun.-sam. 9h-18h30, dim. 9h-13h et 14h-18h ; hiver : lun.-sam. 9h-18h

Suivez un cours de cuisine

Azienda Agricola Querceto di Castellina

Laissez-vous guider par Laura, la *mamma* de la famille, pour réaliser (et manger !) de délicieux *crostini*, découvrir les secrets d'une bonne *ribollita*, d'une *pappa al pomodoro*, des *spaghetti chiantigiani*, d'un sanglier à l'étouffée...

Località Querceto, 9 À 13km au nord-ouest de Radda 0577 73 35 90 www.querceto.com 9h30-14h avec marché et déjeuner. Sur rés. 2-4 pers. 120€/pers., 5-10 pers. 100€/pers.

NOS ADRESSES

PAUSES

La ronde des habitués

La Bottega di Giovannino ♥

Dans cette sympathique épicerie-bar-tabac-œnothèque vous pourrez grignoter un morceau accompagné d'un bon verre de Chianti Classico.

RADDA IN CHIANTI Via Roma, 6-8 0577 73 85 99 www.labottegadigiovannino.it Mer.-lun. 12h-22h30

Place de village

Bar-Ucci

Un petit bar à l'agréable terrasse ombragée, tenu par la charismatique Paola. Cappuccino, *crostini* et *bruschette*.

VOLPAIA Piazza della Torre, 9 0577 73 80 42 Mar.-dim. 9h30-22h

RESTAURANTS

Au jardin

Podere le Vigne €

Si vous préférez manger au milieu des vignes plutôt que dans le village, vous serez ravi ! Au menu proposé dans cette ferme restaurée : assiette de charcuterie, *panzanella* (salade de pain et de tomates) ou soupe paysanne, plats mijotés ou grillades typiquement toscanes. Repas 25€.

RADDA IN CHIANTI Località Podere Le Vigne 0577 73 83 01 Avr.-oct. : tlj. 12h30-15h30 et 19h-23h

Chez "la Carla"

La Bottega €

Dans cette charmante trattoria, on vous installe dans la salle du haut ou dans le jardin, pour un repas dans la plus pure tradition toscane. Tagliatelles maison aux cèpes ou aux truffes, ragoût de lapin aux olives, le tout aux légumes du jardin et à l'huile d'olive issue de la propriété familiale. *Primi* 6-13€, *secondi* 7,50-12,50€.

VOLPAIA Piazza della Torre, 1 0577 73 56 02 www.labottegadivolpaia.it Fin mars-mi-jan. : mer.-lun. 12h-14h30 et 19h-22h

Suivez le bouche-à-oreille

Le Panzanelle €

La cuisine, simple mais pas simplette, revisite les traditions et réjouit les papilles des habitants de la région. Assis en terrasse ou dans la salle aux couleurs délicates, vous trouverez toujours au menu les *pici all'aglione* (pâtes fraîches maison, sauce à l'ail relevée), le *peposo* (bœuf en daube), le ragoût de sanglier... Repas 20-30€.

LUCARELLI (à 7,5km au nord-est de Radda) 0577 73 35 11 www.lepanzanelle.it Mars-jan. : mar.-dim. 11h30-14h et 19h-22h

Depuis quatre générations

Antica Trattoria La Torre €€

Sur la place principale de Castellina, au pied de la Rocca, un agréable restaurant où s'offrir parmi les meilleures spécialités des environs. Terrasse couverte sur la place. Repas 25-30€.

CASTELLINA IN CHIANTI Piazza Umberto I 0577 74 02 36 www.anticatrattorialatorre.com Mars-jan. : ven.-mer. 12h-14h30 et 19h-21h30

COLLE DI VAL D'ELSA ★

Une cité perchée et tout en longueur... Dominant Colle Bassa, la ville moderne qui s'est développée le long de l'Elsa, la médiévale Colle Alta épouse la crête de la colline et se découvre le long de sa rue principale, en passant du Borgo au Castello ceint de lourdes murailles.

ACCÈS ET INFOS

- Colle se situe à 41km au sud de Greve, à 53km au sud de Florence et à 27km au nord de Sienne
- Liaisons en car de Florence et de Sienne www.tiemmespa.it
- Un ascenseur relie la ville basse (via V. Meoni) à la ville haute (il Baluardo)

À VOIR

COLLE BASSA ET COLLE ALTA

Érigée en commune libre au 12e s., Colle est convoitée par Sienne et Florence. Elle doit attendre 1592 pour acquérir le titre de ville. Son activité économique, d'abord centrée sur la papeterie (13e-18e s.) s'est ensuite tournée, au 19e s., vers la cristallerie.

De papier et de cristal

Colle Bassa

Le cœur de la ville basse bat sur l'agréable piazza Arnolfo di Cambio, remaniée par Jean Nouvel et Daniel Buren en 2007. Cernée d'arcades sur trois côtés, elle accueille chaque vendredi le marché.

Palais et maisons-tours

Castello

En prenant l'ascenseur futuriste qui relie la ville basse et la ville haute, vous atterrirez à Colle Alta par le Baluardo, puissant rempart d'où jouir d'une vue magnifique. En empruntant la via del Castello, vous arriverez sur la piazza di Canonica, à la jolie église romane, où se dresse la maison-tour de l'enfant du pays, Arnolfo di Cambio (l'architecte du Palazzo Vecchio à Florence). Poursuivez jusqu'à la piazza del Duomo, où s'érigent la cathédrale et le Palazzo Pretorio, actuel Musée archéologique. Au bout de la rue, le Palazzo Campana s'élève au-dessus des murailles. Vous passerez sous sa grande arche en pierre pour entrer dans la ville fortifiée, le borgo. N'hésitez pas, avant de franchir le pont, à flâner dans la ruelle en pente, via delle Romite, parallèle à la rue principale : elle mène à la via delle Volte, passage couvert longeant les fortifications.

Museo Archeologico 0577 92 2954 www.museocolle.it Mai-sept. : mar.-ven. 10h30-12h30 et 16h30-19h30 ; oct.-avr. : mar.-ven. 15h30-17h30 4€

Par la grande porte

Borgo

De l'autre côté du ponte del Campana, la très belle via Francesco Campana s'élargit, flanquée de part et d'autre d'édifices Renaissance et baroques, parmi

À NE PAS MANQUER

- Castello (Colle Alta)
- Borgo (Colle Alta)
- Monteriggioni

Monteriggioni

lesquels le palais en brique Renieri-Portigiani. Après avoir profité de la délicieuse piazza Santa Caterina, où se dresse une église (15e s.) au magnifique vitrail, promenez-vous dans les rues bordées de maisons médiévales et d'élégants palais des 14e et 15e s. avant de rejoindre la Porta Nuova (15e s.), aux deux imposantes tours cylindriques.

ENVIRONS DE COLLE DI VAL D'ELSA

Ville fortifiée

Monteriggioni ★

De loin, la silhouette de Monteriggioni semble presque irréelle. La cité est ceinte d'une muraille elliptique à 11 tours admirablement conservée. Construite par les Siennois en 1213, elle s'élevait alors au-dessus d'un fossé rempli de charbon de bois qu'il suffisait d'incendier à l'approche des assaillants. Sienne et Florence se disputeront ce fief lors de mémorables batailles en 1244 et 1254. Le bourg est constitué d'une unique ruelle et de la piazza Roma, qui rassemble les deux restaurants du village, l'épicerie, un *bar-gelateria-enoteca* et une église romano-gothique. Merveilleux hors saison, envahi en été...

À environ 5km de Colle di Val d'Elsa en direction de Sienne

À FAIRE

Marchez dans les pas des pèlerins

Via Francigena

Cette route, utilisée par les marchands italiens pour rejoindre les Flandres puis par les pèlerins pour se rendre à Rome et en Terre sainte, est ponctuée

CHIANTI ET HUILE D'OLIVE

Le chianti, dont près d'un million d'hectolitres est produit par an, est le plus réputé des vins italiens. Autrefois vendu en *fiasco*, cette bouteille de forme ventrue entourée d'un habillage de paille, il est aujourd'hui présenté en bouteille dite bordelaise. Sa production est strictement contrôlée, et si l'appellation remonte au début du 20e s., les normes ont été renforcées en 1984. Trois cépages constituent le chianti, dont le principal, le sangiovese (sang de Jupiter), réputé pour sa robustesse, son bouquet et pour maintenir une bonne persistance gustative, représente de 75 à 100% du breuvage. Ses deux compléments sont le canaiolo nero (10% maximum), qui confère souplesse et moelleux, et le malvasia, remplacé parfois par le trebbiano (10% maximum), un cépage blanc chargé d'ajouter douceur et velouté. Outre le Chianti Classico, le terroir d'origine, il existe sept dénominations de chianti (Colli Pisani, Montalbano, Montespertoli, Rufina, Colli Fiorentini, Colli Senesi, Colli Aretini). L'autre richesse de la région est l'huile d'olive, qui acquiert en Toscane ses lettres de noblesse. Elle fait l'objet d'une sévère réglementation qui assure sa qualité, et se reconnaît à ses notes piquantes et amères qui rappellent l'artichaut.

Coq noir, logo du Chianti Classico

d'églises. En Toscane, elle passe par Lucques (p.122), San Gimignano (p.156), Colle di Val d'Elsa, Monteriggioni, Sienne (p.172)... L'étape qui relie San Gimignano à Monteriggioni dure environ 7h30 et est assez difficile ; pour celle allant de Monteriggioni à Sienne, comptez 4h30 de difficulté moyenne.

www.viefrancigene.org

Participez à une fête de village

Calici sotto le stelle

Venez déguster des vins du Chianti, "sous les étoiles".

Colle Alto 9 ou 10 août

Fiera degli Uccelli

Participez à la "fête des oiseaux", réunissant chasseurs et paysans des environs.

Colle Bassa Dernier dim. de sept.

Lavorazione al caldo del cristallo

Découvrez le travail du cristal dans la ville haute.

Vicolo della Misericordia Colle Alto Mars-nov. : 1er dim. du mois 15h-18h

NOS ADRESSES

RESTAURANTS

Des produits "km zéro"

Bel Mi' Colle €

Emanuela et Simone vous feront volontiers découvrir le four du 13e s. et le puits à la cave. Le mari, en cuisine, privilégie la saison, la filière courte et prépare lui-même pain et pâtes. Goûtez aux tripes, aux plats de morue ou aux grillades... S'ils sont à la carte, ne manquez pas les oignons farcis au *pecorino*. Agréable terrasse. Repas 15-25€.

COLLE DI VAL D'ELSA Via Giuseppe Garibaldi, 56 Colle Bassa 0577 92 28 37 Mar.-sam. 12h30-15h et 19h30-23h, dim. 12h30-15h

Amoureux du terroir

Officina della Cucina Popolare €

La mode du locavorisme et des recettes paysannes a touché l'Italie de plein fouet. Dans une déco *radical chic* (parquet, chaises dépareillées et beaux meubles de brocante), vous pouvez choisir une soupe de pois chiches, du lapin aux olives, une tarte chocolat et poire cuite au chianti... *Primi* 7-15€, *secondi* 10-15€.

COLLE DI VAL D'ELSA Via Gracco del Secco, 86 Colle Alta 0577 92 17 96 www.ristoranteofficinacolle.it Lun. et mer.-sam. 19h30-22h30, dim. 12h30-14h30 et 19h30-22h30 (horaires variables hors saison)

Sur la place

Trattoria Il Pozzo €€

Si vous allez à Monteriggioni hors saison, réservez dans cette adorable trattoria dotée de quelques tables donnant sur la place principale et d'une cour. Dans cette belle maison en pierre, goûtez aux antipasti toscans ou au succulent gibier. *Primi* 10€, *secondi* 18-22€.

MONTERIGGIONI Piazza Roma, 2 0577 30 41 27 www.ilpozzo.net Mar.-sam. 12h15-15h et 19h30-22h, dim. 12h15-15h

SAN GIMIGNANO ★

La silhouette de San Gimignano a quelque chose de surnaturel. Quelle est donc cette cité hérissée de tours qui surgit au milieu de la campagne, comme suspendue dans les airs ? Un petit bijou médiéval où vous vous perdrez avec délice !

ACCÈS ET INFOS

- San Gimignano se situe à 56km au sud de Florence et 42km au nord-ouest de Sienne
- Liaison ferroviaire avec Sienne (arrivée gare de Poggibonsi-San Gimignano puis car)
- Liaison par autocar de Florence et de Sienne www.tiemmespa.it
- Associazione Pro Loco Piazza del Duomo, 1 ⏲ Mars-oct. : tlj. 10h-13h et 15h-19h ; nov.-fév. : tlj. 10h-13h et 14h-18h
- Le San Gimignano Pass donne accès à neuf lieux de visite. Tarif 13€, réduit 10€ (valable 2 jours, en vente dans toutes les billetteries)

À VOIR

San Gimignano est inscrite par l'Unesco au patrimoine mondial, et vous comprendrez pourquoi ! La cité offre un merveilleux exemple d'architecture médiévale, parfaitement conservé. En passant outre la marée humaine qui colonise le bourg dans la journée, le charme opère... Encore mieux, écartez-vous des sentiers battus pour prendre le frais dans un petit jardin excentré, promenez-vous le long des remparts, humez les fragrances d'acacia qui embaument l'air au printemps, grimpez jusqu'aux ruines de la Rocca et profitez du panorama. Le soir, quand la chaleur tombe, la ville retrouve un peu de paix. Sur la piazza del Duomo, quelques personnes âgées sortent alors leur chaise sur le pavé, et San Gimignano dévoile un autre visage.

IL ÉTAIT UNE FOIS

San Gimignano se développe du 11e au 13e s., autour de la via Francigena (p.153). Les maisons-tours se multiplient, car elles symbolisent le pouvoir (et l'orgueil) de la riche aristocratie urbaine. Au 13e s., au faîte de sa gloire, la ville compte 72 tours !

Magistrale
Porta San Giovanni

Pénétrez dans le centre historique par l'imposante Porta San Giovanni, la plus belle de la ville avec son arc surbaissé et sa guérite à six petits arcs. Elle remonte à 1262.

Comme au 11e s.
Via San Giovanni

La rue principale suit le tracé de la via Francigena et a conservé sa vocation commerciale. Boutiques d'artisanat, de produits typiques, de céramiques s'y succèdent, en alternance avec quelques églises et de nombreux palais

À NE PAS MANQUER

- Piazza della Cisterna
- Piazza del Duomo
- Duomo – Basilica di Santa Maria Assunta

Piazza del Duomo

seigneuriaux, maisons médiévales, tours, maisons-tours et hospices. À voir : la façade romano-pisane de l'église San Francesco (13e s.), rythmée de chapiteaux décorés, aujourd'hui reconvertie en boutique. La rue monte jusqu'à l'Arco dei Becci et débouche sur l'élégante piazza della Cisterna.

Autour du puits

Piazza della Cisterna

Vous êtes arrivé dans le cœur historique de la ville. Cette harmonieuse place de marché, à l'originale forme triangulaire, légèrement inclinée, est pavée de briques disposées en écailles de poisson. Admirez les somptueux palais et maisons-tours qui la bordent. Le puits (*cisterna* en italien), au centre, lui a donné son nom. Faites comme tout le monde et installez-vous-y pour admirer : de gauche à droite, l'Arco dei Becci, du nom d'une riche famille commerçante ; le Palazzo Razzi, aux fenêtres géminées superposées, et sa tour ; la façade recouverte de vigne de la Casa Salvestrini (13e s.) transformée en hôtel ; le Palazzo Tortoli (14e s.) aux fenêtres jumelles. Au-delà de la via del Castello se dresse le Palazzo dei Cortesi, surmonté d'une très haute tour surnommée Torre del Diavolo ("la tour du diable").

Tout en hauteur

Piazza del Duomo

La place du Dôme demeure telle qu'elle était au 13e s. Cœur administratif, politique et religieux de la ville, ceinturée de maisons-tours, elle regroupe la Collegiata (la cathédrale), qui fait face au Palazzo Vecchio del Podestà, en pierre et en brique. L'immense passage voûté du rez-de-chaussée servait d'accès aux magasins à grains et à la Torre Rognosa, haute de 52m – hauteur maximale alors autorisée par les statuts de la commune. À gauche de la Collegiata se déploient le Palazzo del Popolo, actuel hôtel de ville et son Museo Civico (ci-après), et la loge du peuple, grand portique sous lequel on pourrait rester assis des heures, à observer la vie trépidante de la place.

Foisonnement de fresques

Duomo – Basilica di Santa Maria Assunta

La cathédrale Santa Maria Assunta domine la place du haut de son escalier. Le bâtiment que vous voyez, érigé en 1056, a été restructuré en 1239 puis agrandi en 1460. Ne vous laissez pas intimider par son austère façade romane, elle ne met que plus en relief la richesse de l'intérieur ! Entièrement recouverte de fresques aux 14e-15e s., la nef est surmontée d'une voûte bleue étoilée. À gauche, sont évoqués des passages de l'*Ancien Testament* (la création du monde et la vie de Job). Au centre, trois grandes fresques représentent le *Jugement dernier*. Admirez le *Martyre de saint Sébastien* de Benozzo Gozzoli (le même qu'au Palazzo Medici à Florence, du milieu du 15e s.). Dans la nef de droite, les fresques du *Nouveau Testament*. Ne manquez surtout pas la magnifique chapelle Renaissance Santa Fina, qui conserve une œuvre de Ghirlandaio : *Saint Grégoire annonçant à sainte Fine sa mort prochaine* (1475).

Piazza del Duomo ☎ 0577 94 03 16 ⏲ Avr.-oct. : lun.-ven. 10h-19h, sam. 10h-17h, dim. 12h30-19h ; nov.-mars : lun.-sam. 10h-16h30, dim. 12h30-16h30 Fermé 25 déc., 1er et mi-fin jan., dim. du début du carnaval, 12 mars, 1er dim. d'août, mi-fin nov. € 6€ (billet combiné avec le Museo d'Arte Sacra)

Trésor

Museo d'Arte Sacra

Le musée d'Art sacré conserve ornements sacrés, orfèvrerie religieuse, objets d'art et peintures du 15e s. provenant du Duomo et des églises de la région.

Piazza Pecori, 1 (à gauche du Duomo) ☎ 0577 94 03 16 ⏲ Avr.-oct. : lun.-ven. 10h-19h, sam. 10h-17h, dim. 12h30-19h ; nov.-mars : lun.-sam. 10h-16h30, dim. 12h30-16h30 € 6€ (billet combiné avec le Duomo)

DRÔLE D'AFFAIRE

Piazza delle Erbe se dressent les Torri dei Salvucci, deux tours jumelles qui résultent du terrible conflit qui opposa au 14e s. les familles Ardinghelli (guelfes) et Salvucci (gibelins). La commune ayant réglementé la hauteur maximale des tours, les deux familles ne purent plus rivaliser par ce biais. Les Salvucci construisirent alors deux tours qui, superposées, dépasseraient celle des Ardinghelli !

Pouvoir majeur

Palazzo Comunale

Le Palazzo Nuovo del Podestà (1288), ou Palazzo del Popolo, est accolé au Duomo. Une visite des riches collections de son **Museo Civico** vous donnera un aperçu de la vivacité artistique de la cité aux 14e et 15e s. Un escalier situé dans l'élégante cour du bâtiment, décoré de quelques fresques du 14e s. mène à la salle de Dante. Du palais, vous accéderez à la Torre Grossa, la plus haute tour de la ville (54m), pour profiter d'un vertigineux panorama. Le billet d'entrée vous donnera aussi accès au Complesso Museale del Conservatorio di Santa Chiara, aux passionnants trésors archéologiques.

Piazza del Duomo 0577 99 03 12 Avr.-sept. : tlj. 10h-19h30 ; oct.-mars : tlj. 11h-17h30 ; 1er jan. : 12h30-17h30 Fermé 25 déc. 9€ (billet combiné avec le Complesso Museale del Conservatorio di Santa Chiara) Complesso Museale del Conservatorio di Santa Chiara Via Folgore da San Gimignano, 11 Avr.-sept. : tlj. 10h-19h30 ; oct.-mars : tlj. 11h-17h30 ; 1er jan. : 12h30-17h30 Fermé 25 déc.

C'EST DANS L'AIR

Aussi incroyable que cela puisse paraître, c'est ici que se trouve une des galeries d'art contemporain les plus en pointe de la scène internationale, la Galleria Continua ! Ouverte en 1990 dans un ancien cinéma, elle expose Anish Kapoor, Michelangelo Pistoletto, Daniel Buren, Chen Zhen...

Via del Castello, 11 0577 94 31 34 www.galleriacontinua.com Tlj. 10h-13h et 14h-19h

Fresque de Gozzoli dans Sant'Agostino

Forteresse-jardin

Rocca di Montestaffoli

Profitez du calme de ce paisible jardin et de la vue sur les toits de la cité... Le lieu avait pourtant une tout autre vocation ! La Rocca est une forteresse édifiée par les Florentins au 14e s., alors qu'ils venaient d'assujettir la ville. Elle fut détruite en 1558 par Cosme Ier. Il n'en reste plus grand-chose, mis à part une tour et quelques vestiges de murs.

L'évidence de l'austérité

Sant'Agostino

La façade de cette église romano-gothique (fin du 13e s.) témoigne d'une rare modestie. La (petite) porte sur la façade n'est plus utilisée, et vous devrez rentrer par la droite. À l'intérieur, vous pénétrez dans une nef unique très claire, à la solide charpente à chevrons. Allez voir la chapelle San Barolo à gauche de l'entrée, pour ses fresques, son pavement en majolique d'Andrea della Robbia, et son bel autel en marbre. Un admirable cycle de fresques du milieu du 15e s. de Benozzo Gozzoli recouvre le chœur retraçant les épisodes de la vie de saint Augustin. Beau cloître fleuri. Le couvent accueille toujours une communauté augustinienne.

Piazza Sant'Agostino, 10 (de la Porta San Matteo, prendre la via Cellolese pour rejoindre la place) 0577 90 70 12 Jan.-mars : lun. 16h-18h, mar.-dim. 10h-12h et 15h-18h ; avr.-oct. : tlj. 10h-12h et 15h-19h ; nov.-déc. : tlj. 10h-12h et 15h-18h

À FAIRE

Profitez de l'été culturel et gourmand

Accade d'estate

San Gimignano, l'été, vit au rythme de l'opéra, des concerts de musique classique, de jazz, du cinéma, du théâtre, du ballet, de grands marchés...

www.sangimignano.com Juin-sept.

COULEUR LOCALE

Jadis, fêtes et tournois médiévaux se déroulaient piazza della Cisterna. Le lieu retrouve sa fonction originelle lors des Fiere delle Messi (la foire des moissons, le 3e w.-e. de juin), dont la première édition date de 1258. Chants, danses et défilé de cavaliers sont au programme !

NOS ADRESSES

PAUSES

Des glaces maison

Gelateria di "Piazza"

Le meilleur glacier de la ville se mesure-t-il à la longueur de sa file d'attente ? Il semblerait que oui ! Ils sont des centaines chaque jour à jouer des coudes pour goûter aux glaces artisanales de Sergio Dondoli. Quelques spécialités saisonnières, telles que les glaces framboise et romarin ou mûre et lavande (juillet-août) et le sorbet au moût de sangiovese (du 15 sept. au 1er oct.).

SAN GIMIGNANO Piazza della Cisterna, 4
0577 94 22 44 www.gelateriadipiazza.com
Avr.-sept. : tlj. 9h-0h ; oct.-mi-déc., mi-fév.-mars : tlj. 9h-19h

Gelateria di "Piazza"

Bar à vin

Enoteca Gustavo

En descendant la via San Matteo, ne résistez pas au plaisir de vous installer à l'une des deux petites tables posées sur le pavé. Cette sympathique œnothèque propose une vingtaine de crus des environs à déguster au verre. Assiettes de charcuterie et fromages, *bruschette* et desserts.

SAN GIMIGNANO Via San Matteo, 29
0577 94 00 57 Été : tlj. 9h-21h ; hiver : mer.-lun. 10h30-20h

RESTAURANTS

Comme à la *casa*

Osteria delle Catene €€

Un peu à l'écart des sentiers touristiques, cette *osteria* est fréquentée par des habitués. Sous des voûtes en brique ou en terrasse, vous déguster une sélection de *salumi toscani*, suivis d'une traditionnelle *ribollita* et d'un lapin à la Vernaccia. En dessert, délicieux gâteau au mascarpone et safran. *Primi* 10-12€, *secondi* 14-16€.

SAN GIMIGNANO Via Mainardi, 18
0577 94 19 66 www.osteriadellecatene.it Été : jeu.-mar. 12h-14h30 et 19h-21h30 ; hiver : lun.-mar. et jeu.-sam. 12h-14h30 et 19h-21h30, dim. 12h-14h30 (fermé début jan.-début mars)

Tables en marbre

Osteria del Carcere €€

La grande sélection de charcuteries, de fromages et de salades permet de déjeuner légèrement et à prix modérés. Pour un repas plus consistant, n'hésitez pas à tester les plats chauds, dont d'excellentes soupes cuisinées par Elena à partir, le plus souvent, de produits biologiques. Repas 25-30€.

SAN GIMIGNANO Via del Castello, 13 (à deux pas de la piazza della Cisterna)
0577 94 19 05 Avr.-début jan. : ven.-mar. 12h30-15h et 19h30-22h, jeu. 19h30-22h (fermé jeu. soir déc.- début jan.)

Scénographique

Le Vecchie Mura €€

Vous goûterez ici aux incontournables de la cuisine toscane, dont les fameux *pici* de San Gimignano (épais spaghettis faits à la main) ou le sanglier à la Vernaccia. Le dîner est servi dans une élégante salle voûtée en croisée d'ogives parsemée de tables et de bancs en bois façon "taverne". En été, l'agréable terrasse arborée domine la vallée et les murailles. Repas 25-30€.

SAN GIMIGNANO Via Piandornella, 15
0577 94 02 70 www.vecchiemura.it
Avr.-oct. : mer.-lun. 18h-22h

> LA RECETTE
>
> **CROSTINI TOSCANI**
>
> *Chaque famille possède sa recette de toasts aux foies de volaille, servis en* antipasto.
>
> **Pour 4 pers.**
>
> 4 foies de volaille
> Quelques brins de persil
> 30g de beurre
> 2 anchois au sel
> 1 c. à s. de câpres au sel
> 1 c. à s. de farine
> 2 c. à s. d'eau
>
> Mettez les câpres à dessaler. Lavez et coupez finement les foies au couteau avec le persil, puis hachez les câpres et les anchois. Faites revenir les foies au beurre puis le mélange câpres et anchois. Poivrez. Ajoutez la farine déliée dans l'eau, mélangez et faites cuire quelques minutes. Grillez du pain et étalez la crème sur les toasts

Ethnocuisine

Ristorante Dorandò €€€

Le chef Duccio Ferri s'est plongé dans les écrits anciens et a sélectionné quelques recettes d'inspirations étrusque, médiévale et Renaissance qu'il a adaptées à nos papilles. Quel meilleur cadre que des caves du 14e s. pour déguster ces millénaires d'histoire culinaire ? Chaque plat est préparé à la commande, prévoyez du temps pour un repas. Repas 35-60€.

SAN GIMIGNANO Vicolo dell'Oro, 2 0577 94 18 62 www.ristorantedorando.it Pâques-oct. : tlj. 12h-14h30 et 19h-21h30 ; nov.-Pâques : mar.-dim. 12h-14h30 et 19h-21h30 (fermé 15 nov.-déc. et début jan.-déb. fév.)

Sienne et Arezzo sont séparées par le verdoyant et ondoyant Val di Chiana. Chacune se dresse sur une colline, Sienne privée de cours d'eau – une rareté pour une ville –, Arezzo entourée de la chaîne des Apennins. Toutes deux ont été freinées dans leur ascension par Florence et, si elles demeurent telles qu'au Moyen Âge et à la Renaissance, parées de leurs joyaux, ce sont aussi de vivantes villes de province pleines de charme !

Sienne, Arezzo

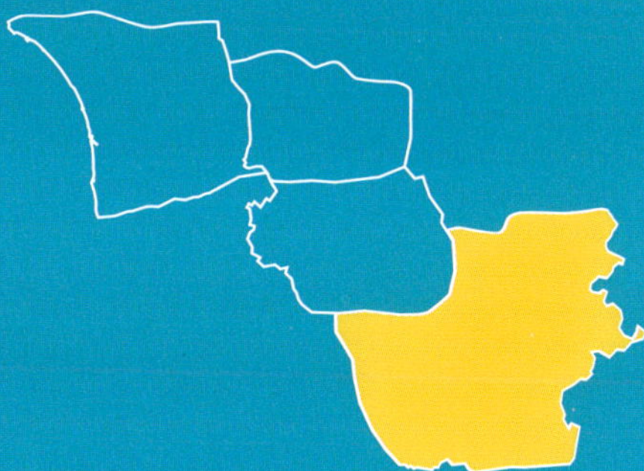

Val d'Orcia

Plan 9

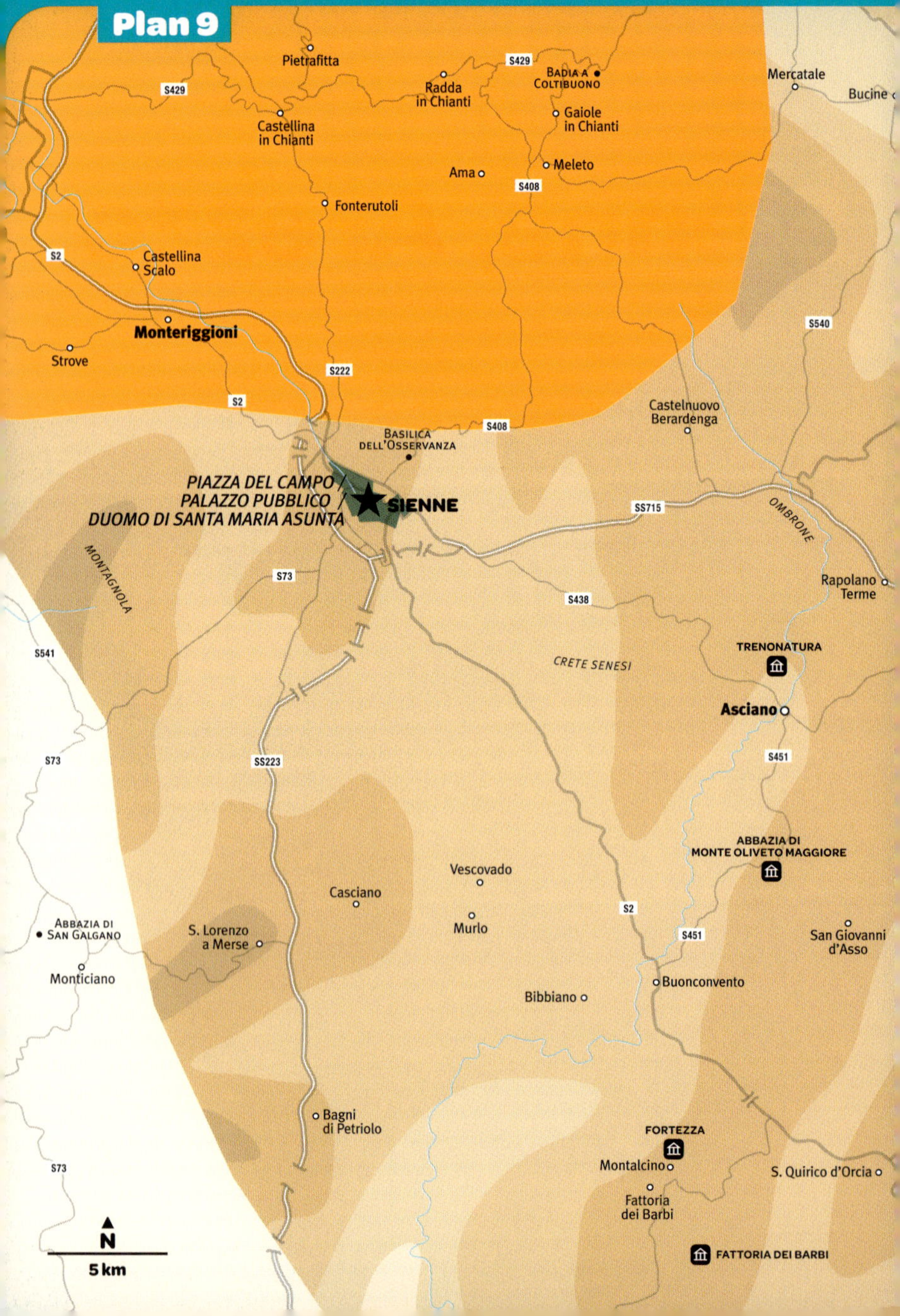
Pietrafitta
S429
Radda in Chianti
Badia a Coltibuono
Mercatale
Bucine
Castellina in Chianti
Gaiole in Chianti
Meleto
Ama
S408
Fonterutoli
S2
Castellina Scalo
Monteriggioni
Strove
S222
S540
Castelnuovo Berardenga
Basilica dell'Osservanza
Piazza del Campo / Palazzo Pubblico / Duomo di Santa Maria Asunta
SIENNE
SS715
Ombrone
Montagnola
S73
S438
Rapolano Terme
S541
Crete Senesi
Trenonatura
Asciano
S451
SS223
Abbazia di Monte Oliveto Maggiore
Vescovado
Casciano
Murlo
Abbazia di San Galgano
S. Lorenzo a Merse
San Giovanni d'Asso
Monticiano
Buonconvento
Bibbiano
Bagni di Petriolo
Fortezza
Montalcino
S. Quirico d'Orcia
Fattoria dei Barbi
N
5 km

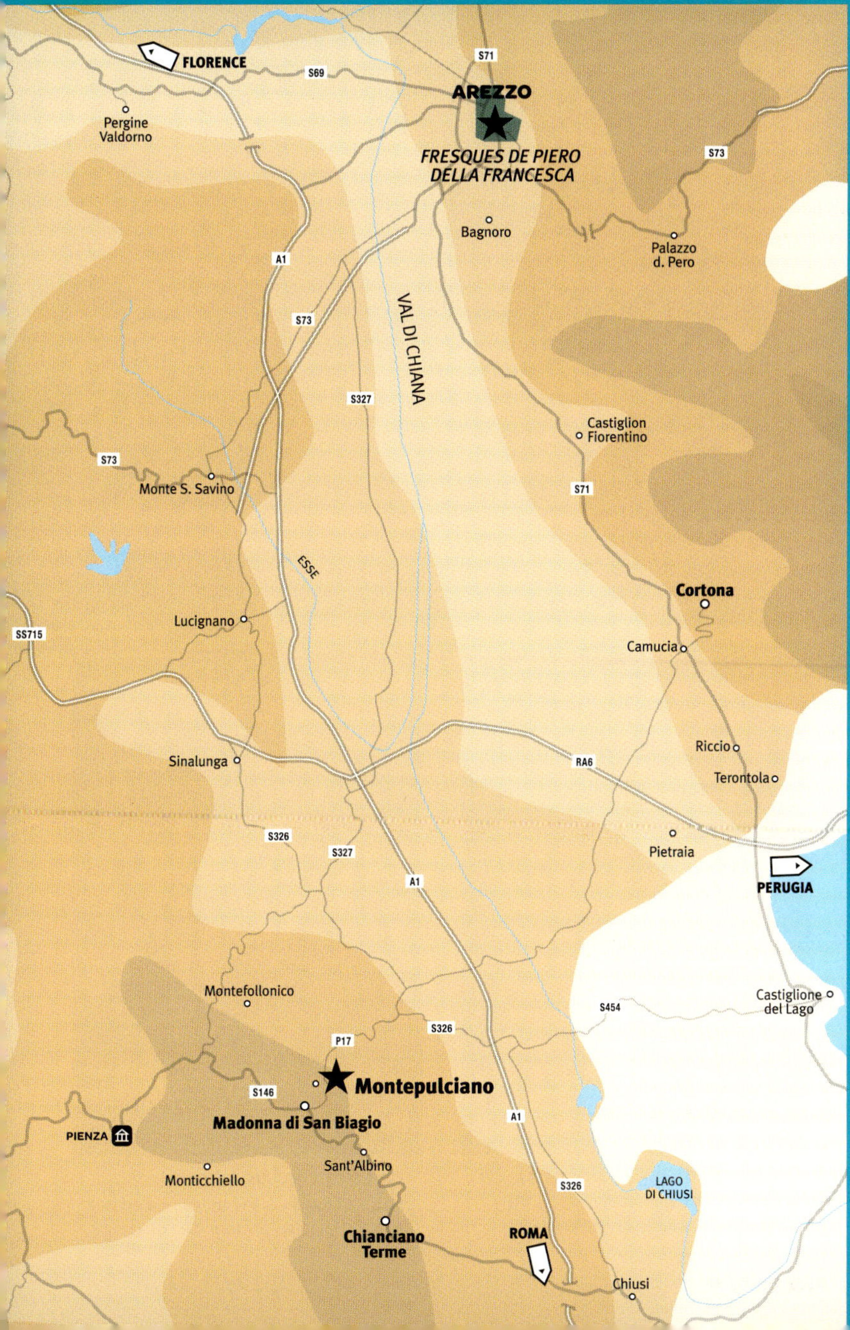
FLORENCE
S69
S71
AREZZO
FRESQUES DE PIERO DELLA FRANCESCA
Pergine Valdorno
S73
Bagnoro
Palazzo d. Pero
A1
S73
VAL DI CHIANA
S327
Castiglion Fiorentino
S73
Monte S. Savino
S71
ESSE
Cortona
Lucignano
SS715
Camucia
Riccio
Sinalunga
RA6
Terontola
Pietraia
S326
S327
A1
PERUGIA
Montefollonico
Castiglione del Lago
S454
S326
P17
Montepulciano
S146
Madonna di San Biagio
A1
PIENZA
Sant'Albino
Monticchiello
LAGO DI CHIUSI
S326
ROMA
Chianciano Terme
Chiusi

★ LES INCONTOURNABLES

★ **LA PIAZZA DEL CAMPO À SIENNE** (p.172) pour sa forme de coquillage.

★ **LES FRESQUES DE PIERO DELLA FRANCESCA À AREZZO** (p.186) pour un sentiment d'éternité.

★ **LE DUOMO DE SIENNE** (p.177) pour sa façade, son campanile en noir et blanc et la splendeur de son décor.

★ **MONTEPULCIANO** (p.182) pour son vin et sa piazza Grande !

★ **LE PALAZZO PUBBLICO À SIENNE** (p.172) pour ses fresques politiques.

NOS CONSEILS

Des suggestions pratiques et des petites astuces pour découvrir Sienne et Arezzo sans fausse note.

Rendez-vous à Sienne pendant le Palio

La renommée de Sienne est associée au Palio (p.176), cette course de chevaux de 1min30 qui se déroule en trois tours de la piazza del Campo et où tous les coups sont permis. Le jour même, et les quatre jours précédents, l'effervescence dans la ville atteint son paroxysme ! Deux Palio jalonnent l'année : l'un le 2 juillet, l'autre le 16 août.

✖ N'improvisez pas votre participation au Palio

Attention, les jours du Palio sont festifs, mais aussi empreints d'une grande tension. Arrivez tôt sur la piazza del Campo, aux alentours de 15h30-16h pour éviter les "goulots d'étranglement" aux entrées au dernier moment. Les enfants de moins de 10 ans ne sont pas admis, et la course est déconseillée aux personnes souffrant de problèmes cardiaques par certaines associations.

Découvrez la campagne siennoise

C'est celle des films et des cartes postales... Le Val d'Orcia, au sud de Sienne, a même été inscrit au patrimoine mondial par l'Unesco, avec ses collines soulignées de haies de cyprès vert foncé... Louez une voiture pour découvrir les petits villages et abbayes alentour, ou réservez une nuit dans un *agriturismo*.

✖ Ne rentrez pas en voiture dans les villes

Toutes les villes de Toscane sont ennemies de la voiture et bloquent l'accès à leur centre-ville par des ZTL (zones à trafic limité) sévèrement contrôlées, mais Sienne ne connaît quasiment pas l'automobile. Vous circulerez aisément à pied dans tout le centre historique.

Réservez pour la Cappella Bacci

Si vous avez décidé de vous rendre à Arezzo pour admirer le chef-d'œuvre de Piero della Francesca (p.186), sachez que la réservation est obligatoire. La visite est régulée, par groupes de 25 personnes maximum, toutes les 30min.

0575 35 27 27 www.pierodellafrancesca-ticketoffice.it

Emportez des jumelles

Si vous souhaitez admirer au mieux les fresques du Palazzo Pubblico à Sienne ou la *Légende de la Sainte Croix* à Arezzo, n'oubliez pas vos jumelles ! Vous verrez ainsi tous les détails des personnages.

Prenez un train à vapeur

Une association de passionnés fait revivre des trains anciens et organise des parcours gourmets et culturels au départ de Sienne, lors de fêtes de villages. C'est l'occasion aussi de voir les paysages de la campagne

Vers Monticchiello

siennoise différemment, ces trains empruntant des voies coupant à travers champs, loin de toute route parfois ! Actualité à suivre toute l'année sur le site internet.

0577 20 74 13 www.terresiena.it/it/trenonatura/programma

Rapportez des pâtisseries

Sienne est célèbre pour ses gourmandises : le *ricciarelli* moelleux à l'amande amère, le *panforte* ou *panpepato* (pain poivré) aux épices, le *cavallucci* aux noix et à l'anis. Cafés et pâtisseries vous attendent pour les goûter et en faire provision !

Goutez aux *tortelli di patate...*

Arezzo se situe aux portes du Casentino, une des vallées des Apennins. La spécialité locale est les *tortelli di patate*, de gros raviolis farcis de pommes de terre (d'une variété locale à chair blanche) et de lardons, assaisonnés au beurre et à la sauge.

... et aux *pici* faits main

Spécialités culinaires de Sienne et de son territoire, les *pici* sont d'épais spaghettis. On les déguste *al ragù* (la sauce à la viande), *al aglione* (une sorte de gros ail doux), *alle briciole* (à la chapelure) à Montepulciano...

Allez au marché des antiquaires d'Arezzo

Chaque premier week-end du mois, sur la Piazza Grande et dans les ruelles et petites places du centre historique, environ 800 antiquaires sont présents ! Ce marché aux puces est accompagné de toute une programmation.

www.fieraantiquaria.org

RENDEZ-VOUS AVEC...

Michele Seppia entretient un lien fort avec Arezzo, sa ville natale. Passionné par le beau sous toutes ses formes, il y a ouvert une galerie, la Nero Design Gallery, où il présente de magnifiques objets de design du 20e s. comme des créations exclusives de jeunes artistes prometteurs.

Mon péché mignon

Pasticceria Bruschi

Je me rends à la pâtisserie Bruschi, ouverte depuis 1937, dès que j'ai quelque chose à fêter. Leurs mille-feuilles sont un vrai délice ! Et je ne rate jamais la *treccia*, la brioche tressée du dimanche matin.

AREZZO (plan 11, B1 n°13) Via di San Domenico, 42 ☎ 0575 249 69 ⏲ Mar.-sam. 7h-13h et 16h-19h, dim.-lun. 7h-13h

NERO DESIGN GALLERY

Le lieu de Michele.
AREZZO (plan 11, B3 n°12) Piazza San Francesco, 5 ☎ 0575 182 24 84 www.nero-design.it ⏲ Mar.-sam. 10h-13h et 16h-19h30 et 1er dim. du mois

Mon bar à vins

Terra di Piero

Je vais déjeuner dans cette petite œnothèque pour un repas rapide et de qualité. Cristiano, le sympathique propriétaire, me prépare par exemple un tartare de bœuf, et je me laisse souvent tenter par un verre de vin rouge. Je ne me lasse pas du civettaja, un pinot produit dans le Casentino, les collines d'Arezzo, qui n'a donné que 350 bouteilles. Cristiano a réussi à mettre la main sur quelques exemplaires... Un régal !

AREZZO (plan 11, B3 n°5) Piazza San Francesco ☎ 0575 33 31 82 ⏲ Tlj. 10h-1h

ADRESSES

- **A** Pasticceria Bruschi
- **B** Terra di Piero
- **C** Luca Raspini
- **D** Gerardo Radicati
- **E** Da Giovanna
- **F** Nero Design Gallery

Mes objets patinés

Luca Raspini

Luca Raspini est un des antiquaires les plus intéressants de la ville, je vais souvent dans sa boutique pour dénicher des trésors. Il a un talent inégalé pour composer ses vitrines. Événement phare d'Arezzo

SI AREZZO ÉTAIT ...

Un parfum. Ce serait celui des cyprès des collines qui l'entourent. J'associe tout de suite la forme pure et raffinée de cet arbre à ma cité !

Église Santa Maria della Pieve d'Arezzo

que j'apprécie particulièrement, la brocante du premier week-end de chaque mois (p.169) !

AREZZO (plan 11, B2 n°11) Via Cavour, 18 ☎ 0575 209 75 ⏲ Lun.-sam. 10h-13h et 16h-19h Fiera Antiquaria di Arezzo ☎ www.fieraantiquaria.org 1er w.-e. de chaque mois

Autour de l'art

Gerardo Radicati

Grand amateur d'art, je m'intéresse aussi naturellement à l'encadrement. Je recommande vivement la boutique de Gerardo Radicati, un passionné, qui achète et collectionne des cadres de toutes tailles et de différentes époques (du 18e au 20e s. principalement).

AREZZO (plan 11, B3 n°10) Via Cavour, 28 ⏲ Lun.-sam. 10h-13h et 15h30-19h30 et 1er dim. du mois

Mon auberge

Da Giovanna

Je vous conseille de sortir d'Arezzo pour vous asseoir à la table de cette *osteria* typique, située à 3,5km du centre-ville. Côté décoration, rien à signaler, mais l'assiette vaut le déplacement. Les pâtes au *ragù* de canard et les viandes saisies au feu de bois sont une merveille. Pour ma part, je choisis toujours les *gobbi rifatti*, des cardons frits et nappés de sauce tomate. Pour couronner le tout, le fils de la famille a été élu meilleur sommelier du monde !

AREZZO (plan 11, C4 n°1) Via Anconetana, 164 ☎ 0575 36 01 53 ⏲ Lun. et mer.-sam. 12h30-15h et 19h30-22h30, mar. et dim. 12h30-15h

MA BALADE PRÉFÉRÉE

Je ne me lasse pas du centre historique d'Arezzo (p.186). Il faut impérativement admirer les fresques de la basilique Saint-François, *Légende de la Sainte Croix*, puis se rendre à la Pieve, la plus ancienne église de la ville. Juste derrière, on tombe sur la Piazza Grande avec sa loggia que l'on doit à Vasari, un enfant d'Arezzo. À quelques pas de là, j'apprécie le Duomo, le Passeggio del Prato, un grand jardin public à la française, et l'église Saint-Dominique.

SIENNE

Hippolyte Taine l'avait surnommée la "Pompéi du Moyen Âge", et Dickens la définissait comme une "Venise sans eau". Une façon d'encenser sa beauté, teintée du rouge de la brique, tout en signifiant sa gloire révolue. Mais comment rester insensible au charme d'une cité ayant inscrit en lettres latines sur sa porte, en guise d'accueil à ses visiteurs : "Sienne t'ouvre plus grand son cœur" ?

À VOIR

La grande rivale de Florence a vécu son apogée artistique et économique aux 13e-14e s., avant de passer sous le joug des Médicis, en 1555. Ses merveilles d'architecture gothique sont le témoin de ce passé glorieux.

ACCÈS ET INFOS

- À 77km au sud de Florence
- Liaison ferroviaire directe de Florence. La gare se situe à 5min en bus du centre historique
- Accès en car de Florence par la compagnie Tiemme. Arrivée en centre-ville, piazza A. Gramsci. www.tiemmespa.it
- Centre-ville interdit aux voitures (sauf le temps de déposer ses bagages à l'hôtel, sur autorisation)
- Ufficio Turistico (plan 10, A3) Santa Maria della Scala Palazzo Squarcialupi Piazza Duomo, 1 Mi-mai-oct. : tlj. 9h-18h ; nov.-mi-mai : tlj. 9h-17h30

AUTOUR DE LA PIAZZA DEL CAMPO

La "place-salon"

Piazza del Campo ★ (plan 10, B3)

La place chère à tous les Siennois a-t-elle la forme d'une coquille Saint-Jacques ou celle d'un cadran solaire ? À vous de juger. Hémicycle incliné, elle est dominée par le Palazzo Pubblico et la Torre del Mangia (sublime panorama au terme de ses 400 marches). Elle est le véritable cœur de la ville, là où, dans un couloir délimité par les colonnes au sol et les façades curvilignes des maisons vieux rose, se déroule chaque année la course du Palio (p.176).

Torre del Mangia 0577 29 22 26 Mars-mi-oct. : tlj. 10h-19h (billetterie 18h15) ; mi-oct.-fév. : tlj. 10h-16h (billetterie 15h15) ; 1er jan. : 12h-16h Fermé 25 déc. 10€

Allégorie du bon gouvernement

Palazzo Pubblico – Museo Civico ★ (plan 10, B3)

Élégance et sobriété caractérisent l'hôtel de ville, érigé à la fin du 13e s. Parfait exemple du gothique siennois, il sert de modèle à la plupart des palais de la ville ! Le travertin de teinte claire pour le bas, l'ocre soutenu pour le haut, la façade légèrement incurvée et très ajourée lui confèrent toute sa légèreté. Le palais abrite le Museo Civico, mais vous accorderez surtout du temps à ses cycles de fresques à l'importance inégalée, dont *Les Effets du bon et du mauvais gouvernement*, du début du 14e s. Dans la Cappella dei Signori, remarquez, au-dessus de l'autel, la *Sainte Famille* (1530) du Sodoma.

À NE PAS MANQUER

- Piazza del Campo
- Palazzo Pubblico – Museo Civico
- Duomo di Santa Maria Assunta
- Museo dell'Opera Metropolitana
- Pinacoteca Nazionale
- Abbazia di Monte Oliveto Maggiore

La Torre del Mangia vue du Palazzo Pubblico

Les Effets du bon et du mauvais gouvernement. Cette fresque d'Ambrogio Lorenzetti est un véritable traité didactique de bonne administration politique. Face aux fenêtres, admirez le mur illustrant la figure du Bon Gouvernement : un patriarche couronné à barbe blanche symbolisant la Justice est entouré par les quatre vertus cardinales (Force, Justice, Prudence et Tempérance), et par la Magnanimité et la Paix. À ses pieds, les jumeaux et la louve, symboles de Sienne. Regardez, sur le mur de droite, les effets produits par un bon gouvernement : un subtil équilibre entre loisir et travail en ville, et l'activité laborieuse de la campagne. Concentrez-vous ensuite, sur le mur de gauche, sur les terribles conséquences d'un mauvais gouvernement, personnifié par un tyran diabolique : insécurité, abandon des terres agricoles et des cultures.
Piazza del Campo ☎ 0577 29 22 32 ⏲ Mi-mars-oct. : tlj. 10h-19h (billetterie 18h15) ; nov.-mi-mars : tlj. 10h-18h (billetterie 17h15) ; 1er jan. : 12h-18h € 9€

Voir et être vu

Via Banchi di Sopra (plan 10, B2)

C'est la rue que tous les habitants arpentent, dans un sens puis dans l'autre, à l'heure de la *passeggiata*, en fin d'après-midi, en savourant une glace, une pâtisserie, ou simplement en saluant leurs connaissances.

IL ÉTAIT UNE FOIS

Sienne peut se targuer d'être à l'origine de la plus vieille banque du monde encore en activité. Le Monte dei Paschi di Siena (sauvé in extremis par le gouvernement italien en 2017 !) a été fondé en 1472 par les magistrats de la ville pour venir en aide aux nécessiteux.

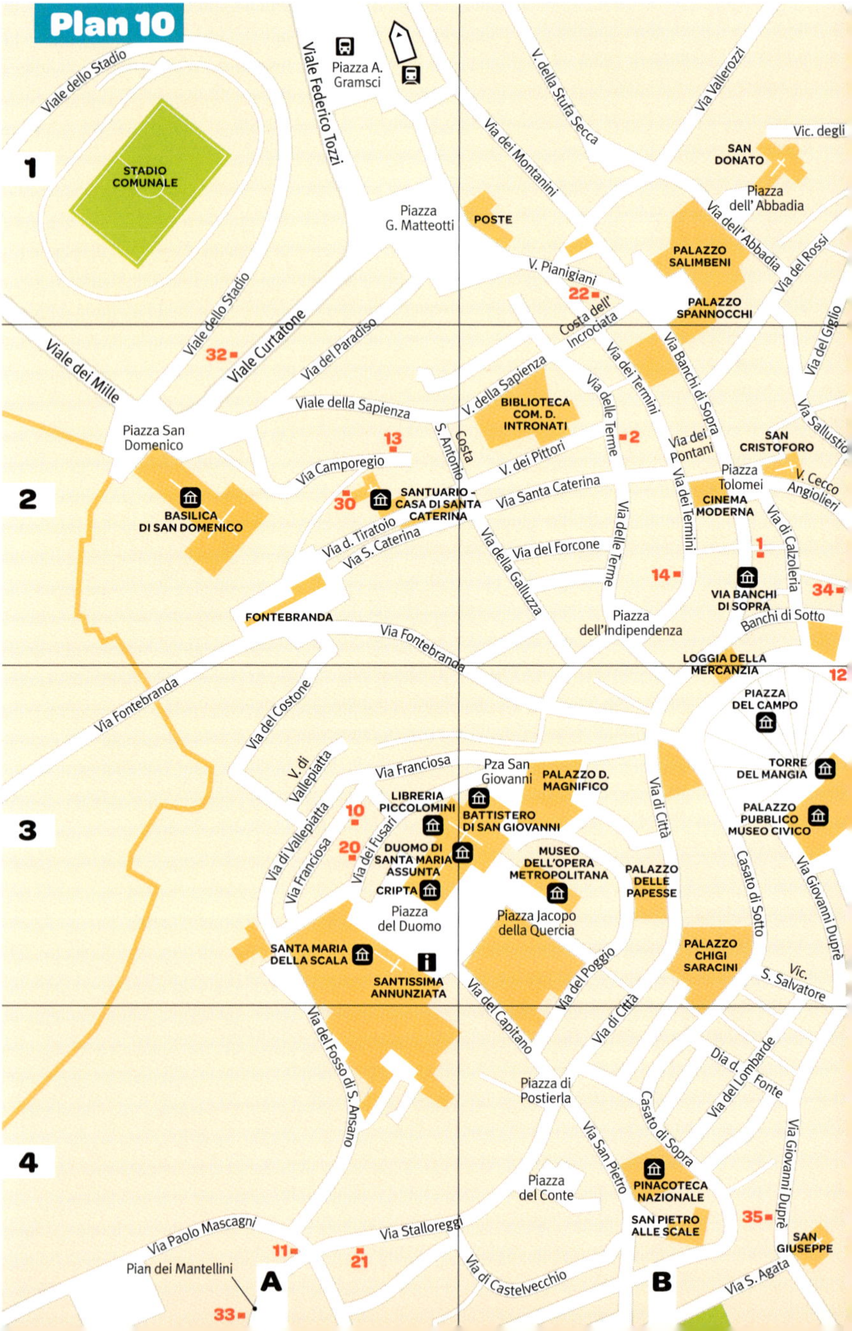
Plan 10
STADIO COMUNALE
Viale dello Stadio
Viale Federico Tozzi
Piazza A. Gramsci
Piazza G. Matteotti
POSTE
V. della Stufa Secca
Via dei Montanini
Via Vallerozzi
Vic. degli
SAN DONATO
Piazza dell' Abbadia
Via dell' Abbadia
PALAZZO SALIMBENI
Via del Rossi
PALAZZO SPANNOCCHI
V. Pianigiani
22
Costa dell' Incrociata
Viale Curtatone
Viale dei Mille
32
Via del Paradiso
Viale della Sapienza
V. della Sapienza
BIBLIOTECA COM. D. INTRONATI
Via dei Termini
Via delle Terme
Via Banchi di Sopra
Via del Giglio
Via Sallustio
Piazza San Domenico
13
S. Antonio
Costa
V. dei Pittori
2
Via dei Pontani
SAN CRISTOFORO
Via Camporegio
Piazza Tolomei
V. Cecco Angiolieri
BASILICA DI SAN DOMENICO
30
SANTUARIO - CASA DI SANTA CATERINA
Via Santa Caterina
CINEMA MODERNA
Via dei Termini
Via di Calzoleria
Via d. Tiratoio
Via S. Caterina
Via della Galluzza
Via del Forcone
1
14
VIA BANCHI DI SOPRA
34
FONTEBRANDA
Via Fontebranda
Piazza dell'Indipendenza
Banchi di Sotto
LOGGIA DELLA MERCANZIA
12
Via Fontebranda
Via del Costone
PIAZZA DEL CAMPO
V. di Vallepiatta
Via Franciosa
Pza San Giovanni
PALAZZO D. MAGNIFICO
TORRE DEL MANGIA
LIBRERIA PICCOLOMINI
10
BATTISTERO DI SAN GIOVANNI
Via di Città
PALAZZO PUBBLICO MUSEO CIVICO
Via di Vallepiatta
Via Franciosa
20
Via dei Fusari
DUOMO DI SANTA MARIA ASSUNTA
MUSEO DELL'OPERA METROPOLITANA
PALAZZO DELLE PAPESSE
Casato di Sotto
Via Giovanni Duprè
CRIPTA
Piazza del Duomo
Piazza Jacopo della Quercia
SANTA MARIA DELLA SCALA
SANTISSIMA ANNUNZIATA
Via del Poggio
PALAZZO CHIGI SARACINI
Vic. S. Salvatore
Via del Capitano
Via di Città
Via del Fosso di S. Ansano
Dia d. Fonte
Via del Lombarde
Piazza di Postierla
Casato di Sopra
Via San Pietro
Via Giovanni Duprè
PINACOTECA NAZIONALE
Piazza del Conte
35
SAN PIETRO ALLE SCALE
SAN GIUSEPPE
Via Paolo Mascagni
Via Stalloreggi
11
21
Pian dei Mantellini
Via di Castelvecchio
Via S. Agata
33
1
2
3
4
A
B

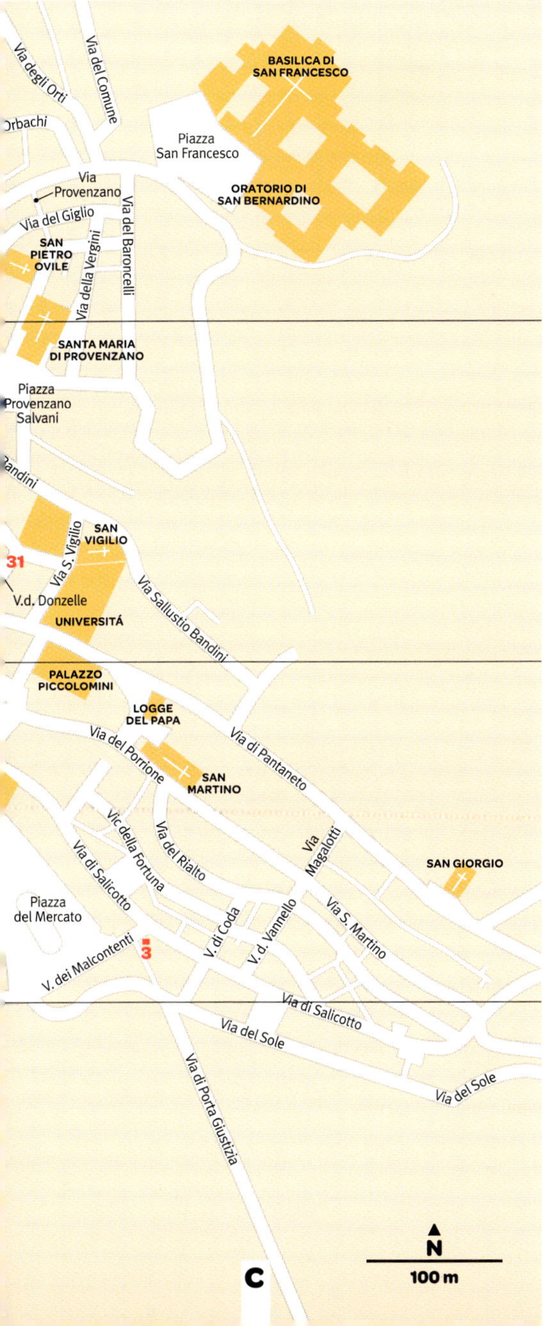

Pauses (n°1 à 3)
- *1* Nannini - *p.183* B2
- *2* Osteria Vinaio da Trombicche - *p.183* B2
- *3* Tea-Room - *p.183* C3

Restaurants (n°10 à 14)
- *10* Antica Osteria da Divo - *p.184* A3
- *14* Enoteca I Terzi - *p.184* B2
- *11* Osteria "Nonna Gina" di Lella e Dado - *p.184* A4
- *12* Osteria del Bigelli - *p.184* C3
- *13* Ristorante Pizzeria di Nonno Mede - *p.184* A2

Shopping (n°20 à 22)
- *20* Bianco e Nero - *p.185* A3
- *21* Bini - *p.185* A4
- *22* Consorzio Agrario Siena - *p.185* B1

Hébergements (n°30 à 35)
- *30* Albergo Bernini - *p.234* A2
- *31* Albergo Tre Donzelle - *p.234* C2
- *32* Hotel Chiusarelli - *p.234* A2
- *33* Pensione Palazzo Ravizza - *p.234* A4
- *34* Piccolo Hotel Etruria - *p.234* B2
- *35* Residenza d'Epoca Il Casato - *p.234* B4

LE PALIO

Penser à Sienne, c'est penser au Palio. Cette course se déroule deux fois en été (le 2 juillet et le 16 août) et réunit dix cavaliers qui galopent à cru autour du Campo à une vitesse vertigineuse, dans une effervescence qui touche toute la ville. Ces festivités aux origines païennes commencent par le tirage au sort, sur la piazza del Campo, des *contrade* (quartiers) qui y participeront, puis par celui des chevaux, trois jours avant la date fatidique. Ont alors lieu des courses d'essai entre 9h30 et 10h30 tous les matins.
La veille du Palio, un gigantesque banquet se tient dans chaque *contrada*. Le jour J, à 8h, l'archevêque célèbre une messe "du jockey" (*messa del fantino*), sur la piazza del Campo. Vers 15h, dans chaque *contrada*, le cheval est béni, ainsi que le jockey. "Va et reviens vainqueur" lui enjoint-on. Vers 17h (16h en août), le long cortège historique (*corteo storico*) s'ébranle. Peu avant 19h, le départ est donné. Trois tours de piste, comprenant chacun deux virages très dangereux (à près 90°), où il n'est pas rare que des cavaliers soient désarçonnés… mais ce n'est pas grave, c'est le cheval le vainqueur ! Le *palio*, fameux étendard de soie peinte, est alors rapporté jusqu'au quartier victorieux. Attention, les supporters (*contradaioli*) vivent ces moments avec passion et ferveur, ne les dérangez pas.

Pendant le Palio

AUTOUR DU DUOMO

L'art au service du pouvoir spirituel

Duomo di Santa Maria Assunta ★ (plan 10, A3)

Admirez d'abord la cathédrale de l'extérieur : les rayures de sa façade, le ciselé des sculptures de Giovanni Pisano, toutes gothiques. Puis regardez les bâtiments alentour. En 1339, la ville voulait faire du Duomo le plus vaste édifice de la chrétienté ! Les travaux furent interrompus par l'épidémie de peste de 1348, mais il reste quelques témoins de ce projet fou, comme les colonnes à ciel ouvert et la façade inachevée, ou Facciatone, accessible par le Museo dell'Opera Metropolitana (p.178). Une fois entré, où donner de la tête ? Au sol, pour s'émerveiller devant l'exceptionnel pavement en marqueterie de marbre (1369-1547) ? Ou en levant les yeux vers la voûte étoilée ?

Visite Du plafond, 171 têtes de papes en pierre semblent vous observer. Dirigez-vous à droite, vers la Cappella della Madonna del Voto, du baroque Bernin (17e s.). En face, la Cappella di San Giovanni Battista (1482) renferme la relique du bras de saint Jean-Baptiste, une statue du même saint par Donatello, et huit admirables fresques (1501-1504) du Pinturicchio (qui participa avec le Pérugin au décor de la chapelle Sixtine). Ne manquez pas la remarquable chaire (13e s.) en marbre blanc de Nicola Pisano, puis pénétrez dans le chœur, pour voir les anges (1550) de Beccafumi et ses fresques de l'abside. Les dossiers des stalles vous raviront avec leurs marqueteries des 14e et 16e s.

Piazza del Duomo 0577 28 30 48 www.operaduomo.siena.it Mars-1er nov. : lun.-ven. 10h30-19h, sam. 10h30-18h, dim. et j. fér. 13h30-18h ; 2 nov.-25 déc., 7 jan.-fév. : lun.-sam. 10h30-17h30, dim. et j. fér. 13h30-17h30 ; 26 déc.-6 jan. : lun.-sam. 10h30-18h, sam. 10h30-17h30, dim. et j. fér. 13h30-17h30 Fermé le dim. pendant les messes 5€ (8€ mi-août-oct., gratuit nov.-Noël et 7 jan.-fév.) Avec OPA SI Pass 8-15€

BON À SAVOIR

Plusieurs Pass existent pour visiter le complexe du Duomo.
OPA SI Pass : Duomo, Libreria Piccolomini, Cripta, Battistero, Museo dell'Opera Metropolitana
Porta del Cielo : OPA SI Pass + accès à la coupole et aux toits du Duomo
Acropoli Pass : OPA SI Pass + Santa Maria della Scala

www.operaduomo.siena.it

Finesse d'enlumineur

Libreria Piccolomini (plan 10, A3)

Ressortez du Duomo et dirigez-vous vers la bibliothèque de Pie II. Le Pinturicchio a entièrement décoré les murs de fresques narrant des scènes de la vie du pape. Il y a mis tant d'élégance, de détails et de vivacité, que l'on dirait une gravure de mode en grand format sur le Cinquecento. Au centre trône le groupe des Tre Grazie (Trois Grâces), sculpture romaine du 3e s.

Piazza del Duomo 0577 28 63 00 www.operaduomo.siena.it Horaires identiques à ceux du Duomo Entrée comprise dans celle du Duomo

Voyage dans le monde des couleurs

Cripta (plan 10, A3)

La crypte (redécouverte seulement en 1999, et que l'on aperçoit à travers une dalle en plexiglas) est décorée de fresques de la seconde moitié du 13e s., remarquablement conservées et colorées. Pour la visiter, entrez par la droite de la cathédrale.

Piazza del Duomo 0577 28 63 00 www.operaduomo.siena.it Horaires identiques à ceux du Duomo Entrée comprise dans celle du Duomo

Leçon d'histoire de l'art

Museo dell'Opera Metropolitana (plan 10, B3)

Pour contempler les œuvres du Duomo de près, comme personne à l'origine n'était censé les voir ! Au rez-de-chaussée, vous serez accueilli par une superbe *Madone du Pardon* en marbre de Donatello (1458). Mais surtout, vous aurez la chance d'admirer les statues (fin 13e s.) de Giovanni Pisano, prévues pour la façade de la cathédrale. Prophètes, sages de l'Antiquité et sibylles dégagent une puissance et une expressivité qui font songer à l'art moderne. N'oubliez pas qu'ils étaient sculptés pour être vus de loin, et d'en bas. Vous pourrez aussi apprécier le vitrail original (1288) du chœur de la cathédrale.

Premier étage L'étage vous réserve une pièce maîtresse : la *Maestà* de Duccio di Buoninsegna (env. 1260-1318). Cet artiste, reconnu comme le plus grand peintre siennois de l'époque, a marqué l'évolution du style gothique en Europe, et ses Vierges ont servi de modèle à des générations de peintres. Cette Vierge en majesté occupe le centre d'un grand retable peint sur ses deux faces, dont certains panneaux, démontés, font partie de collections à Londres et à New York. Dans un chatoiement d'ors, la souplesse des gestes marque une première distance par rapport à l'art byzantin. Enfin, ne manquez pas, au fond de la salle 2, de prendre la direction du Facciatone, la façade inachevée du Duomo Nuovo, d'où vous profiterez d'un panorama vertigineux sur la ville.

Piazza Jacopo della Quercia 0577 28 63 00 www.operaduomo.siena.it Horaires identiques à ceux du Duomo 8-15€

SUR LES TRACES DE...

Avec leur tête inclinée coiffée d'un bandeau blanc, leur manteau bleu nuit bordé d'or, leur expression pleine de douceur et leurs yeux effilés, les **Vierges de Duccio di Buoninsegna**, dit il Duccio, influencent ses contemporains. Il incarne l'école siennoise de peinture, notable pour son souci de la narration, ses choix de couleurs et son sens de la ligne.

Tout est dans le détail

Battistero di San Giovanni (plan 10, B3)

Situé en contrebas de la cathédrale, un baptistère (début 14e s.) pas comme les autres, tant il ressemble à une église. À l'intérieur, arrêtez-vous devant les voûtes, mais surtout accordez du temps aux fonts baptismaux, auxquels Jacopo della Quercia, le jeune Donatello et même Lorenzo Ghiberti s'attelèrent. Ils ouvrent ici la voie à la Renaissance. Le panneau de Donatello, représentant *Le Festin d'Hérode* (1427), impressionne par son traitement de la perspective.

Piazza San Giovanni 0577 28 63 00 www.operaduomo.siena.it Horaires identiques à ceux du Duomo € 4€

Vitrail de Duccio di Buoninsegna, Museo dell'Opera Metropolitana

Émouvant hospice et excellentes expositions

Santa Maria della Scala-SMS (plan 10, A3)

Immense ! Cet édifice, le plus important de toute la ville, est le premier hôpital d'Europe. Dès le 10e s., il accueille et soigne les pèlerins, les pauvres et les enfants abandonnés. Après avoir vu beaucoup de Siennois naître, il a fermé ses portes à la fin des années 1990 pour devenir un complexe muséal. Il abrite le trésor de Santa Maria della Scala, le centre d'art contemporain SMS Contemporanea et propose des ateliers pour les enfants. La salle la plus surprenante est celle dite del Pellegrinaio, où une série de fresques illustre l'histoire de l'institution et surtout la vie quotidienne de l'hôpital au 15e s. avec une grande minutie. Le personnage habillé de noir que vous apercevrez dans toutes les scènes est le recteur Giovanni Buzzichelli, le commanditaire. Au sous-sol, les marbres originaux de la Fonte Gaia (celle de la piazza del Campo est une copie).

Piazza del Duomo, 1 0577 53 45 11 www.santamariadellascala.com Fin oct.-fin jan. : lun., mer.-jeu. 10h-17h, ven. 10h-18h, sam.-dim. 10h-20h ; fin jan.-mi-mars : lun., mer. et ven. 10h-17h, jeu. et sam.-dim. 10h-22h ; mi-mars-fin oct. : lun. et mer. 10h-19h, jeu.-dim. 10h-22h (les horaires peuvent varier ponctuellement, en particulier ceux des activités du Museo d'Arte per Bambini) € 9€

DRÔLE D'AFFAIRE

Sienne abrite un étonnant bestiaire. Levez le nez, et vous verrez panthères, hérissons, éléphants ou encore oies sauvages, les mascottes des *contrade*. Parmi elles, un animal se dresse d'emblée au-dessus de la mêlée : la louve ! Elle est le symbole de la ville, fondée par Senio et Asciano, fuyant Rome et leur oncle Romulus.

LES AUTRES QUARTIERS

Sublime écrin pour primitifs italiens

Pinacoteca Nazionale (plan 10, B4)

Vous ne viendrez pas ici pour admirer des “stars”. Et pourtant, les salles du palais Buonsignori renferment d’inestimables trésors de la peinture siennoise des 14e et 15e s. Vous vous familiariserez avec les chefs-d’œuvre de l’école de Sienne, comme le “primitif” Duccio di Buoninsegna, et observerez le passage de la manière byzantine à plus de naturel, de douceur et de grâce. Au premier étage, arrêtez-vous devant les peintures de Beccafumi (1486-1551), aux audacieux dégradés de couleurs. Du même artiste, découvrez les cartons réalisés pour les pavements en marbre du Duomo. Plus retenues, mais intéressantes par leur beauté plastique, accordez du temps aux peintures de son maître, le Sodoma, dont le *Christ à la colonne*, ainsi qu’une célèbre *Déposition de Croix* (1510). Au dernier étage, la collection Spannocchi (généralement fermée au public) regroupe des œuvres italiennes et étrangères des 16e et 17e s.

Palazzo Buonsignori Via di San Pietro, 29 0577 28 11 61 https://pinacotecanazionale.siena.it
Lun. 9h-13h, mar.-sam. 8h15-19h15, dim. 9h-13h 4€

Santuario di Santa Caterina

SUR LES TRACES DE…

Sainte Catherine, née à Sienne en 1347, endosse l’habit des clarisses à 16 ans, dix ans après sa première vision. Sa vie est marquée par de nombreux extases, apparitions, stigmates. Son charisme lui a valu de jouer un rôle considérable tant auprès de la papauté que des cités toscanes. Visitez son sanctuaire-maison, Vicolo del Tiratoio.

(plan 10, A2) 0577 28 08 01 Tlj. 9h-12h et 15h-17h30

Le lieu de l'extase

Basilica di San Domenico (plan 10, A2)

Cette imposante basilique dominicaine de briques rouges fait contrepoids au Duomo, de l'autre côté de la vallée. Elle est étroitement liée à la vie de sainte Catherine. Commencez la visite, à droite de l'entrée, par la Cappella delle Volte, où sainte Catherine eut ses extases, à l'âge de vingt ans. Vous apercevrez, protégée derrière une vitre, la seule représentation iconographique vraisemblablement fidèle de la sainte, car effectuée de son vivant, vers 1375. Plus spectaculaire, la Cappella di Santa Caterina abrite un tabernacle en marbre (15e s.) contenant la tête de la sainte. De part et d'autre, deux fresques du Sodoma, *L'Évanouissement de la sainte* et *L'Extase de la sainte* (1526) retracent des épisodes de sa vie. À voir également, du même artiste, la *Décapitation de Niccolò di Tuldo.*

Piazza San Domenico 0577 28 68 48 www.basilicacateriniana.com
Mars-oct. : tlj. 7h-18h30 ; nov.-fév. : tlj. 9h-18h

LES ENVIRONS DE SIENNE

La campagne autour de Sienne est celle des cartes postales. De douces collines aux chemins plantés de cyprès, des vignes, des oliviers, des champs de céréales, et des forteresses pour veiller sur toutes ces richesses !

COULEUR LOCALE

Qu'appelle-t-on les **Crete Senesi** ? Il s'agit des collines au sud-est de Sienne, peintes par Lorenzetti dans sa fresque du Bon Gouvernement (p.172). Des collines grises, érodées, marquées par les cyprès, où seules les céréales poussent, transformant au printemps ces paysages arides en douces vallées d'un vert tendre.

Pour son grand cloître et le Sodoma

Abbazia di Monte Oliveto Maggiore

Dominant la région des Crete Senesi, entourée de chênes et de cyprès, une magnifique abbaye. Fondée en 1313 par le fils d'une riche famille siennoise qui se retira ici en ermite, elle joue un rôle déterminant dans le développement de l'agriculture de la région. Si vous le pouvez, venez à l'heure des chants grégoriens, à 18h15 (dim. 11h et 18h30).

Visite Vous apercevrez l'église après avoir passé le pont-levis, une grande structure en brique plutôt austère, à l'intérieur lumineux. Là, deux chefs-d'œuvre du Sodoma, *Jésus portant la croix* et *La Flagellation de Jésus*. Ne manquez pas ensuite le grand cloître, célèbre pour sa série de 36 fresques du même artiste. Illustrant les principaux épisodes de la vie de saint Benoît, elle fournit de nombreux renseignements sur la vie quotidienne des moines et représente de mémorables figures diaboliques.

Località di Chiusure (à 30km au sud-est de Sienne) 0577 70 76 11
www.monteolivetomaggiore.it Été : tlj. 9h-12h et 15h-18h ; hiver : tlj. 9h15-12h et 15h15-17h

La forteresse du bon vin

Montalcino

Suspendue à flanc de colline, Montalcino se repère à sa forteresse aux tours crénelées et à ses remparts du 13e s. Si ce Monte Ilcinus, le “mont aux chênes verts”, est surtout célèbre pour son brunello, un des plus grands vins italiens, vous découvrirez que sa forteresse accueillit les exilés siennois après la capitulation de leur ville en 1555. Renforcés de tours d'angle, cernés par un long chemin de garde et garnis de mâchicoulis, ces murs se referment sur une vaste cour intérieure qui, en été, accueille des concerts et des pièces de théâtre à ciel ouvert. Et le donjon abrite un bar à vins !

À 44km au sud de Sienne Fortezza Piazzale Fortezza 0577 84 92 11 Mai-sept. : tlj. 9h30-21h ; oct.-avr. : tlj. 9h30-19h30 € 4€ **Enoteca La Fortezza di Montalcino** www.enotecalafortezza.com Mai-sept. : tlj. 9h-21h ; oct., avr. : tlj. 9h30-19h30 ; nov.-mars : tlj. 10h-16h

La cité idéale

Pienza

Le pape Pie II, Enea Silvio Piccolomini (1405-1464), a confié à Bernardo Rossellino le soin de “rénover” son village natal pour le transformer en pur modèle de la Renaissance. Le projet n'a pu être finalisé, mais, au fil de ruelles fleuries, vous découvrirez l'harmonieuse Piazza Pio II, encadrée de majestueux édifices, le dôme lumineux, reprenant le modèle des églises-halles de Bavière, et le Palazzo Piccolomini, chef-d'œuvre de Rossellino.

À 55km au sud de Sienne

Florence en miniature

Montepulciano ★

Prenez un peu d'altitude en visitant la cité la plus haut perchée (605m) de Toscane ! La très pentue Montepulciano, entrée dans la sphère d'influence de Florence au début du 15e s., a été rebâtie par certains de ses grands architectes. Cette charmante bourgade est également entourée par un vignoble très réputé, le *vino nobile*. Rendez-vous Piazza Grande, la théâtrale place dominée par le Duomo, le Palazzo Nobili-Tarugi (un élégant palais Renaissance à portique) et le Palazzo del Capitano del Popolo. Le Palazzo Comunale, d'origine gothique, a été remanié au 15e s. par Michelozzo, qui ajouta la tour et modifia la façade, en s'inspirant du Palazzo Vecchio de Florence. Au pied de la ville, ne manquez pas l'église San Biagio, parfait exemple d'architecture Renaissance !

Champ de coquelicots près de Pienza

À 55km au sud-est de Sienne

À FAIRE

Pédalez sur une piste "héroïque"

L'Eroica

L'"héroïque" est un parcours cyclable de 200km qui chemine du Chianti aux Crete Senesi. Clairement balisé, il présente 3 500m de dénivelé et offre un mélange de routes asphaltées et de chemins de terre, dévoilant des paysages à la fois splendides et sauvages.

www.bici.terresiena.it

Visitez une cave de brunello

Fattoria dei Barbi

Cette *fattoria* est aux mains de la famille Colombini depuis 1790 ! Vous découvrirez son immense domaine, ses nombreuses caves et ses trésors : d'antiques bouteilles de *vin santo* (1870) et de brunello (1892) ! Excellent restaurant.

PODERNOVI À 4km de Montalcino (dir. Castelnuovo dell'Abate/Sant'Antimo, sur la gauche, un panneau désigne la piste qui mène au domaine, à 300m) 0577 84 11 11 www.fattoriadeibarbi.it Lun.-ven. 10h-13h et 14h30-18h, w.-e. et j. fér. 11h-13h30 et 14h-18h Visite lun.-ven. à 12h et 15h30 (env. 40min) Restaurant fermé le mer.

NOS ADRESSES

PAUSES

Becs sucrés

Nannini

La référence gourmande de Sienne. Laissez-vous tenter par les *cavallucci*, pâtisseries aux fruits confits, noix, anis et coriandre, par les *ricciarelli*, biscuits moelleux aux amandes amères, ou par l'incontournable *panforte* au amandes et épices. Le tout avec un expresso au comptoir.

SIENNE (plan 10, B2 n°1) Via Banchi di Sopra, 24 0577 23 60 09 www.grupponannini.it Haute saison : dim.-ven. 7h30-22h30, sam. 7h30-23h ; basse saison : dim.-ven. 7h30-21h30, sam. 7h30-22h

Regardez bien la vitrine

Osteria Vinaio da Trombicche ♥

Cette *osteria* est fréquentée par une clientèle locale, qui vient discuter des affaires de la *contrada della Civetta* ("le quartier de la chouette") en écoutant du Jimi Hendrix. Les propriétaires vous aideront à composer votre assiette (charcuterie, fromages, légumes marinés...), à déguster sur de grandes tables en marbre.

SIENNE (plan 10, B2 n°2) Via delle Terme, 66 0577 28 80 89 www.datrombicche.it Tlj. 10h-22h

Tout sauf du thé !

Tea-Room ♥

Ce bar est une des plus sympathiques adresses pour noctambules, malheureusement fermée l'été. Un genre de club sur deux niveaux où sont parfois donnés des concerts de jazz.

SIENNE (plan 10, C3 n°3) Via Porta Giustizia, 11 0577 22 27 53 Mi-sept.-mi-juin : mar.-jeu. 17h-2h, sam.-dim. 16h-2h

RESTAURANTS

La vue et l'assiette
Ristorante Pizzeria di Nonno Mede €

Une pizzeria élégante et bon marché, à la vue incomparable sur la colline du Duomo, merveille absolue à la nuit tombée. Le choix de pizzas, *calzoni*, *ciaccini* (sans sauce tomate), *focaccine* est impressionnant. En dessert, vous prendez bien une pizza Nutella-mascarpone ou fraise-Nutella ! Pizza 6-8€, repas moins de 20€.

SIENNE (plan 10, A2 n°13) Via Camporegio, 21 0577 24 79 66 Tlj. 12h-15h et 19h30-0h

Atmosphère chaleureuse
Osteria "Nonna Gina" di Lella e Dado €

En pleine *contrada della Pantera*, une charmante et toute petite *osteria* aux poutres basses, punaisées d'innombrables cartes postales, dont plusieurs remercient pour la savoureuse cuisine prodiguée par ce restaurant familial. *Primi* à partir de 7€, *secondi* à partir de 9€.

SIENNE (plan 10, A4 n°11) Pian dei Mantellini, 2 0577 28 72 47 Mar.-dim. 12h30-14h30 et 19h30-22h30 Fermé 3 dernières sem. de juil. et 23 déc.-jan.

Terrasse et sol en damier
Osteria del Bigelli €

Sur la piazza del Campo, cette *osteria* a plusieurs mérites : des dimensions modestes, un service attentionné et rapide ainsi qu'un petit air authentique que l'on cherchera en vain dans les établissements voisins. Vous pourrez siroter un cocktail en terrasse, venir pour le petit déjeuner, pour une grosse salade, un carpaccio de viande et de poisson ou un plat de la tradition. Plat 7-20€.

Pasta con pomodoro

SIENNE (plan 10, B3-C3 n°12) Piazza del Campo 0577 42 772 www.osteriabigelli.it Tlj. 10h-22h30

Bar à vin
Enoteca I Terzi €€

Une table élégante et sophistiquée où les vins proviennent notamment des *colli senesi* (collines siennoises), à consommer au verre et à accompagner d'un menu dégustation. *Primi* 12€, *secondi* 20€.

(plan 10, B2 n°14) Via dei Termini, 7 0577 44 329 www.enotecaiterzi.it Lun.-sam. 12h30-15h et 18h30-23h

Tout en finesse
Antica Osteria da Divo €€€

Une adresse chic aux allures atypiques avec hauts plafonds, savants éclairages et poutres apparentes, dont les salles du fond s'enfoncent comme des grottes dans les entrailles de la colline du Duomo. Les plats se révèlent aussi flatteurs pour l'œil que pour le palais, faisant honneur à une cuisine régionale sophistiquée. Repas 35-40€.

SIENNE (plan 10, A3 n°10) Via Franciosa, 25 0577 28 60 54 www.osteriadadivo.it

LE BRUNELLO
Un des grands vins rouges DOCG italiens. Créé par Ferrucio Biondi Santi, un jeune viticulteur, dans les années 1870, il est composé de sangiovese, doit vieillir en fût de chêne puis être affiné en bouteille quatre mois (six mois pour le *riserva*). Vous pouvez ensuite le laisser se bonifier de 10 à 30 ans !

Haute saison : tlj. 12h-14h30 et 19h-22h30 ; basse saison : mer.-lun. 12h-14h30 et 19h-22h30

Une certitude
Osteria di Porta Al Cassero €

Un intérieur minuscule – on peut aussi s'installer dehors, à la table dressée dans la cour – décoré de photographies du Montalcino d'hier. Petits plats façon bistrot, simples mais fameux, et bons vins. *Primi* et *secondi* 8-12€.

MONTALCINO Via Ricasoli, 32 ou via della Libertà, 9 0577 84 71 96 Jeu.-mar. 12h-14h30 et 19h-21h30

Cuisine ouverte et feu de bois
Osteria Acquacheta €

Une salle toute simple, au sol de marbre, où déguster un délicieux lapin farci ou une *bistecca alla fiorentina*. Les pâtes faites maison forment la base d'une excellente proposition de *primi*. Également une sélection de fromages, à accompagner de vin rouge de Montepulciano et de pain maison. Arrivez tôt ou réservez. *Primi* et *secondi* 6-9€.

MONTEPULCIANO Via del Teatro, 22 0578 71 70 86 www.acquacheta.eu Mi-mars-juin, nov.-début jan. : jeu.-lun. 12h30-15h et 19h30-22h30 ; juil.-oct. : mer.-lun. 12h30-15h et 19h30-22h30 Fermé une sem. avant Noël

SHOPPING

Cédrats confits et épices
Bini ♥

Cette confiserie établie depuis 1944 est sans doute la meilleure adresse de Sienne pour se fournir en *panforte* et autres spécialités. D'autant plus que ses jolies boîtes en font un cadeau idéal.

SIENNE (plan 10, A4 n°21) Via Stalloreggi, 91/93 0577 28 02 07 Mar.-sam. 8h30-13h30 et 16h-20h, dim. 8h30-13h30 Fermé 2 sem. en jan. et 2 en juil., et parfois le dim. en plein été

En direct des producteurs
Consorzio Agrario Siena

Une grande épicerie fine où vous pourrez faire le plein de produits locaux (légumes, charcuterie, fromages, vins…) proposés par une coopérative agricole de la région. Également un bar où déguster (juché sur un tabouret), de délicieuses parts de pizzas et des sandwichs à base de charcuterie toscane.

SIENNE (plan 10, B1 n°22) Via Pianigiani, 9 0577 23 01 www.capsi.it Lun.-sam. 8h-20h, dim. 10h-20h

Couleurs et sobriété du trait
Bianco e Nero

De nombreuses boutiques de céramiques égaient le centre de Sienne… Bianco e Nero, de Sonia Staccioli, se détache du lot. Héritière d'une famille d'artisans depuis le 15e s., la jeune femme travaille aux yeux de tous et propose visites et cours.

SIENNE (plan 10, A3 n°20) Via dei Fusari, 21 0577 28 10 93 www.biancoenero.it Mai-oct. : tlj. 10h-19h ; nov.-avr. : lun.-ven. 10h-17h

AREZZO

Vous pénétrez dans la Toscane préservée. Celle de l'humanisme, de Pétrarque et de Vasari. Vous irez certainement à Arezzo, une ville enserrée dans ses murailles médicéennes, aux rues médiévales pavées de briques, pour les fresques de Piero della Francesca, dans la basilique San Francesco. Mais surtout n'hésitez pas à prendre le temps de découvrir toute la cité.

ACCÈS ET INFOS

- À 80km au sud-est de Florence, à 55km au nord-est de Sienne
- Liaison ferroviaire directe de Florence
- Accès en car de Florence avec Tiemme et de Sienne avec Siena Mobilità www.tiemmespa.it
- Centro di Accoglienza Turistica (plan 11, B2) Palazzo Comunale Piazza della Libertà, 1 Mars-sept. : tlj. 11h-19h ; oct.-fév. : tlj. 10h-16h (1er dim. du mois 10h30-16h30)
- Info Point Stazione (plan 11, A4) Gare ferroviaire Piazza della Repubblica Été : tlj. 10h-16h ; hiver : tlj. 9h-13h

À VOIR

Dans l'Antiquité, Arezzo est réputée pour son travail du bronze et ses céramiques, qui s'exportent jusqu'en Inde. Commune libre à partir du 11e s., elle se développe, se pare d'édifices prestigieux, se dote d'une université (la première en Toscane !), mais est stoppée dans son élan au 14e s. par la domination florentine.

Une fabuleuse épopée

Basilica di San Francesco (plan 11, B3)

La basilique (1318-1377) affiche une façade inachevée, à l'austérité toute franciscaine. Vaste, car destinée à la prédication, elle abrite un superbe vitrail et de gracieuses fresques. Mais l'attention est vite happée par la Cappella Bacci.

Piazza San Francesco 0575 206 30 (couvent) Tlj. 8h30-18h30

Fresques de Piero della Francesca ★

Piero della Francesca a réalisé pour la chapelle Bacci de 1453 à 1466, l'un des plus beaux exemples de la peinture Renaissance. Le cycle de fresques *Légende de la Sainte Croix* occupe les trois murs du chœur : une dizaine d'épisodes inspirés de la *Légende dorée*, popularisée au 13e s., retraçant l'histoire de la croix du Christ. Admirez notamment le *Songe de Constantin*, premier exemple de clair-obscur dans la peinture italienne.

Piazza San Francesco 0575 35 27 27 www.pierodellafrancesca.it Été : lun.-ven. 9h-19h, sam. 9h-18h, dim. 13h-18 ; hiver : lun.-ven. 9h-18h, sam. 9h-17h30, dim. 13h-17h30 Fermé 1er jan., le matin du 4 oct., le matin du 13 juin, 25 déc. 6€ + 2€ de réservation (obligatoire)

La quintessence de la place italienne

Piazza Grande (plan 11, C3)

Pour vous donner une idée, c'est cette place que Roberto Benigni dévale à vélo dans son film *La vie est belle* ! Sur un plan très incliné s'alignent maisons-tours

À NE PAS MANQUER

- Fresques de Piero della Francesca
- Piazza Grande
- Santa Maria della Pieve

Sur la Piazza Grande

SUR LES TRACES DE...

Qui est Piero della Francesca ? L'inventeur de l'impassibilité. Ses œuvres se caractérisent par l'immobilité des personnages. Grand mathématicien, il privilégie la rigueur des formes et des alignements. Ses créations sont aussi influencées par le travail sur la lumière des maîtres flamands. Né à Borgo SanSepolcro vers 1420, il vécut à Ferrara, Urbino et Arezzo.

crénelées, antiques demeures et palais Renaissance. Au 16e s., Cosme Ier confie à Giorgio Vasari le soin de repenser la place. On lui doit le Palazzo delle Logge Vasariane, dont les belles arcades abritent aujourd'hui des terrasses de restaurants. Admirez le Palazzo della Fraternità dei Laici (14e-15e s.), gothique dans sa partie inférieure, Renaissance dans sa partie supérieure et surmonté d'une tour à l'horloge astronomique. À sa gauche, l'abside de l'église Santa Maria della Pieve.

Une grande sérénité

Santa Maria della Pieve (plan 11, C2)

Avec son campanile dit des Cent Trous, parce qu'il se compose de cinq rangs de fenêtres géminées, l'église, véritable bijou d'art roman, est devenue un des emblèmes d'Arezzo. C'est malheureusement dans une ruelle qui la met peu en valeur qu'elle offre son meilleur profil : une façade enchanteresse, aux trois étages de colonnettes toutes différentes, de plus en plus nombreuses. Remanié par Vasari au 16e s., dont les restes reposent ici, l'intérieur aux majestueuses dimensions est baigné de lumière.

Corso Italia, 7 0575 22 629 Juil.-août : tlj. 8h-18h30 ; sept.-juin : lun.-sam. 8h-12h30 et 15h-18h30, dim. 8h-18h30

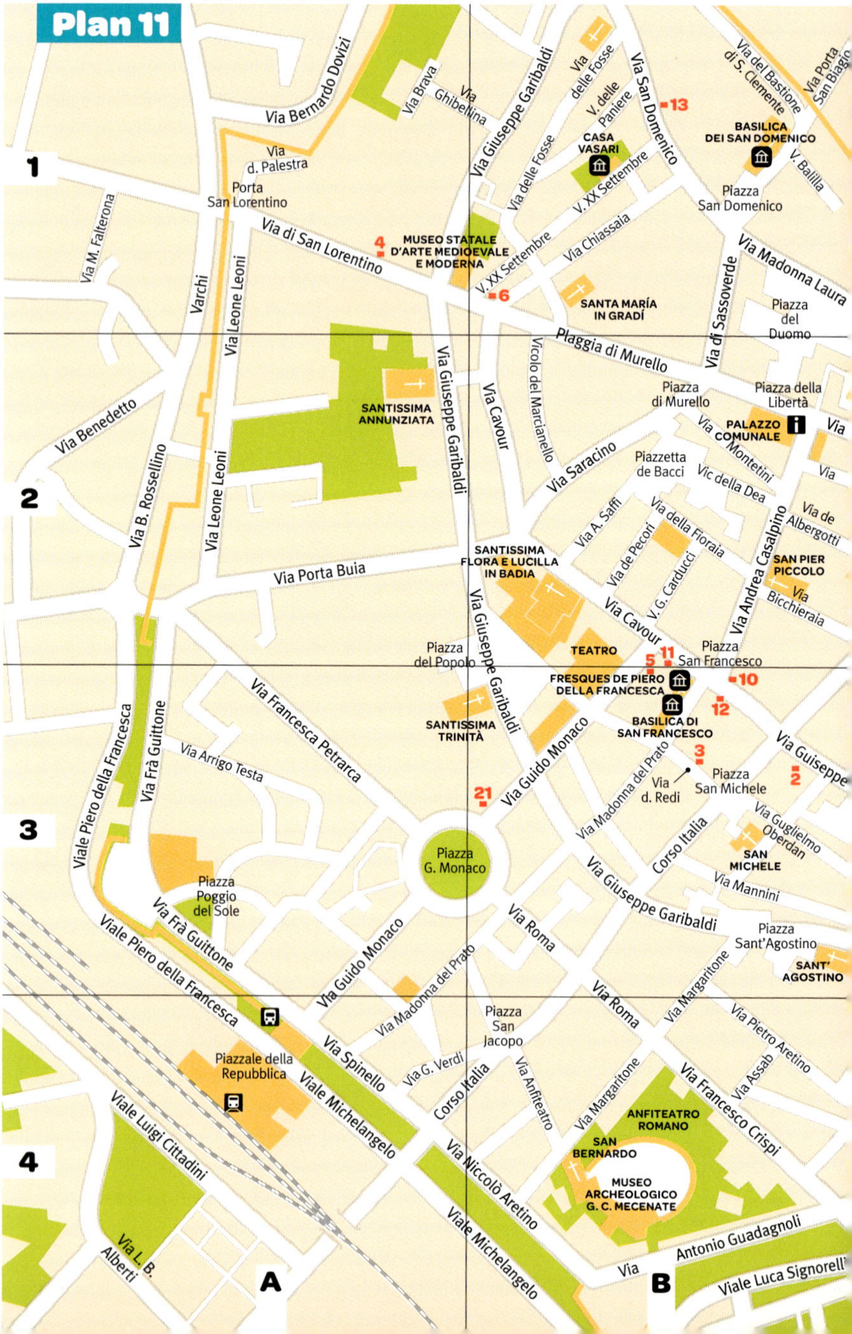
Plan 11
1
2
3
4
A
B
Via Bernardo Dovizi
Via d. Palestra
Porta San Lorentino
Via di San Lorentino
Via M. Falterona
Varchi
Via Leone Leoni
Via Brava
Via Ghibellina
Via Giuseppe Garibaldi
Via delle Fosse
V. delle Paniere
Via delle Fosse
Via San Domenico
13
CASA VASARI
V. XX Settembre
BASILICA DEI SAN DOMENICO
Via del Bastione di S. Clemente
Via Porta San Biagio
V. Balilla
Piazza San Domenico
4
MUSEO STATALE D'ARTE MEDIOEVALE E MODERNA
V. XX Settembre
Via Chiassaia
6
SANTA MARÍA IN GRADÍ
Via di Sassoverde
Via Madonna Laura
Piazza del Duomo
Plaggia di Murello
Vicolo del Marcianello
Via Cavour
Piazza di Murello
Piazza della Libertà
PALAZZO COMUNALE
Via
Via Benedetto
SANTISSIMA ANNUNZIATA
Via Montetini
Vic della Dea
Via
Via Saracino
Piazzetta de Bacci
Via B. Rossellino
Via A. Saffi
Via della Floraia
Via de Albergotti
Via de Pecori
SANTISSIMA FLORA E LUCILLA IN BADIA
Via Porta Buia
V. G. Carducci
SAN PIER PICCOLO
Via Bicchieraia
Via Andrea Casalpino
Via Cavour
Via Giuseppe Garibaldi
TEATRO
Piazza del Popolo
5
11
Piazza San Francesco
FRESQUES DE PIERO DELLA FRANCESCA
10
12
BASILICA DI SAN FRANCESCO
SANTISSIMA TRINITÀ
Via Francesca Petrarca
Via Arrigo Testa
Via Frà Guittone
Viale Piero della Francesca
Via Guido Monaco
3
Via Madonna del Prato
Via d. Redi
Piazza San Michele
Via Guiseppe
2
21
Corso Italia
Via Guglielmo Oberdan
SAN MICHELE
Piazza G. Monaco
Via Mannini
Via Giuseppe Garibaldi
Piazza Poggio del Sole
Via Frà Guittone
Viale Piero della Francesca
Via Roma
Piazza Sant'Agostino
SANT' AGOSTINO
Via Guido Monaco
Via Madonna del Prato
Via Margaritone
Via Roma
Piazza San Jacopo
Via Pietro Aretino
Via Spinello
Via Assab
Piazzale della Repubblica
Via G. Verdi
Corso Italia
Via Anfiteatro
Via Margaritone
Via Francesco Crispi
Viale Michelangelo
ANFITEATRO ROMANO
Viale Luigi Cittadini
SAN BERNARDO
Via Niccolò Aretino
MUSEO ARCHEOLOGICO G. C. MECENATE
Viale Michelangelo
Via L. B. Alberti
Via Antonio Guadagnoli
Viale Luca Signorelli

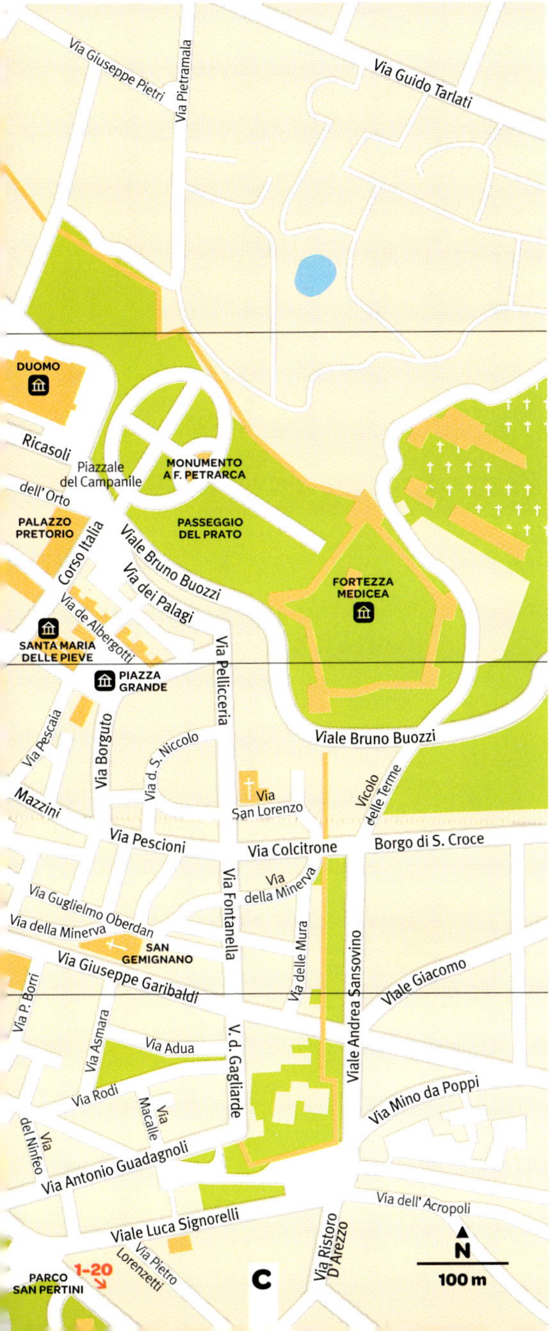

Restaurants (n°1 à 6)

- *1* Da Giovanna - *p.171* C4
- *2* Il Saraceno - *p.191* B3
- *3* La Formaggeria - *p.191* B3
- *4* Mivà - *p.191* A1
- *5* Terra di Piero - *p.170* B3
- *6* Trattoria Mazzoni - *p.191* B1

Shopping (n°10 à 13)

- *10* Gerardo Radicati - *p.171* B3
- *11* Luca Raspini - *p.170* B2
- *12* Nero Design Gallery - *p.170* .. B3
- *13* Pasticceria Bruschi - *p.170* B1

Hébergements (n°20 et 21)

- *20* Casa Volpi - *p.235* C4
- *21* Vogue Hotel - *p.235* B3

En haut de la ville

Duomo (plan 11, C2)

La cathédrale d'Arezzo n'est pas là pour rivaliser avec celles de Florence, Sienne ou Pise. À côté d'une façade néogothique massive, du début du 20e s., vous remarquerez sur le flanc droit un portail romano-gothique (début 14e s.), dont les colonnes proviennent d'un temple païen. À l'intérieur, vous découvrirez les vitraux d'un moine berrichon, Guillaume de Marcillat (1470-1529), à l'extraordinaire mise en scène et à la parfaite maîtrise des couleurs. Admirez la fresque de Piero della Francesca, *Marie Madeleine* (1466), superbe exemple de "noblesse paysanne". En sortant, pourquoi ne pas vous accorder une pause dans le grand jardin public du Prato, dégageant de belles vues sur les environs ?

Piazza del Duomo ☎ 0575 23 991 ⏲ Tlj. 7h30-12h30 et 15h-18h

La force des grands-ducs

Fortezza Medicea (plan 11, C2)

À l'est de la ville, empruntez la via dei Pileati, une jolie petite rue bordée de palais et, grâce à un petit détour par la via dell'Orto, vous apercevrez la maison natale de Pétrarque (1304-1374), le grand poète et humaniste italien. Traversez ensuite une série de galeries et accédez à l'ancienne forteresse médicéenne (16e s.) en étoile à cinq branches.

⏲ Été : tlj. 7h-20h ; hiver : tlj. 7h30-18h

Basilica di San Domenico

La rivale de San Francesco

Basilica di San Domenico (plan 11, B1)

Rendez visite à cette austère et élégante basilique du 13e s. pour le *Crucifix* de Cimabue (1240-1302), encore plus réputé que celui de Florence. Le peintre, sans s'éloigner beaucoup des modèles byzantins, représente malgré tout un Christ agonisant avec un réalisme qui annonce la Renaissance.

Piazza San Domenico ☎ 0575 23 255
⏲ Tlj. 10h-18h30

SUR LES TRACES DE...

Né à Arezzo en 1511, **Giorgio Vasari** revient sur ses terres natales en 1541, nanti d'autorité et de richesse, et achète une demeure qu'il décore avec faste. C'est l'un des plus beaux témoignages maniéristes de Toscane.

(plan 11, B1) Via XX Settembre, 55 ☎ 0575 40 90 40 ⏲ Lun. et mer.-sam. 9h-19h30, dim. et j. fér. 9h-13h30 € 4€

NOS ADRESSES

RESTAURANTS

Elle va à tout le monde

Mivà €

Cette pizzeria, pleine à craquer tous les soirs, a un succès fou auprès des Arétins qui, en famille ou entre amis, profitent de son ambiance sympa et de ses bons prix. Bar à l'entrée où attendre qu'une table se libère. *Primi* 4€, *secondi* 6€, pizzas 5€.

(plan 11, A1 n°4) Via San Lorentino, 20 0575 30 03 00 Jeu.-mar. midi et soir

Faites-en tout un fromage !

La Formaggeria €

Dans la rue la plus branchée d'Arezzo, une minuscule adresse design tenue par deux jeunes passionnés d'œnogastronomie et de fromage, le produit phare. Au programme : *crostini*, foie gras et sa confiture de mirabelles, carpaccio de Chianina, grand choix de fromages... Repas 20-30€.

(plan 11, B3 n°3) Via de' Redi, 16 0575 40 35 83 www.laformaggeria.it Lun.-sam. 10h-1h (et 1er dim. du mois)

Sur des nappes à carreaux

Trattoria Mazzoni €

Cette petite trattoria, fréquentée par une clientèle surtout locale, propose des plats régionaux à des prix défiant toute concurrence. La journée, si vous préférez manger sur le pouce, commandez un sandwich à l'épicerie, juste à côté. *Primi* 8€, *secondi* 12€.

(plan 11, B1 n°6) Via Canto alla Croce, 1 0575 26 857 Lun. et mer.-sam. 12h30-14h30 et 19h30-22h30, dim. 12h30-15h

Chez Olga et Virgilio

Il Saraceno €€

Le coup de cœur des habitants ! Dans cette trattoria familiale, vous hésiterez entre *crostini ai fegatini* (tartines à la mousse de foie), *zuppa di farro* (soupe d'épeautre), *ribollita*, morue à la mode arétine et bien d'autres délices. Repas 25-30€.

(plan 11, B3 n°2) Via G. Mazzini, 6a 0575 27 644 www.ilsaraceno.com Été : jeu.-mar. 12h-15h30 et 18h30-22h ; hiver : jeu.-mar. 12h-15h et 19h-22h

LA RECETTE

PAPPARDELLE SUL CINGHIALE

Le sanglier abonde dans la campagne toscane et est cuisiné de mille façons. Les pappardelle, larges tagliatelles, sont idéales pour que la sauce se distribue bien dans le plat.

Pour 4 pers.

500g de *pappardelle*
500g de sanglier haché
1 côte de céleri
1 carotte
1 oignon
1 gousse d'ail
Quelques baies de genièvre, thym, romarin
1 verre de vin rouge
400g de tomates concassées
2 c. à s. d'huile d'olive

Coupez menu le céleri, la carotte, l'oignon, l'ail, le thym et le romarin et les faire revenir dans l'huile d'olive. Quand ils ont blondi, ajoutez la viande et faites revenir à feu vif. Déglacez au vin, ajoutez les tomates concassées et le sel. Laissez mijoter 3h avec un couvercle, à feu doux. Faites cuire les pâtes, égouttez et nappez avec la sauce.

Com-prendre

Drapeaux de *contrade* pendant le Palio de Sienne

GÉOGRAPHIE ET PAYSAGES

De douces collines aux paysages travaillés qui ont fait sa réputation, mais aussi des plages et des reliefs culminant à presque 2 000m : la Toscane, avec ses 23 000km^2 et ses 3,7 millions d'habitants est plus variée qu'on ne le croit !

Relief

Adossée à l'est à la chaîne des Apennins, cette dorsale montagneuse qui traverse l'Italie, la Toscane forme un balcon orienté à l'ouest vers la mer. Le Monte Pisanino (1 946m, dans la province de Lucques), le Monte San Michele (893m, dans le Chianti), le Monte Maggio (671m, dans la province de Sienne) en sont les principaux sommets. Le réseau hydrographique qui prend naissance dans ces montagnes est alimenté par l'Arno, le Tibre (qui va à Rome) et l'Ombrone.

Le littoral

Le littoral toscan s'étend sur 328km, alternant côtes sablonneuses et côtes accidentées, ponctuées de hautes falaises et ourlées de plages de sable fin ombragées de pinèdes.

Radda in Chianti

Paysage

Le définir revient à évoquer une série de clichés : des collines qui ondulent à perte de vue, des vignobles et des oliviers cultivés en terrasses, des cyprès alignés droits comme des "i". La Toscane donne en effet l'image d'une campagne façonnée par des hommes artistes. Le cyprès, qui ne semble là que pour ses qualités esthétiques, a pourtant un rôle bien défini, celui de couper le vent et de définir des limites de propriété. Les pins parasols, à l'inverse, se déplient pour mieux protéger de la chaleur caniculaire. L'olivier s'épanouit pleinement sur les collines de l'arrière-pays, entre 300 et 500m d'altitude. Quant à la vigne, elle a toujours été omniprésente en Toscane. Mais, au-delà de ces éléments caractéristiques du centre de la région, la Toscane présente un paysage très diversifié. La Maremme, dans le sud-ouest, est conquise sur les marécages et, dans le nord-ouest, le massif des Alpes apuanes offre un paysage montagneux et forestier.

HISTOIRE

Berceau de la civilisation étrusque, la Toscane devient ensuite romaine. Au Moyen Âge, l'époque dite des "communes", où chaque cité affirme son indépendance, est marquée par les rivalités et par un grand essor économique. Viennent alors les lumières de la Renaissance et la marque des Médicis.

Les Étrusques

Les Étrusques, dont l'origine est encore discutée, s'installent dans la région, au sud de l'Arno, vers le 8e s. av. J.-C. L'Étrurie englobera aussi une bonne partie de l'actuelle Ombrie et du Latium. Cette civilisation se démarque par sa langue, ses mythes fondateurs, son économie agricole, minière et artisanale – riche d'échanges commerciaux importants avec les Grecs – et une aristocratie guerrière solide. Les Étrusques fondent de véritables structures urbaines, sur des collines et à proximité de fleuves et de rivières. Progressivement hellénisés, ils disparaissent, à la suite du conflit avec Rome (4e-3e s. av. J.-C.).

Époque romaine et bas Moyen Âge

Un certain déclin marque la fin de la période romaine, mais cet isolement évite aussi à la Toscane de trop souffrir des invasions qui se succèdent entre le 5e et le 10e s. À côté de Lucques, capitale du duché, se développent les villes d'origine étrusque (Arezzo, Volterra) ou de fondation romaine (Pise, Sienne). Une nouvelle voie de communication, la via Romea (ou Francigena), relie Rome au nord de la péninsule, et favorise le développement des collines de l'intérieur. Sous la domination carolingienne, Florence commence à s'affirmer et la ville profite pleinement de la croissance démographique et économique qui s'amorce vers l'an 1000.

Les communes

Au 11e s., la Toscane voit s'amplifier le phénomène des communes libres (*comuni*), qui se libèrent des autorités supérieures, notamment celle du Saint Empire. Les cités s'organisent de façon autonome en s'appuyant sur leur nouvelle force économique et démographique. Elles réussissent à imposer leur autorité directe sur la campagne environnante.

GUELFES ET GIBELINS

Entre le 11e et le 13e s., les cités maintiennent leur autonomie en jouant de la rivalité entre la papauté et le Saint Empire. Elles rallient tour à tour le parti de l'un ou de l'autre (guelfes pour les partisans du pape, gibelins pour ceux de l'empereur). Pise, comme Sienne, sera le plus souvent gibeline, Florence, guelfe.

Essor économique
Les villes les plus puissantes entendent bien affirmer leur capacité à se projeter vers l'extérieur, soit pour étendre une influence commerciale et financière en dehors de la Toscane (par le biais de la constitution d'un dense réseau de correspondants et de "filiales" dans toute l'Europe), soit pour assujettir peu à peu les villes proches les plus faibles. C'est en Toscane que se développent parallèlement une proto-industrie puissante et un système bancaire complexe, qui constitueront une des principales sources d'argent frais pour l'Europe médiévale.

***Portrait d'un jeune homme au livre* par le Bronzino, soutenu par les Médicis au 16e s.**

La Renaissance
S'appuyant sur sa prospérité économique, la Toscane va occuper une place de premier ordre, à partir de la fin du 14e s., dans la diffusion de ce que l'on appellera l'humanisme et qui révolutionne les conceptions alors en cours de la place de l'homme dans le monde, de la perception du temps et de l'espace. L'humanisme met l'homme au centre du monde et confère un rôle essentiel à l'éducation. Il est marqué par la redécouverte de l'Antiquité et par l'introduction de la perspective en peinture.

QUATTROCENTO ET CINQUECENTO
Attention, "Quattrocento" indique les années 1400, soit le 15e s., le "Cinquecento" est celui des années 1500, le 16e s.

Domination florentine
Au fil des siècles, Pise, Florence et Sienne se sont imposées en tant que véritables États territoriaux (Pise a même installé des colonies en Sardaigne et en Corse !). Florence poursuit ses conquêtes dans la deuxième moitié du 14e s. et s'empare de Pise en 1406. Parallèlement, elle tente de concilier la tradition "républicaine" et le gouvernement des corporations. Cette période est marquée par la révolte des Ciompi (1378) et l'ascension et la prise de pouvoir de la famille des Médicis (p.64). En 1494, Savonarole met en place une nouvelle république et établit un Grand Conseil comprenant plus de 3 000 membres. Mais les Médicis seront à nouveau au pouvoir en 1530.

Gloire et déclin du grand-duché de Toscane

La transformation de la “république de Florence” en “grand-duché de Toscane” en 1569, à la suite de la conquête de Sienne (1555-1557) par Cosme Ier, parachève le contrôle de Florence sur la Toscane. La dynastie des Médicis assoit son autorité et gagne son titre ducal. Paradoxalement, cet aboutissement marque le début de la “provincialisation” de la Toscane. Ses ressources financières s’épuisent (la région sort de quarante années de guerre, entre 1494 et 1530), et la situation internationale a évolué. Le 16e s. voit le renforcement de l’emprise de Charles Quint et de ses successeurs sur l’Italie, et le déplacement du centre de gravité de l’Europe de la Méditerranée vers le nord du continent. Aux 17e et 18e s., la Toscane s’affaiblit, crises économiques et misère s’abattant sur les couches populaires. Bonaparte chasse le grand-duc en 1799 et confie la Toscane à sa sœur Elisa Baciocchi, avant de l’intégrer à l’Empire, de 1807 à sa chute en 1814.

L’unification italienne

Les Toscans chassent le grand-duc Léopold en 1859 puis, en 1860, approuvent par un plébiscite leur rattachement au royaume de Piémont-Sardaigne, qui va devenir le royaume d’Italie. En 1865, Florence est choisie comme capitale provisoire du royaume. Des travaux d’urbanisme très importants sont alors entrepris. Mais, c’est Rome qui devient la capitale du royaume unifié en 1870.

20e et 21e siècles

Dans les premières années du 20e s., Florence devient pôle important de la culture italienne. Aux débuts du fascisme, la Toscane est l’un des principaux foyers des forces socialistes et des coopératives ouvrières et paysannes (qui existent toujours dans chaque petit village). Le courant antifasciste est massif en Toscane et, le 22 août 1944, Florence se libère, avant l’arrivée des Alliés, grâce au soulèvement de sa population. Après guerre, la Toscane reste l’un des réservoirs de votes pour le parti communiste italien et pour ses héritiers récents. L’État et les municipalités rachètent de nombreuses entreprises, réduisant ainsi chômage et pauvreté. Les timides tentatives du parti xénophobe et autonomiste de la Ligue du Nord pour s’implanter en Toscane n’ont jamais été couronnées de succès. En 2018, la Toscane, contrairement au reste de l’Italie, n’a pas donné ses voix aux partis populistes Cinq Étoiles et Ligue du Nord.

LA CRUE DE L’ARNO EN 1966

Le 4 novembre 1966, la crue de l’Arno provoque une inondation impressionnante à Florence (5m à Santa Croce !) et en Toscane. Livres de la Bibliothèque nationale, œuvres de la galerie des Offices... les dégâts furent énormes. Mais l’élan de solidarité de tout le pays reste aujourd’hui gravé dans les esprits, et des plaques commémorent encore cet événement.

ARCHITECTURE

Palais et cathédrales, abbayes et maisons-tours : les chefs-d'œuvre sont partout en Toscane. La richesse des façades de marbre blanc et vert, des ornementations gothiques, la somptuosité des espaces intérieurs, les défis lancés par la Renaissance fascinent tout visiteur. Attention au syndrome de Stendhal (p.87) !

L'art roman

Les quatre édifices religieux regroupés sur le campo dei Miracoli, à Pise, forment l'un des plus beaux exemples d'art roman toscan. Ils sont à l'origine d'un style très décoratif, qui sera repris dans toute la région et rayonnera jusqu'à Sienne. La façade étagée de galeries à colonnades superposées, parfois précédée d'un portique à arcades, est caractéristique de la tradition dite pisano-lucquoise. L'école florentine se distingue par son équilibre et sa sobriété, voire son austérité. Autre trait particulier, l'ornementation murale polychrome, associant marbre blanc et vert, comme à l'église San Miniato al Monte. L'école siennoise, influencée par l'héritage des monastères bénédictins, a pour particularités la présence d'une crypte et l'adoption du plan en croix latine.

COMUNI ET ARCHITECTURE CIVILE

À la fin du Moyen Âge, le dense tissu urbain est constitué de maisons avec cour intérieure et de maisons-tours carrées. La cité médiévale de San Gimignano, entourée d'un mur d'enceinte, conserve toujours quinze de ses soixante-douze tours. Avec l'avènement de la civilisation communale, l'attention se porte sur les places publiques, où se dressent les symboles du pouvoir religieux (Duomo) et politique (palais communal, palais du podestat, palais de justice).

L'art gothique

La Toscane, comme l'Italie est peu sensible au style gothique. Il est adopté par les ordres mendiants des Dominicains et des Franciscains à partir du 13e s., qui l'adaptent ensuite à l'intérieur des villes, en créant de vastes et lumineux espaces de prédication. À Florence, ce sera la basilique dominicaine Santa Maria Novella et l'église franciscaine Santa Croce ; à Sienne, les larges basiliques à nef unique San Francesco et San Domenico. Du gothique, la Toscane retient surtout l'amplitude des proportions, afin d'affirmer la prépondérance du décor. Exemples frappants à Pise, avec le Camposanto et la façade de la petite église Santa Maria della Spina, mais également à Sienne où se greffe en façade de la cathédrale, d'esprit roman, toute la richesse du vocabulaire gothique. À Florence, c'est le gracieux campanile à plan carré qui retient l'attention : le soubassement, érigé par Giotto et décoré de bas-reliefs par Andrea Pisano, l'importance croissante des baies au fur et à mesure des étages et la polychromie des marbres (blanc de Carrare, vert de Prato et rose de la Maremme) sur toute sa hauteur concourent à en faire un des édifices les plus spectaculaires du gothique toscan.

Vue du Duomo sur les toits de Florence

La Renaissance et Brunelleschi

Avec Filippo Brunelleschi (1377-1446), artiste emblématique de la Renaissance et inventeur d'une théorie de la perspective, l'architecture rompt avec le gothique et affirme de façon magistrale un système perspectif et rationnel inspiré des théories humanistes sur le beau architectural. Brunelleschi s'impose ainsi comme l'un des premiers architectes modernes, travaillant sur plan à partir des règles de la perspective et du calcul mathématique. À Florence, la chapelle des Pazzi (Cappella dei Pazzi), dans l'église Santa Croce, et l'Ancienne Sacristie (Sagrestia Vecchia), dans la basilique San Lorenzo, deux édifices à plan centré et coiffés d'une coupole, marquent un tournant vers cette évolution. Articulés sur plan autour des modules simples du cercle et du carré, les volumes élevés, juxtaposant harmonieusement sphères et cubes, sont rehaussés par l'emploi de la *pietra serena* (pierre grise extraite des environs de Florence), qui souligne la structure au niveau des nervures, tandis que les surfaces planes sont tapissées d'un crépi à la chaux clair et lumineux.

L'urbanisme Renaissance

Selon la volonté du prince, symbole de la nouvelle organisation politique, les places publiques sont redessinées dans un but de théâtralisation du pouvoir, à l'instar de la piazza dei Cavalieri à Pise. La Renaissance voit également la multiplication des palais privés citadins, par opposition aux maisons-tours médiévales. Dotés de trois étages, ces palais, inspirés du principe de la *domus* romaine, s'articulent autour d'une cour centrale entourée d'un portique et présentent souvent une façade à bossages. Les exemples les plus significatifs sont les palais Strozzi et Medici-Riccardi à Florence. Les villas de campagne des riches familles, comme celle de Laurent le Magnifique à Poggio a Caiano (1485), voient aussi le jour.

MICHEL-ANGE ARCHITECTE
Michel-Ange bouleverse les canons de la Renaissance. Il reprend le plan carré de Brunelleschi pour la Nouvelle Sacristie des chapelles médicéennes, mais dynamise l'espace grâce à de nouveaux éléments décoratifs (niches, pilastres, sculptures...). Jouant comme Brunelleschi du contraste opposant *pietra serena* et surface blanche, il imprime toutefois à l'espace une dramatisation plus solennelle. Emblématique, l'escalier monumental de la bibliothèque Laurentienne constitue un brillant exemple de maniérisme et un tour de force architectural.

Le maniérisme et le baroque
Michel-Ange (1475-1564) est le précurseur du mouvement maniériste. Viennent ensuite Vasari (1511-1574), qui apporte des modifications à la galerie des Offices, Ammannati (1511-1592), qui œuvre dans la cour et la façade arrière du Palazzo Pitti, et Buontalenti (1536-1608), sur la façade de Santa Trinità. Ils annoncent le baroque. Après la Renaissance, la Toscane perd sa primauté dans le domaine des arts et nombreux sont les artistes à s'exiler vers d'autres foyers artistiques, principalement à Rome. La Toscane adopte le baroque avec sobriété, sauf dans le cas des chapelles médicéennes à Florence.

Le néoclassicisme
Capitale de l'Italie unifiée pendant cinq ans, Florence s'engage, dans l'euphorie générale, dans de grands travaux d'urbanisme. De vastes places (piazza della Repubblica, piazzale Cavour et piazzale Michelangelo) sont créées pour célébrer la nouvelle unité nationale, et l'on en profite pour apposer enfin le marbre sur la façade du Duomo. Nouveau poumon alimentaire de la cité, le Mercato Centrale de San Lorenzo, combinant pierre, fer et verre, est érigé entre 1870 et 1874 par l'architecte milanais Giuseppe Mengoni, qui s'inspire des Halles de Paris.

Liberty et rationalisme
La fin du 19e s. voit naître l'Art nouveau, appelé Liberty ou Floreale en Italie, incarné notamment par Giovanni Michelazzi (1879-1920). Viareggio en offre de beaux exemples. L'entre-deux-guerres est marqué par le rationalisme de Pier Luigi Nervi (1891-1979), auteur du stade de Florence (1931), et par la réalisation de la gare de Santa Maria Novella à Florence, un des chefs-d'œuvre du rationalisme "organique", par le Gruppo Toscano. Figure la plus marquante de ce "groupe toscan", Giovanni Michelucci (1891-1990) signe en 1964 son œuvre majeure, l'église San Giovanni Battista (1964), dite "de l'autoroute", à Campo Bisenzio, banlieue au nord-ouest de Florence.

PEINTURE

En peinture aussi, les artistes toscans, soutenus par de puissants mécènes, ont joué un rôle historique. De Duccio di Buoninsegna à Giotto, de Masaccio à Lippi, de Botticelli à Michel-Ange, tout n'est que révolutions esthétiques et inspirations de génie.

***Saint François recevant les stigmates,* Giotto, 1325**

Giotto et les "primitifs" italiens

Au 14e s., les prémices d'une révolution artistique voient les peintres préférés aux (dispendieux) mosaïstes. Ils s'affranchissent du modèle byzantin et commencent à affirmer leur personnalité artistique, suivant l'exemple de **Giovanni Cimabue** (vers 1240-1302). **Duccio di Buoninsegna** (vers 1255-1319) en est le pendant siennois. L'artiste, dans son œuvre maîtresse la *Maestà*, atteste le passage du byzantin au gothique et témoigne d'un style encore hésitant entre la peinture sacrée et la narration animée. Son contemporain **Giotto** (1266-1337) est clairement le premier à rompre radicalement avec la tradition byzantine. Ses personnages sont mis en scène, les visages expressifs, les attitudes souples. Il est présenté par Vasari comme le "premier peintre italien". On peut admirer ses fresques dans la chapelle Bardi de la basilique Santa Croce à Florence.

Les frères Lorenzetti et le gothique international

Le raffinement décoratif du style gothique touche l'Italie de manière éphémère, avec, à la pointe de cet élan, l'école siennoise de peinture. **Pietro Lorenzetti** (vers 1280-1348), probable élève de Duccio, réalise des œuvres à la forte intensité dramatique avant de s'orienter vers un style apaisé et précieux, dont témoigne sa *Naissance de la Vierge* (1342) au Museo dell'Opera Metropolitana de Sienne. **Simone Martini** (vers 1284-1344), également élève de Duccio, est le principal représentant de l'école siennoise. Sa manière est empreinte de préciosité et de douce courtoisie. On signalera, dans la galerie des Offices, son *Annonciation* (1333). **Ambrogio Lorenzetti** (vers 1290-1348), frère de Pietro, est célèbre pour ses *Effets du bon et du mauvais gouvernement* (1338-1348), une série de fresques allégoriques qui révèlent une approche instinctive de la perspective (p.172). **Orcagna** (vers 1308-1368), à Florence, symbolise la réaction à l'audace formelle de Giotto. Il revient à une figuration hiératique byzantine, à une sévère frontalité des personnages et à une symétrie rigide des éléments figuratifs. **Masolino da Panicale** (1383-vers 1447) laisse une œuvre picturale marquée par une gamme chromatique claire et rayonnante. Il établit un équilibre inédit entre le traitement de l'espace et le rendu des couleurs.

L'ART DU QUATTROCENTO, LA PREMIÈRE RENAISSANCE
Le Quattrocento (15e s.) marque l'apogée de Florence en matière politique et un âge d'or dans le domaine des arts. C'est dans ce climat de prospérité que certains peintres cherchent à élaborer une image scientifique (et plus seulement naturaliste) du monde, à travers la découverte de la perspective. Les grands artistes se déplacent au gré des commandes de leurs mécènes, entourés d'élèves qu'ils forment dans leurs ateliers.

Paolo Uccello

Paolo Uccello (1397-1475) est une figure marquante de la première Renaissance. Son œuvre audacieuse témoigne d'un rare sens de l'abstraction et de l'ornementation, caractérisé par un foisonnement de détails dans les arrière-plans, qui vient s'appuyer sur une perspective complexe. Il peint souvent des beautés naturelles (plantes et animaux) dans des tonalités vives apportant une touche de fantastique. Il meurt misérable, et sera redécouvert par les cubistes et les surréalistes.

Fra Angelico

Dit aussi Il Beato, ce moine-peintre (1400-1455) poursuit une esthétique très personnelle. Il passe une dizaine d'années au couvent San Marco de Florence, dont il décore les cellules. Il a parfaitement assimilé les leçons de la perspective (il sera le premier à intégrer en arrière-plan des paysages toscans, un procédé qui fera école), mais semble davantage attentif à l'emploi de couleurs lumineuses pour témoigner de sa ferveur religieuse. Son travail montre aussi une grande connaissance des passions humaines, prônant un retour à la simplicité et aux valeurs du début du christianisme.

Masaccio

Originaire du Chianti, il a une trajectoire météorique dans l'histoire de la peinture (1421-1428). On peut admirer ses fresques dans la chapelle Brancacci à Florence. Il est très lié à Masolino et à Brunelleschi, dont il intègre la science de la perspective (notamment le point de fuite situé à hauteur du regard). Sa peinture, affranchie du maniérisme gothique, s'attache, par l'emploi d'une palette éclatante, au modelé de personnages réalistes, qui prennent véritablement vie. C'est aussi un des premiers peintres à signer ses œuvres.

Filippo Lippi

Dit Fra Lippi, cet autre moine-peintre (1406-1469) se distingue par sa quête de la grâce et de la douceur. Fortement influencé par Fra Angelico, notamment dans l'emploi de couleurs claires et lumineuses, il s'illustre par ses nombreuses représentations de la Vierge, à laquelle il confère une beauté presque païenne. On dit d'ailleurs que ses Vierges à l'Enfant avaient pour modèles sa maîtresse et leur fils, Filippino Lippi (vers 1457-1504), qui allait devenir un excellent peintre.

Piero della Francesca

Ayant vécu de 1420 à 1492, il est devenu le maître incontesté de l'art de la fresque et le premier à avoir totalement maîtrisé les règles savantes de la perspective. Son chef-d'œuvre, *La Légende de la Vraie Croix* (1452-1459), se voit dans le chœur de l'église San Francesco d'Arezzo. Virtuose dans l'art de la lumière comme dans celui de la couleur, il impose une œuvre sereine dans laquelle les personnages, souvent solennels et impassibles, donnent l'impression d'être absents, parfois même de flotter, créant une étrange sensation poétique et énigmatique. La galerie des Offices de Florence a hérité d'une pièce maîtresse : le double *Portrait des ducs d'Urbino*.

***Portrait de Dante*, Botticelli, 1495**

Sandro Botticelli

C'est une des vedettes du Quattrocento (1445-1510) ! Il est l'élève de Filippo Lipi et d'Andrea del Verrocchio (p.207) et l'un des protégés des Médicis. Baignée de mythologie, son œuvre marque le sommet de la première Renaissance. On y voit des beautés paisibles et cristallines, d'où émane une indéfinissable mélancolie. Attentif aux détails, il traite les chevelures presque trait par trait, et soigne les attitudes par un modelé précis. Ses deux œuvres phares *La Naissance de Vénus* et *Le Printemps*, s'admirent à la galerie des Offices.

Le Pérugin

Extrêmement prolifique, le Pérugin (1445-1523) a fait son apprentissage à Florence auprès de Verrocchio, avant d'être appelé à Rome pour participer au décor de la chapelle Sixtine. En 1486, il ouvre deux ateliers, l'un à Florence et l'autre à Pérouse, encadrant quantité d'assistants qui lui assurent une grande réussite commerciale et sociale. Son style est classique et langoureux, influencé par Piero della Francesca. Il exprime un sens de l'espace, un souci de la clarté et une certaine douceur, qui céderont le pas dans la seconde partie de sa carrière à une joliesse d'exécution jugée parfois fade.

Détail du *Baptême du Christ*, Verrocchio et de Vinci (1472-1475)

Domenico Ghirlandaio

On peut voir, dans la chapelle Tornabuoni de Santa Maria Novella à Florence, des fresques qui résument bien le style de Ghirlandaio (1449-1494). Il est à la tête d'un important atelier florentin et a pour élèves Michel-Ange et Raphaël. Peintre narratif, il s'illustre dans un style presque documentaire, avec une profusion de détails. Il est le premier à oser mêler, dans des peintures religieuses, le sacré et le profane. Artiste mondain, il n'hésite pas à donner à ses personnages bibliques les traits de certains de ses contemporains.

CINQUECENTO, LE TEMPS DES GÉNIES

Le début du 16e s. voit la naissance de plusieurs génies (Michel-Ange, Léonard de Vinci...), artistes polyvalents au plus fort de leur gloire, courtisés par de puissants mécènes. Florence cesse d'être l'épicentre artistique et ses artistes travaillent désormais pour le compte de la papauté ou des princes des cités-États, parfois même s'exilent auprès de cours européennes.

Léonard de Vinci

Leonardo (1452-1519) est le génie par excellence, il incarne à lui seul la Renaissance italienne. Il se forme à Florence dans l'atelier de Verrocchio aux côtés de Botticelli, de Ghirlandaio et du Pérugin. Homme de science, inventeur (machines de plongée ou volantes...), ingénieur militaire, concepteur de fêtes princières, architecte, sculpteur et peintre, il laisse peu d'œuvres, mais son apport est essentiel. Il se démarque par la dissolution des contours et l'unification des tons, le *sfumato*. Ce nouveau rendu apporte de l'épaisseur, du volume et du relief. On peut découvrir son *Adoration des Mages* ou son *Annonciation* à la galerie des Offices.

Michel-Ange

Autre génie incontesté, Michelangelo Buonarroti (1475-1564) est né à Caprese, près d'Arezzo (p.200). Ses talents, longtemps mésestimés, de coloriste annoncent le maniérisme, tout comme son dynamisme du mouvement et son expression pathétique et passionnée de la souffrance préfigurent les tourments du baroque.

Raphaël

Raffaello Sanzio (1483-1520) fait l'essentiel de son apprentissage en Ombrie auprès du Pérugin. Sa manière assimile les apports de Léonard de Vinci et de Michel-Ange, tout en intégrant les modalités tonales de Titien. Sa peinture incarne l'apogée de l'art classique de la Renaissance, dans lequel s'opère la fusion harmonieuse des valeurs de la chrétienté et des canons de la beauté grecque, qu'il focalisera sur l'ovale, doux, apaisé – et maintes fois traité – du visage de la Madone.

Les maniéristes et Rosso Fiorentino

Le mouvement maniériste, qui se manifeste essentiellement en peinture, correspond à une transformation complexe de la Renaissance. Des artistes virtuoses, issus d'une génération profondément marquée par l'œuvre peint de Michel-Ange, cherchent à s'affranchir de leurs illustres aînés. On reconnaît **Rosso Fiorentino** (1494-1540), formé à Florence, à ses figures aux physionomies cruelles, à ses corps exagérément allongés et mouvementés, à ses drapés aux couleurs acides. Une salle lui est consacrée à la galerie des Offices.

Les *macchiaioli*

Les "tachistes" (19e s.) trouvent leur inspiration dans l'évocation de scènes intimistes de la vie quotidienne, du paysage et du patriotisme toscans. Les principales têtes de file du mouvement sont **Giovanni Fattori** (1825-1908) et **Telemaco Signorini** (1835-1901). Ils annoncent les impressionnistes, avec cette juxtaposition de taches (*macchie*) larges, colorées et contrastées, évoquant une peinture champêtre que l'on peut rapprocher de celle de l'école de Barbizon. Certaines de leurs œuvres sont exposées à la galerie d'Art moderne du Palazzo Pitti à Florence.

SCULPTURE

La sculpture toscane s'illustre à l'époque gothique avec les Pisano et connaît son apogée à la Renaissance avec Ghiberti, Donatello et Michel-Ange.

Les Pisano et l'art gothique

L'œuvre des Pisano est à l'origine d'un courant novateur dans le domaine de la sculpture gothique italienne. **Nicola Pisano** (vers 1220-1284) est l'un des premiers à s'affranchir des canons hiératiques imposés par l'Église, voyez son style résolument gothique dans le Duomo de Sienne. Son fils **Giovanni** (vers 1245-1319) en conçoit la façade ; sur la chaire de la cathédrale de Pise, il privilégie l'expression dramatique. Le Siennois Tino di Camaino (1280-1337) sera leur élève le plus brillant. **Andrea Pisano** (1270-1349), sans lien de parenté avec les deux premiers, réalise à Florence en 1336 la première des portes en bronze du baptistère, avant de prendre en charge la décoration du deuxième étage du campanile. Ses fils Nino et Tommaso adopteront un style en ronde-bosse.

Lorenzo Ghiberti

Lorenzo Ghiberti (1378-1455) gagne en 1401 le concours pour la création de la porte nord du baptistère de Florence, l'emportant sur plusieurs grands sculpteurs, dont Brunelleschi. Reprenant la division en panneaux adoptée par Andrea Pisano, il s'attelle de 1403 à 1423 à la création des vantaux en bronze de la porte, sur lesquels sont racontés, de façon très narrative, des épisodes de la vie du Christ. Le succès engendré par cette première œuvre lui vaudra de se voir confier la réalisation de la porte est. Ses panneaux témoignent d'une maîtrise déjà affirmée de la perspective architecturale. On a dit de cette grande figure de la Renaissance qu'elle "maniait le bronze comme un peintre la couleur".

Donatello

Donato di Niccolò di Betto Bardi, dit Donatello (1386-1466), est l'autre figure marquante de la sculpture du Quattrocento. Ce natif de Florence, brillant sculpteur, innove en appliquant la théorie de la perspective linéaire de Brunelleschi à la sculpture de ses panneaux de bronze, traités presque de manière picturale. L'œuvre qui annonce ce changement est le bas-relief *Saint Georges terrassant le dragon* (conservé au musée national du Bargello), dont le modelé, fort peu prononcé, obéit rigoureusement aux nouvelles lois de la perspective. En s'attaquant avec brio à tous les matériaux (bois, bronze, stuc, marbre) et dans les styles les plus variés, il s'est affirmé comme l'un des artistes les plus éminents de son siècle.

Della Robbia

Vous verrez les œuvres des Della Robbia partout en Toscane. Aussi bien dans les musées que dans les églises et sur diverses façades, notamment celle de l'hôpital des Innocents à Florence. Cette famille s'est spécialisée dans la production de médaillons en terre cuite émaillée qui constituent une forme particulièrement populaire de l'art de la Renaissance. Le fondateur de cette dynastie, Luca Della Robbia (1400-1482), s'est formé aux côtés de Donatello. Ses neveu et petit-neveu Andrea (1435-1525) et Giovanni (1469-1529) furent également des céramistes réputés, sans oublier le frère de Giovanni, Girolamo (1488-1566).

***La Porte du Paradis*, Lorenzo Ghiberti, baptistère de Florence**

Andrea del Verrocchio

Ce peintre et sculpteur (1435-1488) fait partie de la cour de Laurent de Médicis et dirige à Florence un atelier fréquenté par de prestigieux élèves : Léonard de Vinci, Botticelli, le Pérugin, Ghirlandaio... Réputé pour son habileté technique que l'on attribue à sa formation d'orfèvre, il est considéré comme l'un des plus grands sculpteurs de la Renaissance après Donatello. On peut voir ses tombeaux de Giovanni et Piero de Médicis dans la basilique San Lorenzo à Florence.

Michel-Ange

Peut-être plus que pour la peinture, c'est pour la sculpture que Michel-Ange (1475-1564) est incontournable. Il laisse à Florence une œuvre abondante, qui atteste toute sa puissance créatrice, à commencer par son célèbre *David*, dont l'original trône à la galerie de l'Académie, ainsi que ses *Esclaves enchaînés*. À peine moins célèbres, ses imposantes statues couvrant les tombeaux des ducs de Médicis, et sa pathétique *Pietà* inachevée, conservée au Museo dell'Opera del Duomo de Florence.

COMPRENDRE

LANGUE ET LITTÉRATURE

Le dialecte toscan est à l'origine de la langue italienne, grâce notamment aux chefs-d'œuvre de la littérature de Dante, Pétrarque et Boccace. Les 19e et 20e s. connaissent également de grands auteurs.

Les "trois couronnes"

Laurent de Médicis, dit le Magnifique, entendait à la fin du Quattrocento imposer au reste de la péninsule la langue de Florence. Il s'appuyait pour cela sur l'importance des trois chefs-d'œuvre de la littérature toscane : *La Divine Comédie* de Dante (1265-1321), *Canzoniere* de Pétrarque (1304-1374) et le *Décaméron* de Boccace (1313-1375), dont les auteurs sont connus comme les "trois couronnes".

À l'origine de la langue italienne

Au 16e s., il est décidé de codifier une "langue vulgaire" (par opposition au latin), et le toscan du 14e s. est alors choisi. Au cours du 16e s., son système s'impose et l'académie de la Crusca, chargé de la rédaction du premier dictionnaire de la langue italienne, l'approfondit. Cette langue est pratiquée par l'élite, notamment à l'écrit. Mais il faut attendre l'après-guerre pour que cet italien obtienne les faveurs de toute la population, qui préfère toujours son dialecte local.

L'INVENTION DE L'OPÉRA

Au 17e s., si la littérature toscane fait peu parler d'elle, s'impose un nouveau genre, né à la cour des grands-ducs : l'opéra, ou "drame en musique" !

La littérature des 19e et 20e s.

Certains noms ont largement dépassé les frontières toscanes, d'autres demeurent plus confidentiels. Qui ne connaît pas Carlo Collodi ? L'auteur de *Pinocchio* a vécu en Toscane, de 1826 à 1890. Devenu célèbre après sa mort, Federigo Tozzi (1883-1920) a écrit *Il Podere* et de *Tre Croci*, des romans réalistes ancrés dans la campagne toscane et quelque peu kafkaïens. Il influencera d'autres écrivains comme Vasco Pratolini, excellent peintre vériste de la misère des villes et des campagnes toscanes. Citons également Curzio Malaparte (1898-1957), et ses récits *Kaputt* ou *La Peau*.

PARTICULARITÉS DU TOSCAN

L'accent toscan se reconnaît car on aspire la lettre "c" quand elle se trouve entre deux voyelles : *amico* (ami) se prononce "amiho", *domenica* (dimanche) "domeniha". En début de mot, la *casa* (maison) devient "hasa".

LES VINS

Les vins toscans sont à découvrir chez les *mescite* (cavistes) ou sur les tables des œnothèques et des trattorias. Dans ce terroir béni, même le *vino della casa* (vin de table, maison) est souvent de qualité.

Vignes du Chianti

Vins rouges

Région viticole la plus célèbre d'Italie, la Toscane présente un terroir idéal avec ses collines offrant plusieurs orientations et son climat chaud et rude. Le cépage roi de la région est le sangiovese, caractérisé par une forte acidité et des tannins marqués. Le Chianti Classico s'est imposé comme l'appellation phare de la région, avec ses vins corsés, aux parfums fruités et aux arômes floraux. Il est produit autour des villages de Greve, Radda et Castellina. D'autres appellations voisinent, comme le fameux Brunello di Montalcino DOCG, vieilli 5 ans minimum en barrique, ou le Vino Nobile di Montepulciano DOCG, dont les origines remontent au 14e s. Son petit frère, le Rosso di Montalcino, plus jeune, est aussi plus accessible. Les "super-toscans", originaux parce qu'ils sont sortis du cadre des DOC (Denominazione di Origine Controllata), atteignent des sommets gustatifs et... de prix ! Enfin, citons le cas du Carmignano, une appellation appréciée depuis le 15e s., ainsi que le Montecarlo et le Colli Lucchesi (un vin des collines de Lucques) pour le nord de la Toscane. Dans le sud-est, le Morellino di Scansano (synonyme local de sangiovese) est une valeur sûre.

Vins blancs

Si la Toscane est traditionnellement une région de vins rouges, certains blancs sont particulièrement réputés, comme le Vernaccia di San Gimignano, un vin vert sec et onctueux. Il est évoqué par Dante dans son *Purgatoire* et Michel-Ange en avait fait, paraît-il, son vin favori. Le *vin santo* est un vin de paille à déguster en fin de repas, élaboré à partir de cépages blancs de trebbiano et de malvasia, vieilli en pleine exposition à la chaleur. Il a la particularité d'être sec.

GASTRONOMIE

Si la Toscane est si réputée pour son art de vivre, son excellente cuisine y est sans doute pour beaucoup. Les produits locaux sont toujours mis à l'honneur et cuisinés au fil des saisons, dans la tradition paysanne – parfois revue par de grands chefs !

Le pain

Le pain sans sel ou *pane sciocco*, très dense, constitue une tradition toscane ancienne et une particularité que Dante, dans son exil, avait déjà eu l'occasion de relever. Il est idéal avec la charcuterie locale ! La *schiacciata* est un genre de fougasse recouverte de gros sel et badigeonnée d'huile d'olive. Spécialité toscane, la *panzanella*, une salade de pain sec mouillé aux tomates et aux oignons finement hachés, se révèle un plat rafraîchissant en été. La *bruschetta* (ou *fettunta*) est un *antipasto* toscan, constitué d'un morceau de pain grillé frotté à l'ail puis arrosé d'huile d'olive. Les typiques *crostini* sont des tranches de pain grillées et tièdes, tartinées de pâté de foie de volaille (p.161), de légumes marinés ou de charcuterie.

Panini pecorino-*finocchiona* (salami au fenouil)

Pizzas et *pasta*

La pizza n'est pas une spécialité florentine, mais vous trouverez, au choix, des pizzas à pâte fine et croquante ou des pizzas napolitaines, le plus souvent cuites au feu de bois. Les pâtes, comme partout en Italie, sont incontournables. On les mange généralement en *primo piatto*, entre les *antipasti* (entrées) et le *secondo*, le plat principal (viande ou poisson). Elles peuvent être de mille et une formes, mais les *pappardelle* (sortes de tagliatelles plus larges) sont typiques, souvent accompagnées d'une sauce à la viande.

La charcuterie

Une des fiertés locales ! Le *prosciutto toscano*, jambon cru moins renommé que le San Daniele ou le Parme, est plus doux que ces derniers. Il bénéficie d'une appellation protégée, la DOP (notre AOC). Autres spécialités : le *salame toscano*, un saucisson sec épicé, la *soppressata*, un fromage de tête siennois, la *finocchiona*, un saucisson au fenouil sauvage, et le célèbre *lardo di Colonnata*, un lard blanc vieilli en cuve de marbre de Carrare.

Spécialités toscanes

Au registre des soupes, la plus célèbre est la *ribollita*, mêlant légumes d'hiver et chou noir, haricots et pain. Comme son nom l'indique (*ribollita* signifie "rebouillie"), elle était servie réchauffée pendant plusieurs jours. L'*acquacotta*, originaire de la région de Sienne, est une soupe au pain et à l'œuf brouillé. Elle peut parfois être agrémentée de cèpes. Le *minestrone*, soupe assez épaisse de légumes, connaît plusieurs variantes : la *minestra di fagioli*, aux haricots blancs, ou bien la *zuppa di ceci*, aux pois chiches. La *pappa al pomodoro* est une sorte de bouillie de pain à la tomate. Parmi les mets délicats, citons la truffe blanche (*tartufo bianco*), dont la terre d'élection se situe autour de San Miniato et de Sienne.

Viandes et fromages

La Toscane est traditionnellement une terre d'élevage de brebis et de vaches, dont la fameuse race *chianina* du Val di Chiana, à choisir pour le grand classique : la *bistecca alla fiorentina*, une épaisse côte de bœuf. Elle doit être grillée au charbon et peut s'accompagner de haricots blancs, les *fagioli*, très appréciés des Toscans – que l'on surnomment les *mangiafagioli*, mangeurs de haricots. La *tagliata* est un contre-filet servi grillé. Les amateurs devront absolument goûter à la *trippa alla fiorentina* (tripes à la sauce tomate) et au sandwich au *lampredotto* (la caillette). Un des fromages typiques de Toscane est le brebis sec, *pecorino toscano*, généralement proposé en *antipasto*.

Desserts

En plus des classiques *tiramisù* et *panna cotta*, les restaurants peuvent proposer du *panforte* (ou *panpepato*, pain poivré) de Sienne, un nougat comptant dix-sept ingrédients. Avec un verre de vin doux (*vin santo*), on vous servira des *cantucci*, gâteaux secs aux amandes, spécialité de Prato.

Café

Les Italiens se sont taillé une réputation tout à fait justifiée en matière de torréfaction et de préparation du café. On le sert *zuccherato* (sucré) ou *senza zucchero* (sans sucre). Dans les cafés, les Italiens le consomment rapidement, debout au comptoir. On paye préalablement sa consommation à la *cassa* (caisse) afin d'obtenir le *scontrino* (ticket) à présenter au barman.

Apéritifs et digestifs

L'Italie est un grand producteur de *bitters* et de vermouths. La *sambuca* (un genre de pastis excessivement sucré) est typiquement toscane. Pour le digestif, on vous proposera souvent une grappa, une eau-de-vie de raisin.

Carnet pratique

Balade en scooter

INFOS UTILES

Toutes les informations pour organiser votre voyage et profiter pleinement de l'art de vivre toscan et des richesses culturelles de Florence et de sa région.

AVANT DE PARTIR

INFORMATIONS TOURISTIQUES

EN FRANCE

ENIT France
23, rue de la Paix 75002 Paris
01 42 66 66 68 infoitalie.paris@enit.it
www.enit.it Lun.-ven. 11h-16h45

SUR INTERNET

www.regione.toscana.it
Le site de présentation de la région.

www.intoscana.it
Site de la région consacré à la culture.

www.visittuscany.com
Agence de promotion de la Toscane.

www.terraditoscana.com
En italien et en anglais.

www.firenzeturismo.it
Pour des infos sur Florence et sa région en version italienne et anglaise.

www.terresiena.it
Infos sur Sienne en italien et anglais.

BUDGET

La Toscane est une destination chère. Les petits budgets (autour de 50-60€/j.) s'en sortiront en mangeant sur le pouce, en dormant dans les auberges de jeunesse et en empruntant les transports en commun. À partir de 100€ par jour et par personne, il vous sera possible d'aller dans de petits hôtels, au restaurant et de profiter de l'offre culturelle. Au-delà de 150€ environ, c'est la belle vie ! Dans ce guide, les fourchettes de prix se réfèrent à une chambre double en haute saison pour l'hébergement. Quant aux prix indiqués pour les restaurants, sauf précision, ils s'entendent pour un repas complet (*primi, secondi, contorni*) sans boisson.

GAMME DE PRIX

Restauration	Hébergement
€ < 25€	€ < 75€
€€ 25-40€	€€ 75-110€
€€€ > 40€	€€€ > 110€

FORMALITÉS

Pour un séjour n'excédant pas trois mois, les citoyens de l'Union européenne peuvent entrer en Italie avec une carte d'identité en cours de validité.

QUAND PARTIR ?

La saison touristique s'étend de mars à novembre, avec un pic de fréquentation durant les mois de juillet et août. Mais, en règle générale, le moindre week-end prolongé donne l'occasion aux Européens d'envisager un court séjour en Toscane. Les deux plus belles saisons pour visiter la région sont le printemps et l'automne, même s'il s'agit aussi des périodes les plus humides. Évitez, si vous le pouvez, les vacances scolaires, particulièrement celles de Pâques, pendant lesquelles se pressent dans les musées des classes d'art du monde entier.

CLIMAT ET SAISONS

Saison touristique	de Pâques à oct., pic en juil.-août	
	Janvier	**Juillet**
Températures à Florence	2°C-9°C	18°C-30°C
Ensoleillement à Florence	4h/j.	11h/j.
Précipitations à Florence	8j., 65mm	3j., 35mm
Température de la mer	15°C	27°C
Météo	www.meteoam.it	

AGENDA

Ne pas confondre les *giorni festivi*, les jours fériés, et *les giorni feriali*, les jours ouvrables.

JOURS FÉRIÉS

Capodanno
1er jan.

Epifania/Befana
6 jan.

Pasquetta/Lunedì dell'Angelo
Lundi de Pâques

Liberazione 1945
25 avr.

Festa del Lavoro
1er mai

Festa della Repubblica
2 juin

San Giovanni
24 juin

Ferragosto
15 août

Ognissanti
1er nov.

Immacolata Concezione
8 déc.

Natale
25 déc.

Santo Stefano
26 déc.

FÊTES ET MANIFESTATIONS

JANVIER-FÉVRIER

Carnevale di Viareggio
Défilés et feu d'artifice (p.131).
5 dim. entre fin jan. et début mars

Carnevale di San Gimignano
Chars en papier mâché, musique et défilés en costume. Jan.-fév.

MARS-AVRIL

Scoppio del Carro
Le rite de l'"explosion du char".
Florence Dim. de Pâques

Maggio Musicale
Festival d'opéra (depuis 1933).
Florence Avr.- juin

MAI

Festa del Grillo
Fête du printemps au parc des Cascine où les enfants libèrent un grillon porte-bonheur.
Florence Dim. de l'Ascension

Fabbrica Europa
Festival de danse, théâtre et musique.
Stazione Leopolda Florence Mai-juin

JUIN-AOÛT

Estate fiorentina
Têtes d'affiche et jeunes groupes en concerts l'été.
Florence Juin-sep.

Estate al Bargello
Théâtre, musique, danse.
Florence Juin-juil.

Luminaria
La fête des lumières.
Pise 16 juin

Regata di San Ranieri
Régates sur le fleuve en l'honneur du saint patron de la ville.
Pise 17 juin

Calcio Storico Fiorentino
Finale costumée du *calcio storico* et feu d'artifice magistral sur le Piazzale Michelangelo.
Florence 24 juin

Giostra del Saracino
Fête médiévale et cortège de 250 figurants sur la piazza Grande !
Arezzo 3e sam. de juin et 1er dim. de sept.

Gioco del Ponte
La joute du Pont.
Pise Dernier dim. de juin

Estate Fiesolana
Théâtre, musique, cinéma, opéra et dégustations au Teatro Romano de Fiesole.
Florence Mi-juin-juil.

Cinema all'Aperto
Films d'auteur en plein air (gratuit), piazzale degli Uffizi.
Florence Fin juin-mi-juil. Tlj. 22h

Palio di Siena
La course de chevaux qui fait vibrer toute la ville (p.176).
Sienne 2 juil. et 16 août Entrée payante

Bravio delle Botti
Une course de tonneaux de 80kg, en montée ! Cortège médiéval et grand banquet de rue.
Montepulciano Dernier dim. d'août

SEPTEMBRE

La Rificolona
Fête de la Vierge : les Florentins descendent dans la rue avec une lanterne.
Florence 7 sept.

TRANSPORTS

ALLER EN TOSCANE

EN AVION

Aéroports

Aeroporto Amerigo Vespucci
Un des principaux aéroports de la région, desservi par les lignes internationales.
Via del Termine, 11 Peretola (4km au nord-ouest de Florence) À 20 min du centre ☎ 055 30 61 300
www.aeroporto.firenze.it

Aeroporto Galileo Galilei
Pour les compagnies *low cost*.
Piazzale D'Ascanio (3km au sud du centre-ville) Pise À 1h de Florence
☎ 050 84 91 11 www.pisa-airport.com

Principales compagnies

Air France
3654 www.airfrance.fr

Alitalia
www.alitalia.com

Vueling
www.vueling.com

EasyJet
www.easyjet.com

Ryanair
www.ryanair.com

Liaisons aéroports

Busitalia
Le service Vola in Bus vous mène en 20min environ de l'aéroport de Florence à sa gare centrale, de 5h30 à 21h30. Comptez 6€.
800 37 37 60 (n° vert)
www.fsbusitalia.it

Austradale
Liaison Pise-Florence. De 5h à 0h40, arrivée à la gare centrale en 1h10. Comptez 14€.
www.airportbusexpress.it

Trenitalia
De l'aéroport de Pise, trains pour Florence avec changement à Pisa Centrale. De 6h à 23h environ. Comptez 1h30 et 11,30€.
www.trenitalia.com

Siena Mobilità
Compagnie de bus assurant la liaison entre l'aéroport de Pise et Sienne (avec correspondance à Florence), en partenariat avec Austostradale. Tarif 28€ AR, 15€ AS.
0577 20 41 11 www.sienamobilita.it

Taxi
Tarif fixe de l'aéroport de Florence au centre historique, 22€ (24€ jours fériés et 25€ nocturne). Comptez 15 min.

EN TRAIN

Il n'existe plus de liaison directe pour aller à Florence et en Toscane depuis la France. Il vous faudra au minimum une correspondance à Milan ou à Turin.

SNCF
36 35 www.oui.sncf

Trenitalia
89 20 21 (Numéro vert)
www.trenitalia.com

SE DÉPLACER À FLORENCE

EN BUS

ATAF
Les bus ATAF (Azienda Trasporti Area Fiorentina) sillonnent la ville et ses proches environs. Beaucoup de lignes ont pour terminus la gare Santa Maria Novella (plan 1, B1). Les tickets peuvent être achetés à bord (quand le conducteur en a...), dans les locaux affichant la mention "Biglietti ed Abonnamenti ATAF" (kiosques à journaux, bars, tabacs) ou au bureau principal ATAF où vous trouverez un plan du réseau. Ticket 90min 1,20€, Carte "AGILE" 10 billets 10€, billet 24h 5€, 3 jours 12€.
Voir aussi la Firenze card (p.56), qui comprend la gratuité des transports.
800 42 45 00 (n° vert, tlj. 6h-21h)
www.ataf.net Lun.-sam. 6h45-20h

À VÉLO

Mobike
Des vélos gris et orange disponibles dans tout Florence via l'appli !
mobike.com/it Tarif 0,50€/30 min

SE DÉPLACER EN TOSCANE

EN CAR

Le réseau de cars permet de se rendre dans tous les villages de Toscane, à condition de bien préparer son trajet ! Les compagnies ne travaillent pas forcément en réseau, et il n'est pas toujours aisé de trouver des correspondances. Nous indiquons les principales compagnies, reliant Florence, Pise, Sienne et les différents villages du Chianti.

Busitalia
La principale compagnie florentine dessert le Chianti, Sienne...
Via Santa Caterina da Siena, 17 (à l'ouest de la gare) 800 37 37 60 (n° vert) www.fsbusitalia.it

CAP
Liaisons avec les alentours de Florence (Poggio a Caiano notamment). Guichets à l'est de la gare, au début de la via Nazionale.
Largo Fratelli Alinari, 10 800 57 05 30 (n° vert) www.capautolinee.it
Tlj. 6h40-19h55, j. fér. 7h-19h55

Compagnia Pisana Trasporti (CPT)
Au départ de Pise, liaisons avec Marina di Pisa et Tirrenia.
Piazza S. Antonio, 1
199 120 150 (renseignements) www.pisa.cttnord.it Lun.-ven. 9h-13h

Tiemme Spa
Liaisons entre Florence, Sienne, Radda in Chianti, Colle di Val d'Elsa, Arezzo...
0577 20 41 11 www.tiemmespa.it

Siena Mobilità
Liaison de Sienne vers Florence et de nombreux villages alentour.
0577 20 41 11 www.sienamobilita.it

EN TRAIN

Des liaisons directes et rapides existent entre Florence et les grandes villes de Toscane.

Trenitalia
89 20 21 www.trenitalia.com

EN VOITURE

La voiture est idéale pour rejoindre les petits villages, visiter les caves, surtout si vous avez prévu de passer une ou plusieurs nuits dans un *agriturismo*. Mais si votre voyage se limite aux grandes villes, elle sera plutôt un handicap. La politique des villes est très restrictive et vous devrez toujours laisser votre véhicule à l'extérieur des centres-villes, et payer des parkings onéreux. Les agences de location de voitures se situent aux aéroports de Pise et de Florence, et dans le quartier du borgo Ognissanti à Florence.

DEUX-ROUES

La voiture étant bannie des centres-villes, le vélo est une excellente alternative à Florence, Pise, Lucques ou Sienne. En Toscane, les amateurs de randonnée à vélo seront comblés ! Voici quelques adresses où louer un deux-roues.

Alinari Scooter Rental
Vélo 2,50€/h et 12€/j. ; VTT 3€/h et 18€/j. ; hybride 4€/h, 19€/j.
Via San Zanobi, 38-40/r Florence
055 28 05 00 www.alinarirental.com
Lun.-sam. 9h-19h30, dim. 9h-18h30 (susceptible de petites variations hors saison)

Florence by bike
Location de bicyclettes à partir de 3,50€/h, 15€/j., e-bikes 39€/j.
Via San Zanobi, 54/r Florence 055 48 89 92 www.florencebybike.it
Lun.-sam. 9h-13h et 15h30-19h30, dim. et j. fér. 9h-18h Fermé le 15 août, dim. et j. fér. de nov. à mars.

Toscana in Tour
Différents types de vélos, à partir de 5€ (première heure). Comptez de 16 à 20€ pour une journée complète. Scooters et vespas 45-75€/j.
Via Della Faggiola, 41 à l'angle de la Via Capponi Pise 333 26 02 152
www.toscanaintour.it
Mars-juin, sept. : tlj. 9h30-20h ; juil.-août : tlj. 9h30-22h ; oct.-nov. : tlj. 10h30-18h ; déc.-fév. : tlj. 11h-17h

Cicli Bizzarri
3€/h, 15€/j.
Piazza Santa Maria, 32 Lucques
0583 49 66 82 www.ciclibizzarri.net
Tlj. 8h30-19h30 Fermé dim. hors saison et parfois en jan.

Cicli Poli
3€/h, 15€/j.
Piazza Santa Maria, 42 Lucques
0583 49 37 87 www.biciclettepoli.com
Tlj. 8h30-20h (19h30 hors saison) Fermé 3 dernières sem. de jan.

Perozzi Automotocicli
Vélos hybrides et VTT (env. 15€/j.), scooters (50€/j.).
Via del Romitorio, 5 Sienne 0577 28 08 39 www.perozzi.it Lun.-ven. 8h30-12h30 et 15h-19h, sam. 8h30-12h30 et 16h-18h, dim. 9h-12h30 Fermé dim. mi-oct.-mi-mai

SUR PLACE DE A À Z

ARGENT ET BANQUES

CARTES BANCAIRES

Les retraits aux guichets automatiques (Bancomat) et paiements par carte ne donnent lieu à aucun frais bancaire pour les ressortissants de la zone euro. Vérifiez avant de partir que votre carte est valable à l'étranger. Les commerçants qui affichent sur leur devanture l'autocollant CartaSi acceptent les principales cartes bancaires. Attention, même dans une ville aussi touristique que Florence, certains restaurants et quelques hôtels modestes n'acceptent que le liquide. En cas de perte ou de vol de votre carte, appelez un des numéros suivants :

Visa
800 81 90 14 www.visa.com

Mastercard
800 87 08 66 www.mastercard.com

American Express
01 47 77 72 00 (France)
www.americanexpress.com

Serveur interbancaire
Ce serveur français redirige l'appel directement vers le service d'opposition de la banque concernée.
0892 705 705 (de France) ou 33 442 605 303 (de l'étranger) Tlj. 24h/24

HORAIRES

Les horaires sont le plus souvent affichés et de façon générale plutôt respectés.

LE RYTHME TOSCAN

De part et d'autre des Alpes, les modes de vie sont très proches. La journée débute par un petit déjeuner léger, qui se résume à un *espresso* et *una brioche* (notre croissant) pris au comptoir d'un bar. Vers 13h sonne l'heure du déjeuner (*pranzo*). L'époque où l'on ne rencontrait pas âme qui vive dans les rues entre 13h et 16h30 est définitivement révolue : fini le temps des déjeuners copieux et des siestes réparatrices. Les terrasses des cafés se remplissent à nouveau à l'heure de l'apéritif (*aperitivo*), et les rues sont alors noires de monde pour la *passeggiata* (promenade) rituelle. Le soir, les restaurants font le plein entre 21h et 23h. Pensez à réserver, les Florentins aiment sortir, surtout le week-end.

COMMERCES

Ils sont ouverts en principe de 9h à 13h et de 15h30 à 19h30 (boutiques et enseignes internationales des centres-villes : sans interruption). Ils ferment le dimanche et une demi-journée par semaine : le lundi matin en hiver, et le samedi après-midi en été.

MONUMENTS

Les musées sont généralement fermés le lundi ou le mardi et pratiquent la journée continue. La dernière entrée est autorisée jusqu'à 1h avant la fermeture en général. Il est toujours préférable de vérifier les horaires des musées sur Internet ou à l'office de tourisme avant votre visite. Les changements saisonniers sont fréquents, et vous pouvez même avoir de bonnes surprises avec des nocturnes en été. Pour les principaux lieux de visite, nous vous encourageons à réserver à l'avance pour éviter les files d'attente. Quasiment tous les lieux de visite sont fermés le 1er janvier, le 1er mai et le 25 décembre. Lors des autres jours fériés, la politique d'ouverture des monuments est variable.

RESTAURANTS

En général, ils servent de 12h à 15h et de 19h30 à 23h. De nombreux établissements ferment les 15 premiers jours d'août.

MARCHÉS

Une information importante à retenir : les marchés ne sont pas ouverts le dimanche, contrairement à notre habitude française ! Quelques marchés florentins.

Mercato Centrale
cf. Mercato Centrale (p.82).
Piazza del Mercato Centrale

Mercato delle Piante
Marché aux fleurs.
(plan 1, C3) Via Pellicceria ⌚ Jeu. 8h-14h

Mercato del Porcellino
Cuir, souvenirs.
(plan 1, C4) Via Porta Rossa
⌚ Tlj. 9h30-18h30

Mercato delle Cascine
Marché aux vêtements et quincaillerie.
(hors plan 1 par A2) Via A. Lincoln
⌚ Mar. 8h-14h

Mercato delle Pulci
Marché aux puces.
(plan 2, B3) Piazza dei Ciompi
⌚ Tlj. 10h-19h

Mercato Sant'Ambrogio
cf. Mercato Sant'Ambrogio (p.88).
(plan 2, C3) Piazza Ghiberti
⌚ Lun.-sam. 7h-14h

Mercato Santo Spirito
Fruits et légumes sur la place.
Les 2e dim. du mois (toute la journée) : artisanat.
(plan 3, A2) Piazza Santo Spirito
⌚ Lun.-sam. 8h-14h

POURBOIRE

Les prix dans les restaurants et les cafés intègrent le service. Mais le salaire moyen des serveuses et serveurs est tellement faible que vous pouvez laisser un pourboire (*mancia*), surtout si vous avez apprécié le service. Il est à votre discrétion : 5 à 10% de l'addition semblent raisonnables.

RESTAURATION

TYPES D'ÉTABLISSEMENTS

Le **ristorante** est l'appellation qui correspond le mieux à ce qu'en français on entend par restaurant. La **trattoria** et l'**osteria** peuvent être comparées aux bistrots français et proposent une cuisine traditionnelle. Pour manger une pizza, repérez l'enseigne **pizzeria**. La **tavola calda**, proche du snack et du self-service, sert des plats chauds que l'on mange généralement debout ou sur des tabourets. Dans un bar ou une **paninoteca**, les Italiens avalent à la hâte un sandwich (*tramezzino*) ou un *panino* avec un café, le plus souvent debout. Typiquement florentin, le **vinaio** (ou la **fiaschetteria**), quelque part entre le bistrot et le bar à vins ou **enoteca**, sert le vin au verre, accompagné d'un sandwich, d'un plat du jour ou de quelques *crostini*... Dans une **rosticceria**, on achète plats chauds, tartes salées ou parts de pizza à emporter.

DÉCRYPTER LA CARTE

Les Italiens sont de grands buveurs d'eau minérale. Si vous voulez une carafe d'eau du robinet (*acqua normale*), vous devrez le préciser au serveur (il risque, au mieux, d'être surpris...). L'eau minérale se décline entre *acqua frizzante* (eau pétillante) ct *acqua naturale* (plate). Hors des lieux touristiques, il est rare de trouver des menus à prix fixes. Vous serez donc amené à choisir dans la carte. Salades, crudités, fromage, charcuterie, poissons marinés sont présentés en **antipasti** (hors-d'œuvre) ; ils sont souvent disposés sur un buffet. Pour éviter des malentendus, demandez au serveur leur mode de facturation : à l'unité, à l'assiette ou bien à volonté. Le **primo piatto** (premier plat) consiste traditionnellement en une assiette de pâtes, de riz cuisiné (risotto) ou de *minestre* (soupes). Le **secondo piatto** (plat de résistance) fait honneur à la viande ou au poisson. Si vous voulez un accompagnement, choisissez un **contorno** fait de légumes, non compris dans le prix du *secondo piatto*. Enfin, jetez un coup d'œil à la liste des **dolci** (desserts).

PANE E COPERTO

L'eau et le pain sont pratiquement toujours payants, il faut y ajouter le couvert (1 à 3€/pers.).

COMMANDER UN CAFFÈ

Un moment délicat, tant ses déclinaisons sont infinies ! Vous pouvez demander un *espresso ristretto* (serré) ou, à l'inverse, *lungo*, *macchiato*, si vous l'appréciez avec un nuage de lait ou *corretto* si vous le voulez avec une goutte de grappa. Le *caffè americano* est un café filtre. Le *cappuccino* est un café au lait crémeux. En été, la chaleur se prête au *caffè freddo* (café froid) servi avec des glaçons.

TÉLÉPHONE

Pour appeler l'Italie de l'étranger, composez le 00 39 suivi du numéro du correspondant, avec le 0 pour les lignes fixes qui commencent par 05 (055 pour Florence, 050 pour Pise, 0575 pour Arezzo, 0577 pour Sienne, 0584 pour Viareggio). Ne faites pas le 0 pour les portables qui débutent par 333, 334, etc. Pour joindre un correspondant français de Toscane, composez 00 33 et le numéro sans le 0 initial. Les frais d'itinérance ayant été supprimés à l'intérieur de l'UE, appeler ses proches d'Italie n'entraîne plus de surcoût.

Urgences médicales Tél. 118
Gendarmerie/Police Tél. 112/113
Pompiers Tél. 115

18
19

Héberge-ments

Fucecchio, au bord de l'Arno, entre Florence et Pise

SE LOGER

Entre les hôtels, les pensions, les B&B, les appartements à louer, les gîtes et les auberges de jeunesse, le choix ne manque pas à Florence et en Toscane ! Un seul regret, l'originalité et le confort ne sont pas toujours au rendez-vous... Attention, le petit déjeuner (*prima colazione*) n'est pas systématiquement proposé. N'oubliez pas d'ajouter le montant de la taxe de séjour aux prix affichés. Nous vous conseillons de réserver longtemps à l'avance.

CAMPINGS

Ouverts généralement de Pâques à octobre, les campings affichent de 1 à 5 étoiles.

Confederazione Italiana Campeggiatori
055 88 23 91 www.federcampeggio.it

AUBERGES DE JEUNESSE (AJ)

Elles accueillent les voyageurs sans discrimination d'âge, mais il faut être adhérent (adhésion à retirer sur place, 3€/nuit). Comptez en moyenne de 18 à 25€/pers. en dortoir.

Associazione Italiana Alberghi per la Gioventù
(39) 06 98 26 14 62 www.aighostels.it

COUVENTS

C'est une formule plutôt bon marché (à partir de 45€/pers.), qui permet de profiter d'un cadre agréable, mais attention, les portes ferment généralement le soir à 23h.

PENSIONI

Très répandue en Italie, la *pensione* est en général plus modeste que l'hôtel. Bon marché et populaire, elle est souvent familiale et accueillante.

HÔTELS

Les tarifs sont très variables, n'hésitez pas à négocier le prix si vous passez plusieurs nuits au même endroit.

Centro Prenotazioni Hotels Italia
www.initalia.it

LOCATIONS D'APPARTEMENTS

En plus des sites internationaux, voici des spécialistes de l'Italie.

Casa d'Arno
Un bon choix d'appartements, du studio au *palazzo*...
01 44 64 86 00 www.casadarno.com

Interhome
Villas et appartements allant du studio au six-pièces.
www.interhome.fr

Loc'appart
www.locappart.com

AGRITURISMI

Très répandu dans la campagne, le tourisme à la ferme est une option de charme notamment dans le Chianti et les environs de Sienne. Producteurs d'huile d'olive, viticulteurs... L'offre est multiple et variée.

www.agriturismo.it

FLORENCE

Ostello Santa Monaca €
Non loin de la piazza Santo Spirito, cette AJ correcte propose des dortoirs de 2 à 22 places. Service de laverie, cuisine à disposition, wifi gratuit, petite épicerie, location de bicyclettes et vente de billets de concerts et autres événements. Lit 14-27€/pers. (selon la période).

OLTRARNO (plan 3, A1 n°44) Via Santa Monaca, 6 ☎ 055 26 83 38 www.ostellosantamonaca.com

Ostello Archi Rossi €
Une adresse bien connue des étudiants ! Les 147 places se distribuent entre chambres simples, doubles ou triples, familiales (de 3 à 5 pers.) et dortoirs (6 à 9 pers.). Deux agréables petites terrasses et un jardin. Lit en dortoir de 21 à 30€, double 60-100€, triple 75-120€. Petit déj. compris.

S. M. NOVELLA (plan 1, B1 n°56) Via Faenza, 94/r ☎ 055 29 08 04 www.hostelarchirossi.com

Ostello Tasso ♥€
Un *hostel* hors compétition, dans le vivant quartier de San Frediano ! L'établissement offre, outre ses 13 chambres, une cuisine moderne, une laverie, un bar, un jardin et un théâtre. C'est aussi un lieu fréquenté par les Florentins pour sa programmation d'événements. Dortoirs 27-32€/pers., double avec sdb 80€.

OLTRARNO (plan 3, A2 n°45) Via Villani, 15 ☎ 055 060 20 87 www.ostellotassofirenze.it

Hotel Medici €
Cet hôtel propose 38 chambres assez ordinaires, mais son principal attrait réside dans sa superbe et longue terrasse fleurie au dernier étage (sur laquelle ouvrent certaines chambres), avec vue sur les hauteurs du Duomo et du baptistère. Parfait pour prendre le soleil, magique aussi à la nuit tombée. Double 55-110€.

DUOMO (plan 1, C3 n°53) Via dei Medici, 6 ☎ 055 28 48 18 www.hotelmedici.it

Istituto Gould €
Un centre de jeunesse protestant aux parties communes aérées, à l'accueil charmant et aux 39 chambres impeccables. Les plus belles d'entre elles donnent sur le jardin de Boboli. Terrasse commune. Accès handicapés. Double 58-90€, petit déj. 6€.

OLTRARNO (plan 3, A2 n°43) Via dei Serragli, 49 ☎ 055 21 25 76 www.firenzeforesteria.it

Albergo Bencidormi €
"*Ben ci dormi*" : "on y dort bien" annonce cet appartement situé au premier étage. Six chambres à la décoration simple et moderne : les surfaces blanches et lumineuses alternent avec des murs aux couleurs éclatantes. Pas de petit déjeuner mais un espace équipé à disposition pour le préparer. Double 60-80€.

S. M. NOVELLA (plan 1, B1 n°50) Via Faenza, 69 ☎ 055 21 38 73 www.albergobencidormi.it

Hotel Sampaoli €
Près de la piazza San Marco, une sympathique pension de 12 chambres réparties sur deux étages. Décoration cosy faite de vieux meubles de famille. La n°7, sur l'arrière et avec balcon, est climatisée, les autres sont munies de ventilateurs. Double 60-90€. Pas de petit déj.

SAN MARCO (plan 2, A1 n°44) Via San Gallo, 14 ☎ 055 28 48 34 www.hotelsampaoli.it

Hotel Lorena €
Modestie, calme et charme désuet... en plein San Lorenzo. Feu de bois et poutres apparentes dans la n°30.

Double 60-100€ (sans sdb 40-65€). Petit déj. 5€. Parking 27€/j.

SAN LORENZO (plan 1, C2 n°52) Via Faenza, 1 055 28 27 85 www.hotellorena.com

Pensione Ottaviani €

Au 2e étage d'un bâtiment à l'angle de la piazza Santa Maria Novella. Vingt chambres bien tenues, réparties sur deux niveaux, dont 12 possèdent au moins une douche ; la plupart partagent des W.-C. communs. La n°16, au calme, offre une agréable vue sur les toits. Double 60-120€ (45-60€ sans W.-C.).

S. M. NOVELLA (plan 1, B2 n°57) Piazza Ottaviani, 1 055 239 62 23 www.hotelottaviani.com

Hotel Bavaria ♥€

De très belles pièces décorées de fresques ornent le Palazzo Ramirez di Montalvo (16e s.), à la façade dessinée par Vasari. Les 17 grandes chambres au mobilier ancien (sans clim.) ont le cachet d'une authentique demeure Renaissance. Double 65-110€ (avec sdb), 50-80€ (sans sdb), petit déj. inclus.

SANTA CROCE (plan 2, A3 n°41) Borgo degli Albizi, 26 055 234 03 13 www.hotelbavariafirenze.it

Il Ghiro €

Se sentir un peu chez soi et, en même temps, partager son espace avec des inconnus, voilà ce qui vous attend dans cet appartement où l'on vous souhaite de dormir comme un "loir" (*ghiro*). Quatre chambres, une cuisine équipée, la climatisation et un accueil très sympathique. Double 70€ avec sdb, 60€ sans.

S. M. NOVELLA (plan 1, B1 n°54) Via Faenza, 63 055 28 20 86 www.ilghiro.it

Casa Santo Nome di Gesù €

La superbe façade ocre de ce palais Renaissance du 15e s. abrite le siège des Missionnaires dominicaines de Marie. Une véritable aubaine que de séjourner dans cette belle maison impeccablement tenue, au mobilier ancien. Parmi les 23 chambres, quelques-unes sont très belles et hautes de plafond. Petit parking (13€/j.), jardin. Couvre-feu à 23h. Double 70-100€, petit déj. compris.

OLTRARNO (plan 3, A1 n°41) Piazza del Carmine, 21 055 21 38 56 www.fmmfirenze.it

Albergo la Scaletta €

Un site exceptionnel, surtout au coucher du soleil : les terrasses au dernier étage de cette demeure du 15e s. donnent sur le jardin de Boboli ! 36 chambres uniques à l'harmonie recherchée. Agréable salle de petit déjeuner. Double 70-170€, petit déj. 10€. Parking à proximité 30€/j.

OLTRARNO (plan 3, B2 n°40) Via de' Guicciardini, 13 055 28 30 28 www.hotellascaletta.it

Locanda Orchidea ♥€€

Une adresse, souvent complète, dans une rue bordée de nombreux palais Renaissance. Celui-ci date du 12e s. et a vu naître la femme de Dante... Onze chambres élégantes, dont certaines donnent sur un reposant jardin où trône une belle vasque-fontaine. Air conditionné. Double 80-130€, petit déj. inclus.

SANTA CROCE (plan 2, B3 n°48) Borgo degli Albizi, 11 055 20 01 410 www.locandaorchidea.it

Albergo Scoti ♥€€

Au milieu de la prestigieuse et aristocratique via dei Tornabuoni, où s'alignent palais et boutiques de luxe, un appartement de 16 chambres calmes et claires avec vue sur les toits pour certaines et sdb pour toutes. Beau salon commun entièrement décoré de fresques. Double 80-130€, petit déj. 5€.

PIAZZA DELLA SIGNORIA (plan 1, B3 n°51) Via de' Tornabuoni, 7 055 29 21 28 www.hotelscoti.com

Hotel Annalena ♥€€

En face de la plus secrète des entrées du jardin de Boboli, un palais du 14e s. : balcons à hauteur de la cime des arbres et chambres de goût. La campagne à Florence ! Double 80-160€ (60-120€ en basse saison ou sans vue), petit déj. compris. Parking payant (25-30€/j).

OLTRARNO (plan 3, A3 n°42) Via Romana, 34 055 22 24 02 www.annalenahotel.com

Istituto Oblate dell'Assunzione €€

Les sœurs ouvrent à leurs hôtes le jardin bucolique de ce palais Renaissance. Chambres honnêtes, idéales pour des familles. Fermeture à 23h30. 50€/pers. Double 90€.

SANTA CROCE (plan 2, B3 n°45) Borgo Pinti, 15 055 24 80 582 www.oblateassunzione.it

Hotel Dalí €€

Une "affaire" derrière le Duomo : de grandes chambres au mobilier hétéroclite, dotées de ventilateurs et de double vitrage. Certaines donnent sur la coupole, les autres sur la cour au magnolia. Pas de petit déj. (bouilloire, réfrigérateur dans chaque chambre et four micro-ondes à disposition). Double 90-95€ (sans sdb 70€), avec parking.

DUOMO (plan 2, B3 n°42) Via dell'Oriuolo, 17 055 234 07 06 www.hoteldali.com

Loggia fiorentina €€

Lits en fer forgé, armoires anciennes, miroirs dorés, fauteuils en velours... Une pension de 15 chambres sobres et agréables, située dans le paisible quartier du musée San Marco. La n°28 possède un balcon et une sdb privative ; évitez celles du rdc, plus bruyantes. Double env. 90€. Petit déj. 5€.

SAN MARCO (plan 2, A1 n°49) Via San Gallo, 31 055 462 50 16 www.loggiafiorentina.com

Antica Dimora Johlea ♥€€

Un havre de paix, mêlant style, sens de l'accueil et du détail : mobilier entièrement chiné chez des antiquaires de la région, couloirs délicatement parfumés, murs aux couleurs tendres et terrasse nichée au dernier étage avec vue sur le Duomo, où prendre le petit déjeuner. Les patrons possèdent d'autres structures proches vers lesquels ils vous dirigent si celle-ci est complète. Double 90-220€.

SAN MARCO (plan 2, A1 n°40) Via San Gallo, 80 055 46 33 292 antichedimorefiorentine.it

Hotel Monna Lisa €€

Ce 4-étoiles ravira les amateurs de raffinement. Ses 45 chambres se répartissent entre l'aile Renaissance, à la décoration un peu chargée (tissus muraux, plafond en bois et grand lustre), et la partie moderne (agréable mais plus banale), qui ouvre sur un magnifique jardin où prendre le petit déjeuner. Double 100-220€.

SANTA CROCE (plan 2, B3 n°43) Borgo Pinti, 27 055 247 97 51 www.monnalisa.it

Le Tre Stanze €€€

Ce B&B se niche dans un palais du 16e s., à une trentaine de mètres du Duomo. Patrick Steiner, un jeune sculpteur, vous réserve le meilleur dans ce lieu dont le décor et l'ambiance rappellent le luxe discret des anciennes maisons florentines. Double 110-140€.

DUOMO (plan 2, A3 n°47) Via dell'Oriuolo, 43 0329 21 28 756 055 29 28 29 www.letrestanze.it

Palazzo San Niccolò ♥€€€
Cette pépite se cache au cœur de San Niccolò, un des plus anciens quartiers de Florence. Les 26 appartements sont nichés dans un palais du 13ᵉ s. Quelques détails, comme les poutres et les céramiques, ont été conservés, et côtoient une décoration moderne associée à de belles pièces anciennes provenant d'une collection privée. À partir de 125€ pour un appartement avec chambre double.

OLTRARNO (plan 3, C2 n°47) Via di San Niccolò, 79 055 24 45 09 http://palazzosanniccolo.it

Palazzo Guadagni ♥€€€
Cet hôtel romantique surplombant l'une des places les plus animées de Florence est installé dans un palais de la Renaissance joliment rénové. Il dispose de 15 chambres classiques, spacieuses, avec sol en marbre, sdb élégante et, pour certaines, plafond orné de fresques et cheminée. Apéritif servi sur la terrasse... Double 130-170€ en été.

OLTRARNO (plan 3, A2 n°46) Piazza Santo Spirito, 9 055 26 58 376 www.palazzoguadagni.com

Milu Gallery Hotel €€€
Un hôtel qui fera le bonheur des adeptes d'art contemporain. Car ici toutes les œuvres qui ornent les pièces communes sont à vendre et, sur le principe d'une galerie, la sélection pointue change régulièrement. Les chambres ultra chics présentent une décoration épurée faisant la part belle aux designers italiens. Jolie terrasse sur le toit. Double 134€ (sans le petit déj.).

DUOMO (plan 1, B3 n°55) Via de' Tornabuoni, 8 055 21 71 03 https://hotelmilu.com

Loggiato dei Serviti ♥€€€
Un très bel hôtel (16ᵉ s.) sur l'une des plus harmonieuses places de la ville. Quelques chambres ouvrent sous les arcades dessinées par Brunelleschi, tandis que d'autres donnent sur des jardins intérieurs de l'Accademia. Les volumes sont magnifiés par les peintures, les fresques et le mobilier d'époque. Un must. Double 160-240€.

SAN MARCO (plan 2, B1 n°50) Piazza SS. Annunziata, 3 055 28 95 92 www.loggiatodeiservitihotel.it

DANS LES ENVIRONS

Antico Spedale del Bigallo €
Une auberge de jeunesse dans un ancien monastère du 13ᵉ s. Immenses salles, mobilier façonné en gros bois, jardin aux oliviers... Pittoresques chambres communes 18-25€/pers., six jolies doubles 58-78€. Petit déj. inclus.

BAGNO A RIPOLI Via del Bigallo e Apparita, 14 À 6km à l'est de Florence Accès bus n°23/a au départ de la gare Santa Maria Novella puis bus 24 (jusqu'à 20h30) jusqu'à l'arrêt "La Fonte", puis env. 15min à pied, à moins que l'on vienne vous chercher 055 63 09 07 ou 390 55 63 09 07 www.anticospedalebigallo.it

PISE, LUCQUES

PISE

B&B Le Donzelle €
Trois chambres assez monacales mais accueillantes, dans un B&B très central ! Une vaste pièce commune avec cuisine et coin lecture à disposition ouvre ses larges fenêtres sur les arcades de la jolie place Vettovaglie – un peu bruyante le soir, demandez une chambre donnant de l'autre côté.

Double 40-80€, petit déj. compris (servi au bar).

PISE (plan 6, B2 n°30) Vicolo delle Donzelle, 3 328 819 21 33 www.bbledonzelle.com

Hotel Galileo €

Cet hôtel familial se situe au 1er étage d'une des belles et anciennes maisons qui bordent la via Santa Maria. On y accède par une gigantesque cage d'escalier. Seulement neuf chambres, mais elles sont spacieuses, de même que les salons communs à la belle hauteur sous plafond. Animaux bienvenus. Pas de petit déj. Double 60€ (sans sdb 48€).

PISE (plan 6, A2 n°31) Via Santa Maria, 12 050 406 21 www.hotelgalileo.pisa.it

Hotel Milano €€

Cet hôtel des abords de la gare ne paie pas de mine, mais s'avère confortable et pratique pour ceux qui ne veulent pas traverser la ville avec leurs bagages. Le centre-ville et les principales curiosités restent facilement accessibles à pied. Petit déj. non compris. Double 78€ (sans sdb 55€).

PISE (plan 6, B4 n°32) Via Mascagni, 14 050 231 62 www.hotelmilano.pisa.it

Hotel Minerva €€

Géré par les sympathiques Rita et Francesco, cet hôtel central présente un bon rapport qualité-prix. Ses points forts ? Une situation géographique idéale et un vaste jardin verdoyant où l'on peut prendre le petit déjeuner (inclus). Double 80-100€.

PISE (plan 6, C3 n°33) Piazza Giuseppe Toniolo, 20 050 50 10 81 www.hotelminervapisa.it

Royal Victoria Hotel ♥€€€

Sur les quais de l'Arno, un agréable palace dont la sobre façade se mire dans les eaux du fleuve. Ses quatre étages se parent de vastes parties communes, mais le petit plus demeure l'adorable terrasse cachée au 4e étage. Trente-huit chambres, certaines dans une tour du 10e s. ! Double 140-150€, petit déj. inclus. Parking 20€/j.

PISE (plan 6, B2 n°34) Lungarno Pacinotti, 12 050 94 01 11 www.royalvictoria.it

LUCQUES

Ostello San Frediano €

Installée dans l'ancien couvent San Frediano, cette AJ constitue la solution la plus économique pour résider en ville. Immenses salons, escalier en marbre, cour-jardin : rien de chic, mais que d'espace... En tout, 140 lits répartis dans 28 chambres : chambres communes de 4 à 8 lits sans sdb mais aussi doubles avec sdb. Selon le standing 25-37,50€/pers.

LUCQUES (plan 7, C1 n°35) Via della Cavallerizza, 12 0583 49 69 76 www.ostellosanfredianolucca.com Fermé 3 sem. en jan.

La Gemma di Elena €

Loin des hôtels formatés, ce B&B ravira ceux qui désirent partager un semblant de vie familiale... au milieu d'une véritable ménagerie de chiens et de chats ! Des six chambres aux noms féminins, la *Mariana* est la plus spacieuse et la plus originale, avec sa fresque au mur. Double avec sdb 65-80€ petit déj. compris. Parking privé 10€/j.

LUCQUES (plan 7, C1 n°34) Via della Zecca, 33 0583 49 66 65 www.lagemmadielena.it

La Colonna €

Cinq chambres colorées, tenues par un patron sympathique, s'ouvrent sur une cour agréable et occupent ce qui fut, il y a bien longtemps, un couvent. À proximité de la Torre del Palazzo Guinigi, dans une rue tranquille, loin de l'effervescence touristique et commerçante. Double 75€. Pas de petit déj.

LUCQUES (plan 7, C2 n°33) Via dell'Angelo Custode, 16 ☎ 0583 44 01 70 www.lacolonnalucca.it

Albergo San Martino €€

Un hôtel de charme dans une ruelle calme, à deux pas du Duomo. Un jeune artiste local a orné plusieurs chambres de fresques très fraîches. Accueil sympathique. Double 80-130€, petit déj. 10€. Parking 15€/j.

LUCQUES (plan 7, B3 n°31) Via della Dogana, 9 ☎ 0583 46 91 81 www.albergosanmartino.it

Al Tuscany Antica Residenza €€

Les propriétaires, architectes, proposent à la location toute une aile de leur vaste appartement. Plusieurs chambres agrémentées de mobilier d'époque. Nous vous conseillons celle du fond, avec vue sur le Duomo. Cuisine à disposition et vaste salle où l'on partage un copieux petit déjeuner. Double 90-110€. Possibilité de parking (6€/j.).

LUCQUES (plan 7, B2 n°30) Via Cenami, 17 ☎ 0583 46 40 37 www.altuscany.it

La Bohème €€

Six chambres décorées avec goût, dans un style classique toscan qui met en valeur les très jolies céramiques du sol, le mobilier en fer forgé ou en bois massif et les hauts plafonds. Coquettes petites sdb. Petit déj. avec pâtisseries. Air conditionné. Double 90-125€.

LUCQUES (plan 7, B2 n°32) Via del Moro, 2 ☎ 0583 46 24 04 www.boheme.it

Piccolo Hotel Puccini €€

À deux pas de la maison natale du Maestro, cet hôtel agréable (à l'activité ininterrompue depuis 1902 !) offre un service accueillant et prévenant, et des chambres tout confort, plutôt gaies. Double 100€. Petit déj. en sus.

LUCQUES (plan 7, B2 n°37) Via di Poggio, 9 ☎ 058 35 54 21 www.hotelpuccini.com

Palazzo Dipinto €€€

Au cœur de Lucques, ce palais du 13e s. offre 19 chambres aux jolies vues sur les toits de ville et ses clochers. Admirez ses poutres apparentes, son parquet, sa décoration épurée déclinant des nuances de beige et de gris et ses sdb, particulièrement soignées. Parking privé. Double 120€.

LUCQUES (plan 7, B2 n°36) Piazza del Palazzo Dipinto, 27 ☎ 0583 58 28 73 www.palazzodipinto.com

VIAREGGIO ET LA VERSILIA

Hotel London €€€

Un des nombreux établissements du front de mer, dont les chambres des étages supérieurs offrent une vue sur les flots. D'un style classique, elles sont confortables et pas trop petites ; certaines d'entre elles, mansardées, sont même charmantes. Double 170€. Tarifs négociés pour le parking et les plages privées.

VIAREGGIO Viale Daniele Manin, 16 Lungomare ☎ 0584 49 841 www.hotellondon.it

Agriturismo Olimaggio €€€

Totalement immergé dans la nature, ce bed & breakfast fera la joie des familles. Le petit déjeuner se prend dans le jardin où les hôtes se régalent d'un grand buffet salé-sucré fait maison et bio. Les enfants courent derrière les poules ou admirent le potager pendant que les adultes se prélassent autour de la piscine. Double à partir de 127€.

PIETRASANTA Via Vaiana, 30 (à 13km au nord de Viareggio) ☎ 0584 76 81 18 www.olimagio.it

CHIANTI

GREVE IN CHIANTI

L'Erta di Quintole ♥€

Trois appartements donnant sur les champs d'oliviers de la propriété. *Il Pozzo* (75m²), avec sa cheminée et sa petite cave, s'ouvre sur une grande pergola et la campagne ; *il Fico* (45m²) et *il Fiocco* (50m²) bénéficient d'un jardinet privé. Espace barbecue près de la piscine en contrebas. Accueil chaleureux. Location à la nuitée, double 70€.

IMPRUNETA Via di Quintole per le Rose, 43 À 19km de Greve (d'Impruneta, suivre Firenze via Pozzolatico À la sortie du bourg, suivre la dir. Pozzolatico) ☎ 055 20 11 423 ou 055 20 11 191 www.ertadiquintole.it

Casa al Sole €

Un hôtel familial, pour loger à deux pas de la place Matteotti à un prix abordable. Neuf chambres coquettes, au rez-de-chaussée. Si vous aimez le kitsch, optez pour la *Fiorita*, au style "vénitien", avec un balcon donnant sur le jardin. Et si vous avez toujours rêvé d'un lit à baldaquin, la *Camera Rococò*, dotée d'une terrasse, fera votre bonheur. Double 70-120€.

GREVE IN CHIANTI Via Vittorio Veneto, 82 ☎ 055 85 46 429 www.casaalsole.net

Podere La Casa €

Un gîte magnifique en duplex, dans une maison du 14ᵉ s. où vivent les propriétaires, avec salle à manger, terrasse, grand séjour et cheminée. Sur demande, Rosalba Marinai, votre hôtesse, vous enseignera l'art de la cuisine toscane. N'hésitez pas, c'est ce qui fait le charme des *agriturismi*. Trois nuits minimum. Vente d'huile d'olive de la propriété. 490€ la sem. pour 2 pers.

PANZANO Via dei Macelli, 4 (à 7km au sud de Greve, dir. Fattoria del Fonti) ☎ 055 85 25 23 www.poderelacasa.com

Fattoria Agriturismo La Presura €€

Une ferme médiévale plantée dans un paysage de vignes et d'oliviers, aux huit appartements pleins de cachet. Les hôtes profitent de la très belle piscine panoramique, pêchent ou participent à une dégustation. Repas copieux et savoureux, avec huile et vin de la propriété. De 80 à 180€/nuit selon la taille de l'appartement (de 2 à 6 pers.) et la saison.

STRADA IN CHIANTI Via della Montagnola, 191 À 6km de la sortie d'autoroute Florence sud et à 11km au nord de Greve ☎ 055 858 70 24 ou 0328 281 88 35 www.lapresura.it

Albergo Verrazzano €€

Une institution de Greve, donnant sur la place : dix petites chambres dont on apprécie le carrelage en *terracotta*, les têtes de lit en fer forgé et le mobilier d'époque. Elles sont toutes différentes, ont une terrasse, une vue sur les toits et la campagne ou sur la place. Double 105€ avec petit déj.

GREVE IN CHIANTI Piazza Matteotti, 28 ☎ 055 85 31 89 www.albergoverrazzano.it

Albergo del Chianti €€€

Ce qui fait l'intérêt du lieu, hormis sa position centrale, est l'ample espace commun du rez-de-chaussée, ouvert sur la pergola, le jardin et la piscine. Seize chambres aux couleurs douces, assez vastes (quatre autres chambres au n°85 de la rue). Double 125€ avec petit déj.

GREVE IN CHIANTI Piazza Matteotti, 86 ☎ 055 85 37 63 www.albergodelchianti.it

Villa Il Poggiale ♥€€€

Une maison de famille transformée en hôtel. Salons accueillants, larges couloirs et chambres décorées avec le plus grand soin : tapis, baldaquins (parfois), tomettes, baignoires à l'ancienne, fresques... Immense buffet au petit déjeuner. Piscine. Double à partir de 150€.

SAN CASCIANO IN VAL DI PESA Via Empolese, 69 (à 20km au nord-est de Greve) 055 82 83 11 www.villailpoggiale.it Fermé fin jan. à fin fév.

Villa Le Barone ♥€€€

Le comte et la comtesse Aloisi de Larderel, couple franco-italien, ont redonné tout son lustre à l'ancienne demeure familiale. Ici, rien d'ostentatoire, mais un magnifique mobilier, un jardin pour fleurir les tables et les salons, et un potager pour relever le goût des plats. Piscine. Double à partir de 200€.

PANZANO (à 9km au sud de Greve) 055 85 26 21 www.villalebarone.com Fermé du 1er nov. au ven. précédant Pâques

RADDA IN CHIANTI

La Bottega di Giovannino €

En plein centre historique, une douzaine de chambres propres, lumineuses, spacieuses, dotées pour la plupart d'une vue sur la campagne alentour, ses vignes, ses oliviers et, au loin, le village de Volpaia. Que demander de mieux ? Agréable petit déjeuner au bar-œnothèque du même nom (p.151). Double à partir de 65€, petit déj. 7€.

RADDA IN CHIANTI Via Roma, 6-8 0577 73 56 01 www.labottegadigiovannino.it

Hotel Le Vigne €

Cette fermette au milieu des vignes, transformée en hôtel-restaurant, propose des chambres toutes différentes, avec ou sans vue, aménagées dans un style rustique (poutres apparentes, armoires anciennes). Jardin avec piscine. Double 70-85€, petit déj. compris.

RADDA IN CHIANTI Podere Le Vigne (sur la gauche, 1km avant Radda – panneau avec une grappe de raisin) 0577 73 89 54 www.lodgingchianti.it

Villa Cristina €€

En face du meilleur restaurant du village, à deux pas du centre, cet hôtel au charme désuet bénéficie d'une piscine. Petit déjeuner servi sur la terrasse et patrons adorables. Parking gratuit. Double 80-100€.

CASTELLINA IN CHIANTI Via Fiorentina, 34 0577 74 14 10 www.villacristinachianti.it Fermé jan.- fin mars

Agriturismo Monteraponi €€

La quasi-totalité de ce hameau, jouissant d'une vue magnifique sur la vallée, a été transformée en *agriturismo*. La propriété produit du vin et de l'huile d'olive. Charme assuré et piscine à débordement (pas toujours ouverte, se renseigner) face au panorama. Assez isolé. Double 95€, minimum 2 nuits, sans petit déj.

MONTERAPONI (sur la SR 429 reliant Radda à Castellina, à 3km de Radda, embranchement) 0577 73 82 08 ou 338 937 34 65 www.monteraponi.it Fermé jan.- Pâques

Palazzo Leopoldo €€€

Tout l'éclat d'un palais du 18e s. : immenses chambres, sols en *terracotta* et traditionnels plafonds toscans en brique. Dans certaines, vous pourrez vous endormir dans un lit à baldaquin ou au coin du feu. Petit déjeuner servi dans l'ancienne cuisine du palais. Sauna et hydromassage au centre bien-être, piscine couverte. Double 145-250€.

RADDA IN CHIANTI Via Roma, 33 0577 73 56 05 www.palazzoleopoldo.it

COLLE DI VAL D'ELSA

Arnolfo B&B €€

À ne pas confondre avec le restaurant et l'hôtel de luxe situés dans la partie haute de la ville. Ce magnifique bed & breakfast dispose de dix chambres aménagées dans une maison traditionnelle toscane, aux murs en pierres apparentes et aux poutres en bois. Double 75-90€ avec petit déj.

COLLE DI VAL D'ELSA Via Francesco Campana, 53 Colle Bassa 📱0577 92 20 20 ou 333 83 15 706 www.arnolfobb.it

Agriturismo biologico Ebbio ♥€€

Une belle maison de campagne gérée avec passion par Sibilla. Outre de la décoration champêtre et chic, vous pourrez profiter de séminaires de yoga et d'un potager bio qui constitue le point de départ du menu du jour (15€). Double 110€, chambre partagée 90€.

MONTERIGGIONI Strada del Gallinaio, 9 📱391 43 07 022 www.ebbio.it

SAN GIMIGNANO

Bellavista €€

L'hôtel doit son nom à l'impressionnant panorama qu'il livre sur les tours de San Gimignano. Les appartements, aux jolis intérieurs (lits en fer forgé, mobilier blanc, cuisine campagnarde), s'avèrent des plus agréables. Et le couple qui vous accueille est charmant. Petit déjeuner partagé autour de la grande table commune. Piscine. Double 80-120€, petit déj. 8€.

RACCIANO Località Racciano, 43 (à 2km de San Gimignano en direction de San Donato) 📱0577 94 19 46 ou 349 671 36 51 www.poderebellavista.net

Hotel Pescille €€

Une ancienne *fattoria* (ferme) devenue un somptueux hôtel de 32 chambres. L'audacieuse décoration intérieure, résolument contemporaine, ne trahit en rien l'âme des lieux, agrémentés d'un grand jardin planté de cyprès. Sur demande et en été seulement, le chef sert un délicieux brunch au bord de la piscine. Double 95-135€.

SAN GIMIGNANO Località Pescille (à 4km de San Gimignano, vers Volterra) 📱0577 94 01 86 www.pescille.it 🕒 Fermé nov.-avr.

La Cisterna €€€

Le moins cher des hôtels intra-muros profite d'une situation de choix sur une place médiévale. Fondé en 1918 dans le palais Braccieri (13e s.), il compte une cinquantaine de chambres meublées avec goût dans un style florentin (lustres et dorures discrètes), avec vue sur la cour, la place médiévale ou la campagne. Compter 115-160€.

SAN GIMIGNANO Piazza della Cisterna, 23 📱0577 94 03 28 www.hotelcisterna.it 🕒 Fermé jan.-mi-mars

Hotel L'Antico Pozzo €€€

Un luxueux palais du 15e s. aux chambres chaleureuses, aux meubles patinés et aux splendides plafonds peints... Certaines donnent sur la rue, d'autres sur la terrasse où l'on prend le copieux petit déjeuner dès les beaux jours venus. Double 120-180€, petit déj. inclus.

SAN GIMIGNANO Via San Matteo, 87 📱0577 94 20 14 www.anticopozzo.com 🕒 Fermé 2 dernières sem. de jan.

SIENNE, AREZZO

SIENNE

Hotel Chiusarelli €

À deux pas de la basilique San Domenico, cette grande et gracieuse villa du 19e s., entourée d'un peu de verdure, n'est pas dénuée de charme. Parmi ses vastes 48 chambres, certaines bénéficient d'une vue dégagée. Élégante salle de restaurant et reposante véranda pour prendre le petit déjeuner (inclus). Double 59-300€.

SIENNE (plan 10, A2 n°32) Viale Curtatone, 15 0577 28 05 62 www.chiusarelli.com

Albergo Tre Donzelle €

Cet hôtel compte 20 chambres immaculées d'un bon rapport qualité-prix, avec sdb commune pour la plupart (1 sdb pour 2 chambres). Double avec sdb 70-80€, 50-70€ avec sdb commune, petit déj. non compris.

SIENNE (plan 10, C2 n°31) Vicolo delle Donzelle, 5 0577 28 03 90 ou 338 76 15 052 www.tredonzelle.com

Piccolo Hotel Etruria €€

Situé à seulement quelques dizaines de mètres de la piazza del Campo, l'hôtel compte 20 chambres lumineuses, bien tenues et équipées, mais sans grand charme. Double (avec clim.) 90€.

SIENNE (plan 10, B2 n°34) Via delle Donzelle, 3 0577 28 80 88 www.hoteletruria.com

Pensione Palazzo Ravizza €€

Sans conteste l'un des plus ravissants hébergements de Sienne. Ce palais Renaissance du 16e s. abrite sur trois niveaux 40 chambres, les plus luxueuses se situant à l'étage noble (le 1er). Intérieurs superbes, avec splendides plafonds peints et pavements ou parquets. Parking privé gratuit. Le restaurant, réputé, installe en été des tables dans le jardin. Double standard 80-180€.

SIENNE (plan 10, A4 n°33) Pian dei Mantellini, 34 0577 28 04 62 www.palazzoravizza.it
Mars-déc. Fermé jan.-fév.

Albergo Bernini €€

Un établissement que vous apprécierez surtout pour son agréable terrasse, lorgnant vers la colline du Duomo. Dix doubles à la déco peu recherchée, mais une sympathique petite adresse tout de même, vite prise d'assaut. Double 80 (sans sdb)-100€ (avec sdb).

SIENNE (plan 10, A2 n°30) Via della Sapienza, 15 0577 28 90 47 www.albergobernini.com

Residenza d'Epoca Il Casato €€€

Le Palazzo Bardi, une imposante bâtisse du 14e s. parée d'un somptueux sol de marbre, propose 12 chambres aux admirables plafonds décorés ou peints. Fastueuses parties communes. Accueil charmant. Double 150€.

SIENNE (plan 10, B4 n°35) Via Giovanni Duprè, 126 (entrée principale) ou via Casato di Sopra, 33 0577 23 60 01 www.relaisilcasato.it

ENVIRONS DE SIENNE

Albergo Giardino €

Le meilleur rapport qualité-prix de Montalcino. Neuf chambres simples, mais propres et spacieuses. Mario, le sympathique et volubile patron, est un passionné de vin. Il pourra vous conseiller sur le choix des millésimes et des producteurs. Double 70€, pas de petit déj.

MONTALCINO Piazza Cavour, 4 0577 84 82 57 www.albergoilgiardino.it
Fermé mi-jan.-mi-fév.

Agriturismo dei Barbi €€€
Implantés au-dessus des vignobles à côté de la maison familiale, deux appartements pour quatre personnes, pourvus de vieux meubles de famille, avec une cuisine équipée. Vue sublime du devant de la maison, calme garanti. Comptez 150€/nuit pour un appartement.

MONTALCINO Località Podernuovi, 170 Podernovi (à 4km du village) 0577 84 11 11 www.fattoriadeibarbi.it

Vecchia Oliviera €€€
Dans un ancien moulin à huile, aux portes de Montalcino mais à deux pas des meilleurs restaurants et caves de la région, ce 3-étoiles de style traditionnel propose 11 chambres confortables et lumineuses. Parking privé, grande piscine, clim. Double 120-190€.

MONTALCINO Porta Cerbaia 0577 84 60 28 www.vecchiaoliviera.com Fermé 25 déc.-6 jan.

Hotel Relais Il Chiostro di Pienza €€
Dans un cloître franciscain du 15e s., contigu à l'église de San Francesco, cet hôtel offre 37 chambres tout confort (clim.) et dispose d'une belle piscine en contrebas du jardin. Les suites n°101 et 102, avec leurs fresques, sont les plus attrayantes. Si vous n'y résidez pas, n'hésitez pas à pénétrer dans le cloître (et à visiter l'église, qui abrite elle aussi des fresques). Double standard 70-130€, petit déj. inclus.

PIENZA Corso Il Rossellino, 26 0578 74 81 29 www.relaisilchiostrodipienza.com Fermé nov. et jan.-mars

La Bandita Townhouse €€€
Un boutique hôtel installé dans un ancien couvent, au cœur de Pienza. Le mélange entre l'ancien et le moderne frise ici la perfection. L'établissement dispose de 12 chambres minimalistes mais raffinées, d'un petit spa et d'un restaurant où le chef concocte une bonne cuisine toscane. Des fenêtres, observez à perte de vue les merveilleux paysages du Val d'Orcia. Double standard 295-350€.

PIENZA Corso Il Rossellino, 111 0578 74 90 05 Restaurant Ouvert lun. soir et mar.-dim. midi et soir

Meublé Il Riccio ♥€€
À deux pas de la piazza Grande, "Le Hérisson" propose, autour d'une exquise petite cour à colonnades, 10 chambres confortables et de très agréables parties communes. Superbe terrasse panoramique sur le toit. Vous serez choyé par les patrons. Double standard 100-110€, petit déj. 8€.

MONTEPULCIANO Via Talosa, 21 0578 75 77 13 www.ilriccio.net

AREZZO

Casa Volpi €€
Juste à la sortie d'Arezzo, et déjà en pleine campagne. Cette imposante demeure du 18e s. est entourée d'un agréable parc. Le volume des pièces, les magnifiques carrelages, les frises qui ornent les plafonds et les plantes disposées çà et là composent un intérieur élégant. Vue sur Arezzo et le clocher du Duomo. Double 90€.

AREZZO (plan 11, C4 n°20) Via Simone Martini, 29 0575 35 43 64 www.casavolpi.it

Vogue Hotel €€€
En plein centre historique, à mi-chemin entre la gare et la basilique San Francesco, cet hôtel de charme propose 26 chambres modernes et chaleureuses au confort high-tech. Double 145-220€.

AREZZO (plan 11, B3 n°21) Via Guido Monaco, 54 0575 24 361 www.voguehotel.it

NOTES

Crédits photographiques

ILLUSTRATION RÉALISÉE EN PARTENARIAT AVEC **hemis-Fr**

Couverture © Istock/Getty Images **4e** © Domenico Tondini/hemis.fr **3** - © Alena Bahdanovich/Shutterstock.com **4** - haut à gauche © Mauritius/hemis.fr, haut à droite © Cultura/hemis.fr, bas à gauche © Art Collection/Alamy/hemis.fr, bas à droite © David Burton/Alamy/hemis.fr **Reportage** © Yann le Duc **18** - © Andrea Pistolesi/hemis.fr **22** - © Laurent Giraudou/hemis.fr **23** - haut © David Collingwood/Alamy/hemis.fr, bas © Cultura/hemis.fr **24** - © Jean Pierre Lescourret/hemis.fr **25** - haut © Eric Bouloumie/hemis.fr, bas © John Warburton Lee/hemis.fr **26** - haut © Andrea Alborno/hemis.fr, bas © Richard Soberka/hemis.fr **27** - © Jean Pierre Lescourret/hemis.fr **28** - © Jon Arnold Images/hemis.fr **29** - haut © World History Archive/Alamy/hemis.fr, bas © Robert Harding/hemis.fr **31** - © Mario Bonotto/Alamy/hemis.fr **32** - © Jon Arnold Images/hemis.fr **35** - © Eric Bouloumie/hemis.fr **36** - © Anton Ivanov/Shutterstock.com **38** - © Cultura/hemis.fr **40** - © Pierre Jacques/hemis.fr **42** - © Pierre Jacques/hemis.fr **43** - © Andrea Pistolesi/hemis.fr **44** - © Jon Arnold Images/hemis.fr **46** - © Peter Barritt/Alamy/hemis.fr **54** - haut ©Vitaly Titov/Shutterstock.com, bas à gauche © Jean Pierre Lescourret/hemis.fr, bas à droite © Jon Arnold Images/hemis.fr **55** - haut © Domenico Tondini/hemis.fr, bas © Archimago/Alamy/hemis.fr **57** - © David Burton/Alamy/hemis.fr **58** - DR **59** - © Cultura/hemis.fr **61** - © Pierre Jacques/hemis.fr **63** - © Architect´s Eye/Alamy/hemis.fr **64** - © Peter Horree/Alamy/hemis.fr **67** - © Jon Arnold Images/hemis.fr **69** - © Galit Seligmann/Alamy/hemis.fr **71** - © Bertrand Gardel/hemis.fr **73** - © Andrea Pistolesi/hemis.fr **74** - © Peter Horree/Alamy/hemis.fr **76** - © Patrice Hauser/hemis.fr **79** - © Jon Arnold Images/hemis.fr **81** - © Andrea Pistolesi/hemis.fr **82** - © Andrea Pistolesi/hemis.fr **84** - © Danny Nebraska/Alamy/hemis.fr **87** - © Kamira/Shutterstock.com **88** - © Art Collection/Alamy/hemis.fr **91** - © Sfm Italya/Alamy/hemis.fr **93** - © Kavalenkava Volha/Alamy/hemis.fr **95** - © Peter Barritt/Alamy/hemis.fr **97** - © Domenico Tondini/hemis.fr **98** - © Kevin George/Alamy/hemis.fr **101** - © Alamy/hemis.fr **104** - © Roman Sigaev/Shutterstock.com **108** - haut © Ikonya/Shutterstock.com, bas à gauche © Bildarchiv Monheim GmbH/Alamy/hemis.fr, bas à droite © Daliu/Shutterstock.com **109** - haut © Pierre Jacques/hemis.fr, bas © Jon Arnold Images/hemis.fr **111** - © Uzhursky/Shutterstock.com **112** - DR **113** - © Tuul et Bruno Morandi/hemis.fr **115** - © Mauritius/hemis.fr **119** - © Phillip Thomas/Alamy/hemis.fr **121** - © Vitaly Purtov/Shutterstock.com **123** - © Pierre Jacques/hemis.fr **126** - © World History Archive/Alamy/hemis.fr **128** - © Tim Graham/Alamy/hemis.fr **131** - © StevanZZ/Alamy/hemis.fr **132** - © Nick Nick/Shutterstock.com **134** - © Andrea Pistolesi/hemis.fr **138** - haut © Kokophotos/Alamy/hemis.fr, bas à gauche © Mathieu Colin/hemis.fr, bas à droite © Pierre Jacques/hemis.fr **139** - haut © Andrea Pistolesi/hemis.fr, bas © Mathieu Colin/hemis.fr **141** - © Cultura/hemis.fr **142** - DR **143** - © Hermes Jankone 1/Alamy/hemis.fr **145** - © Jon Arnold Images/hemis.fr **147** - © Peter Horree/Alamy/hemis.fr **149** - © Andrea Pistolesi/hemis.fr **150** - © Jam World Images/Alamy/hemis.fr **153** - © Marco Bicci/Alamy/hemis.fr **154** - © Laurent Giraudou/hemis.fr **157** - © Pierre Jacques/hemis.fr **159** - © René Mattes/hemis.fr **160** - © Peter Banos/Alamy/hemis.fr **162** - © Jon Arnold Images/hemis.fr **166** - haut © Pierre Jacques/hemis.fr, bas à gauche © Gimas/Shutterstock.com, bas à droite © Pierre Jacques/hemis.fr **167** - haut et bas © Pierre Jacques/hemis.fr **169** - © Jon Arnold Images/hemis.fr **170** - DR **171** - © Julian Elliott/Alamy/hemis.fr **173** - © imageBROKER/hemis.fr **176** - © Andrea Pistolesi/hemis.fr **179** - © Wojciech Strozyk/Alamy/hemis.fr **180** - © Vito Arcomano/Alamy/hemis.fr **182** - © Jon Arnold Images/hemis.fr **184** - © Axiom/hemis.fr **187** - © Jon Arnold Images/hemis.fr **190** - © Riccardo Sala/Alamy/hemis.fr **192** - © Laurent Giraudou/hemis.fr **194** - © Stephen Hughes/Alamy/hemis.fr **196** - © Everett Art/Shutterstock.com **199** - © Dmitry Kushch/Shutterstock.com **201** - © Jorisvo/Shutterstock.com **203** - © Ian Dagnall Computing/Alamy/hemis.fr **204** - © Azoor Photo/Alamy/hemis.fr **207** - © Fashcool/Fotolia.fr **209** - © Marc Hill/Alamy/hemis.fr **210** - © Cultura/hemis.fr **212** - © Cultura/hemis.fr **222** - © Andrea Pistolesi/hemis.fr

Florence et la Toscane

Auteurs Assia Rabinowitz
Jean-François Breuiller, Alice Cheron, Jean-Louis Fontanel, Mélani Le Bris, Cosimo Piccardi, Anthony Rendall
Reportage Texte Lola Saba **Photo** Yann Le Duc

Édition
Responsable éditoriale Virginie Maubourguet
Éditeurs Christina Beckers, Anne-Valérie Cadoret, Pierre-Yves Mercier
Directeur artistique Yann Le Duc
Maquette Karelle Juglar
Iconographe Anaïck Bourhis

Conception graphique Elhadi Yazi
Mise en page Arielle Cambassédès
Infographie Stéphane Jungers
Cartographie ÉdiCarto

Remerciements
à Chloé Peurey pour son aide précieuse

Gallimard Loisirs 5, rue Gaston-Gallimard 75328 Paris Cedex 07
Tél. 01 49 54 42 00 contact@geo-guide.fr guides-gallimard.fr/geoguide-coups-de-coeur/
La collection GEOGuide a été créée en association entre Prisma Presse/GEO et Gallimard Loisirs

Numéro d'édition 337047 - ISBN 978-2-74-245560-7
Impression Lego (Italie) **Photogravure** Nord Compo (Villeneuve-d'Ascq)

Avis aux GEOVoyageurs Entre l'enquête faite sur le terrain et la parution du guide, les établissements proposés peuvent avoir disparu et certaines informations peuvent avoir été modifiées : n'hésitez pas à nous faire part de vos commentaires et de vos corrections à l'adresse contact@geo-guide.fr !

PEFC
PEFC/18-31-280

Cartes

- Autoroute et 2x2 voies
- Route principale
- Route secondaire
- Autre route
- Zone urbaine
- Parc naturel
- Sommet
- Tunnel, col, défilé
- Liaison maritime
- Aéroport
- Plage

Profondeur (en mètres)
- Plus 200
- De 50 à 200
- Moins de 50

Altitude (en mètres)
- De 0 à 100
- De 100 à 200
- De 200 à 500
- De 500 à 1 000
- De 1 000 à 1 500
- Plus de 1 500

Plans

- Axe urbain
- Espace vert
- Cimetière
- Bâtiment
- Voie ferrée
- Site remarquable
- Office de tourisme
- Gare ferroviaire
- Gare routière
- Station de tramway
- Parking